Un cœur invaincu

Mariane Pearl
avec Sarah Crichton

Un cœur invaincu

La vie et la mort courageuses
de mon mari Daniel Pearl

Traduit de l'anglais (Etats-Unis) par
Marc Albert

Plon

Titre original :

A Mighty Heart

The brave life and death
of my husband, Danny Pearl

ISBN édition originale : Scribner, New York,
0-7432-4442-7
ISBN Plon : 2-259-19947-X

Prologue

J'écris ce livre pour toi Danny, parce que tu as eu le courage de cet acte solitaire : mourir les mains enchaînées mais le cœur invaincu.

J'écris ce livre pour te rendre justice et pour dire la vérité.

J'écris ce livre pour montrer que tu avais raison : la tâche de changer un monde empli de haine appartient à chacun d'entre nous.

J'écris ce livre parce qu'en t'ôtant la vie, les terroristes espéraient me tuer aussi, et tuer notre fils Adam. Ils voulaient tuer tous ceux qui se reconnaissaient en toi.

J'écris ce livre pour les défier et en sachant que ton esprit et ton courage peuvent inspirer les autres.

J'écris ce livre pour tous ceux qui ont aidé et soutenu notre famille dans une terrible adversité, en érigeant sous nos pieds un véritable pont de solidarité.

J'écris ce livre pour toi Adam, pour que tu saches que ton père n'était pas un héros mais un homme ordinaire. Un héros ordinaire et un cœur courageux.

J'écris ce livre pour toi, pour que tu sois un homme libre.

Chapitre 1

23 janvier 2002. 4 heures du matin

Le jour n'est pas encore levé sur Karachi. Lovée dans les bras tièdes de Danny, je me sens en sécurité. J'aime le nom que l'on donne en anglais à cette position : *spooning*, parce qu'elle rappelle la façon dont les cuillères[1] sont rangées dans un tiroir, collées l'une à l'autre, leurs formes s'épousant parfaitement. J'aime ces moments d'abandon et la paix qu'ils m'inspirent. Où que nous soyons – en Croatie, à Beyrouth ou Bombay – c'est mon refuge. C'est notre façon de défier et d'affronter l'incohérence du monde.

Dans un demi-sommeil, je cherche les mots justes pour décrire le lieu où nous nous trouvons. C'est la malédiction des journalistes, je suppose, que d'écrire leur histoire en même temps qu'ils la vivent. Je me demande si je serai un jour capable de comprendre Karachi. Même si notre rôle de journalistes consiste en partie à ne pas l'abandonner à sa mauvaise réputation, d'emblée je me suis méfiée de cette ville. Jadis relativement stable, voire stagnante, Karachi est devenue, dans les années quatre-vingt, une plaque tournante de la drogue et du trafic d'armes. Maintenant, la ville, à la fois décadente et bestiale, s'est gangrenée, devenant capitale de la haine aveugle et du militantisme violent.

1. *Spoons* en anglais. (*N.d.T.*)

Les Pakistanais se méfient les uns des autres. Ceux qui sont nés dans leur pays haïssent les immigrés musulmans venus d'Inde après la partition des deux pays en 1947. Les musulmans sunnites abhorrent les musulmans chiites. Depuis 1998, plus de soixante-dix médecins ont été assassinés ici ; la plupart étaient des chiites abattus par des fanatiques sunnites. Et les fondamentalistes pro-Talibans, qui depuis peu ont pris solidement racine ici, détestent le reste du monde.

La population est très nombreuse, mais il semble bien difficile d'en connaître le chiffre exact. Dix, douze, quatorze millions ? La plus grande partie du Pakistan est prise en étau entre l'Inde et l'Afghanistan, mais il touche aussi le sud-est de l'Iran et les confins de la Chine au nord. Mais Karachi, sur la côte brune de la mer d'Arabie, est le principal port du pays. C'est pourquoi la ville attire comme un aimant des immigrants, venus des campagnes pakistanaises et, au-delà des frontières, de villages afghans encore plus pauvres, du Bangladesh et des régions rurales frontalières de l'Inde. Le jour, on peut les voir vendre des légumes ou des journaux aux carrefours, dans la poussière et sous un soleil brûlant. La nuit, ils disparaissent dans les multiples dédales qui rendent la ville impénétrable. Aux yeux des Occidentaux, Karachi, ville du tiers-monde, n'irradie peut-être qu'une faible lueur, mais elle attire les plus désespérément pauvres comme une torche les lucioles.

Il est rare que je veille quand Danny dort encore, surtout depuis que je suis enceinte. Un rai de lumière tamisée pénètre dans notre chambre. Gagnée par une douce torpeur, j'abandonne peu à peu Karachi à ses mystères et je rejoins mon mari dans cet espace privilégié et chaleureux qui n'appartient qu'à nous. Ensemble, nous parviendrons à retenir la nuit un peu plus longtemps.

7 h du matin

Danny pousse du pied la porte de la chambre. Il apporte du café et des petits gâteaux secs – voire rassis – pour prévenir les nausées qui m'assaillent encore le matin. Parfois, à peine réveillée, je dois me précipiter vers la salle de bains pour vomir. Ce seul bruit a tendance à rendre Danny tout pâle. Il a l'air tellement malheureux de me voir souffrir que, dans la mesure du possible, j'essaie d'atténuer la bande-son.

Danny prétend que j'ai des sautes d'humeur depuis que je suis enceinte. Il y a quelques jours, je suis tombée par hasard sur un e-mail peu discret qu'il avait envoyé à son ami d'enfance Danny Gill en Californie :

> Hey ! [...] Le ventre de Mariane s'arrondit de façon spectaculaire. C'est vraiment quelque chose à voir. Date prévue : mai, *ground zero*, Paris. Elle est souvent malade, capricieuse de temps en temps, affamée plus tôt que d'habitude, impatiente mais seulement avec les Pakistanais, et portée sur la chose quand aucun symptôme ne s'y oppose. [...]

Il me semble que Danny est également d'humeur plutôt instable ces derniers temps. Je n'ai pas encore réussi à déterminer si c'est parce qu'il va être père, ou parce que le monde est déchaîné depuis que le World Trade Center est tombé en poussière, emportant avec lui bon nombre de certitudes. Danny est directeur du bureau de l'Asie du Sud pour le *Wall Street Journal*. Le terrorisme des militants islamistes peut frapper n'importe où sur la planète, mais le cœur (si l'on peut dire) de ses réseaux se trouve ici, dans cette région, et la tâche en perspective est redoutable.

Danny et moi faisons toujours nos reportages ensemble. Je l'accompagne dans la plupart de ses interviews, il m'accompagne dans la plupart des miennes. Mais je ne me fais pas d'illusions. Je sais qu'il a plus d'expérience que moi en tant que journaliste. Il travaille pour l'un des organes de presse les plus puissants du monde, alors que je travaille principalement en France pour le service public, pour des radios et des chaînes de télévision qui, chez moi, à Paris, me payent tout juste de quoi couvrir mes frais de métro. Mais nos différences de formation et de culture nous rendent parfaitement complémentaires. Nous savons naturellement quand nous taire pour laisser parler l'autre, et nous tirons profit de nos observations mutuelles.

Je fais rire Danny pour l'aider à oublier ce qui le préoccupe ; je protège le silence quand il se concentre. Et nous avons ensemble de grands débats d'idées où il est question de vérité et de courage ; de combat contre les pensées uniques ; de cultures à déchiffrer et de la façon de les respecter. Mais essayer de comprendre la nature d'activités terroristes, c'est plonger au cœur même de l'obscurité.

*

Il commence déjà à faire chaud. Pour me faire plaisir, Danny me rappelle que c'est le dernier jour de son travail ici au Pakistan. Demain, nous irons dans un hôtel cinq étoiles à Dubaï, et nous nous détendrons sur une plage du golfe d'Arabie. C'est une façon détournée de rentrer chez nous à Bombay, mais l'Inde et le Pakistan sont en conflit ouvert et il n'y a plus de liaison directe entre les deux pays. L'hostilité historique entre ces deux nations luttant pour le contrôle du territoire himalayen du Cachemire est devenue si forte que le monde entier s'attend à ce que l'une attaque l'autre à tout moment. L'Inde et le Pakistan se sont servi tous deux du Cachemire comme d'un prétexte pour justifier une récente escalade militaire ; les deux pays possèdent des armes de destruction massive et menacent sans hésiter de les utiliser. J'ai une pensée pour les policiers de Karachi, patrouillant les rues dans leurs uniformes élimés, avec pour seule arme leur bâton.

La tension est palpable. Elle s'entend dans la voix de nos amis pakistanais. Le 24 décembre 2001 – en l'une de ces rares occasions où Noël, Hanoukka et Eid, la fin du Ramadan, coïncidaient – nous avons reçu de Peshawar, une ville relativement instable sur la frontière Pakistan-Afghanistan, un message d'un ami très inquiet

Heureux Eid et joyeux Noël à vous. S'il vous plaît parlez-nous de votre femme [...] J'espère qu'elle sera bien et heureuse avec vous. Peut-être. Les armées indiennes sont-elles prêtes à lutter contre nous ? Elles ne savent pas que les musulmans sont prêts à sacrifier leur vie pour l'Islam [...] En cas de guerre, l'Inde sera coupée en menus morceaux et les musulmans lui arracheront son *dhotti*.

Ma prière est que OH DIEU, protège mon pays de ses ennemis.

Les affaires au Pakistan – et particulièrement à Peshawar – ne sont pas très bonnes [...] Alors, pour finir je dis que « Dieu nous accorde une longue vie, à nous et à nos familles » (*Amin Suma Amin*).

Avec mes meilleurs vœux,
Wasim.

Wasim est le directeur d'une usine de pâtes alimentaires. Danny l'a rencontré il y a deux ans, à l'aéroport de Téhéran. Musulman très conservateur, Wasim se méfie des Occidentaux en général. Mais quand nous avons été le voir en décembre dernier, il nous a traités comme ses invités, nous faisant goûter à tous les délices locaux, viandes grillées et pâtisseries, et nous invitant à parcourir les marchés en période de Ramadan. Un soir, alors que nous parcourions les magasins, il a choisi une paire de chaussures à talons hauts, comme aucune femme musulmane respectable n'en porterait, et a insisté pour me l'offrir. Un autre soir, il nous a fait l'honneur de nous inviter à dîner chez lui, un manoir de deux étages dans une partie très peuplée de la ville. Nous étions à peine arrivés que Danny disparut, avalé par un groupe d'hommes, et sept femmes m'ont entourée. Elles se sont assises en tailleur sur les tapis et, ôtant leur voile, m'ont étudiée avec une évidente curiosité. Il m'a fallu manger trois assiettes de boulettes de viande avec du riz pour répondre à leur gentillesse.

Danny a répondu à Wasim :

Joyeux Noël, Hanoukka et Eid. Mariane et moi emmenons ma collègue et nos voisins marchands de tapis du Cachemire pour un dîner de réveillon. Ainsi nous avons trois musulmans, deux juifs et une bouddhiste, ce qui ressemble à une plaisanterie d'aéroport, mais qui est peut-être une bonne façon de souhaiter la paix sur la terre, ou du moins, au Cachemire.

Danny.

*

Nous habitons chez l'amie et collègue de Danny au *Wall Street Journal*, Asra Q. Nomani, femme aussi peu conventionnelle que possible. Née en Inde dans une famille musulmane, Asra a grandi à Morgantown, Virginie de l'Ouest. Elle est à Karachi afin d'y faire des recherches pour un livre qu'elle termine sur le bouddhisme tantrique. Les *tantras* sont généralement associés aux pratiques sexuelles enseignées dans le Kāma Sūtra ; Asra insiste sur le fait qu'elle s'intéresse essentiellement à l'aspect spirituel du tantrisme. Elle est petite et féminine, mais athlétique et d'un physique frappant, d'une beauté affirmée. Ses cheveux noirs, descendant jusqu'aux épaules, brillent de cette huile dont les Indiens se servent quotidiennement pour embellir leur chevelure. Son visage est dominé par des pommettes larges et pointues. Et ses yeux sont si noirs et si grands qu'au repos, elle pourrait ressembler à Sarasvatī, la déesse qui maîtrise tous les enseignements des védas, de la sagesse à la dévotion. Mais dans ce monde où nous vivons, elle est outrageusement d'avant-garde. Les femmes non mariées, d'ordinaire, ne vivent pas seules à Karachi. Mais cela ne l'a pas empêchée de louer une immense maison dans un quartier curieusement appelé « Défense Phase 5 ». Et ce n'est pas tout : elle est récemment tombée amoureuse d'un des fils de l'élite pakistanaise, de dix ans son cadet. C'est un jeune homme assez beau, mais qui m'a immédiatement semblé plutôt vide.

La veille de notre arrivée, Asra a planté des fleurs sur le parterre de gazon à l'entrée de sa maison. C'est un des quartiers les plus huppés de Karachi. L'entrée de sa rue est contrôlée par des policiers. Ici, la sécurité de chaque maison est assurée par une poignée de gardes d'une extrême maigreur, se relayant dans une guérite dont la principale utilité est sans doute de les protéger de la chaleur constante. Tous les voisins ont une bonne situation, dans l'armée ou le gouvernement. Ou peut-être dans le crime organisé. On dit que le terrible Dawoud Ibrahim, qui passe pour un barbare sanguinaire, a des propriétés par ici. Danny a vaguement caressé l'idée de faire sur lui un article-portrait pour le *Wall Street Journal.*

A l'intérieur, Asra nous a préparé une vraie chambre de voyage de noces. Elle a disposé des fleurs et une bougie parfumée au pin, une bouteille d'huile pour massages et une autre de bain moussant.

A gauche du lit, une petite fenêtre grillagée ouvre sur l'arrière-cour où trône un lit cabossé et une corde à linge sur laquelle sèchent des vêtements d'enfant. Tout cela appartient à Shabir et Nasrin, dont on peut dire qu'ils appartiennent eux-mêmes à la maison, puisque Asra les a trouvés là en arrivant et les a engagés en louant les lieux. Je suis allée chez eux, ils n'ont rien. Ils dorment à même le sol, leur fille Kashva, petite poupée aux cheveux courts et aux grands yeux noirs, dort blottie entre ses deux parents. Nasrin est enceinte. Je n'ose pas dire « comme moi » tant le destin de nos deux enfants ne présage rien de commun.

*

Danny tire le rideau sur cette scène déprimante. Son geste est une parfaite métaphore de la façon dont on a tendance à réagir partout devant la pauvreté.

Notre chambre de jeunes mariés ressemble déjà à un champ de bataille. C'est la façon qu'a Danny de s'installer, sa signature. Il ouvre ses valises et en éparpille le contenu. Chaussettes. Les bandes dessinées en français dont il se sert pour apprendre ma langue maternelle (et qui le font rire énormément). Sa mandoline *Flatiron*, faite à la main à Bozeman, dans le Montana, plus facile à transporter que son violon.

A l'étage au-dessus, ses outils de travail ont déjà envahi le bureau d'Asra – son ordinateur portable, son Palm Pilot avec le clavier spécial qu'il utilise en voyage, des chargeurs en tout genre, une caméra numérique, des piles de reçus et les montagnes de petits carnets « Super Conquérant » qu'il ne manque jamais d'acheter chaque fois que nous sommes à Paris.

Il émerge de la salle de bains en caleçon, son téléphone portable à la main. Danny est l'un de ces rares hommes qui ne savent rien cacher. Ses yeux vert noisette le trahissent à tous les coups. Surtout quand il est d'humeur à jouer. Je lui souris parce que je le trouve beau et que je l'aime absolument.

Sans lâcher son portable, Danny se glisse sous les draps. Il grimpe avec précaution le long de mon corps jusqu'à atteindre mon ventre rebondi. Il entame une conversation privée avec notre futur enfant dans une langue connue d'eux seuls. Je comprends juste qu'il lui fait tout un tas de promesses pour quand il naîtra. J'enfouis ma main dans ses épais cheveux châtains.

*

Danny va chez les coiffeurs les plus improbables du monde. Plus l'échoppe est « pittoresque », plus il adore. La plupart du temps, les coiffeurs ne parlent pas anglais. Si bien que, à chaque fois, la surprise du résultat est entière. C'est sa manière à lui d'entrer en contact avec une culture : en faisant confiance. Quand nous avons emménagé à Bombay, en octobre 2000, la première chose que Danny a faite, c'est d'aller chez le coiffeur de notre petite rue. Le type n'avait probablement jamais coiffé un blanc de toute sa vie, mais il avait un magnifique fauteuil antique de coiffeur en cuir crème usé avec des accoudoirs rouges. Je me suis assise sur la banquette, juste derrière Danny, suivant l'action dans le miroir. On entendait voler les mouches et claquer les ciseaux. Tout à coup, j'ai réalisé qu'il n'y avait autour de moi que des hommes, qu'une femme n'était pas censée être là. J'ai pensé : « Qu'ils mettent ça sur le compte du fossé culturel, je ne bouge pas ! »

Le coiffeur a commencé à masser la tête de Danny avec tant de vigueur qu'elle n'arrêtait pas de brinquebaler dans tous les sens. Danny, comme pris d'une extrême pudeur, évitait, autant qu'il le pouvait, de croiser mon regard dans le miroir. Ce fut plus fort que moi. Je me suis mise à rire nerveusement, au point que les larmes me sont venues aux yeux. Mais elles sont devenues de véritables larmes lorsque j'ai soudain réalisé que nous allions réellement vivre ici même, dans cette rue pleine de rats, où les femmes n'étaient pas les bienvenues, et où tout le monde semblait sévère, rigide et froid. Où j'allais être une étrangère. Une sans caste.

*

Danny parle toujours à « Embryon », comme nous l'appelons. Je pense qu'il est en train de lui annoncer qu'il sera un garçon. Nous avons appris cela hier, juste avant de venir à Karachi, dans une clinique luxueuse d'Islamabad, la capitale du Pakistan, où non contents de faire des échographies, ils prétendent pouvoir agir sur le sexe du bébé que vous aurez.

« Un garçon ! C'est un garçon ! *Whoo Hoo ! !* Rock'n'Roll ! ! Premier choix mon gars ! Non mais t'imagine ça ! On assure méchamment ! ! ! a écrit Danny par e-mail à son ami Danny Gill. « Me comprends pas de travers, une fille aurait été superbe aussi. Mais c'est un garçon ! *Hoowoooo !* Les garçons font la loi ! ! ! »

En réalité, j'éprouve un sentiment étrange à l'idée de porter en moi un sexe masculin. Quand je dis ça à Danny, ses yeux pétillent de malice, comme toujours lorsqu'il s'apprête à faire une plaisanterie. « Tu sais, chérie, c'est comme ça que tout a commencé... »

Ce matin, Danny est plus solennel : « C'est incroyable comme on peut déjà aimer quelqu'un qu'on n'a jamais rencontré » dit-il d'un ton émerveillé. Il ajoute qu'il veut étudier toute l'*Encyclopaedia Britannica* pour savoir répondre à ces questions que les gosses ne cessent de poser, comme « Qu'est-ce qui empêche le ciel de tomber ? ».

Danny finit de s'habiller. Ses lunettes lui donnent un air sérieux, et quand il travaille, il s'habille avec une élégance discrète. Il a peut-être une petite faiblesse pour les belles cravates, mais il ne ressemble en rien à un baroudeur, à ces journalistes tout-terrain avec leurs vestes de safari à poches multiples, prêts à l'action.

J'ai attrapé froid. Il fait déjà 35° C, mais j'ai un rhume et mal à la tête. Il y aura un dîner d'adieu ici ce soir, et je n'ai guère le cœur à faire quoi que ce soit aujourd'hui. J'aurai besoin de toute mon énergie pour me préparer à l'interview que je dois enregistrer pour une radio française. Je veux rencontrer la directrice d'une organisation qui s'efforce de protéger les femmes de la violence conjugale. Comme en Inde, où cet horrifiant problème a reçu plus d'attention, les brutalités conjugales sont fréquentes ici, avec un nombre effroyable d'épouses non seulement battues par leurs maris, mais attaquées au vitriol et même brûlées vives.

Le programme de Danny aujourd'hui est particulièrement chargé. Ses réunions se suivent, l'une après l'autre, comme des avions sur une piste de décollage encombrée. C'est souvent le cas, en reportage, le dernier jour est de tous le plus agité. Aujourd'hui, entre autres rendez-vous, il doit voir un expert en cyber-crime ; quelqu'un au consulat des Etats-Unis ; un représentant de l'Agence fédérale pakistanaise d'investigation. Il doit aussi rencontrer à l'aéroport le directeur de l'Aviation civile pour parler de la surveillance des frontières, puisque le Pakistan s'efforce d'empêcher les terroristes de faire de Karachi leur refuge. Et, le plus urgent de tous, il est à la recherche des liens entre Robert C. Reid, le pauvre raté baptisé *shoe bomber*, l'homme aux « semelles explosives », et un prédicateur fondamentaliste de Karachi.

Depuis l'échec de la tentative de Reid de faire exploser un vol Paris-Miami le 22 décembre, plusieurs faits ont été établis, et ceci en particulier : Reid agissait sous les ordres d'un membre du réseau Al-Qaida au Pakistan, et peut-être venu de cette ville. A la suite d'un interrogatoire très poussé à l'aéroport de Paris, il avait manqué le vol qu'il avait réservé le 21 décembre. Il avait alors envoyé un e-mail au Pakistan en demandant : « J'ai manqué mon avion. Que dois-je faire ? »

Réponse anonyme : « En prendre un autre le plus vite possible. »

Qui était son interlocuteur au Pakistan ? Le *Boston Globe* avait écrit que Reid s'était rendu au domicile de Cheik Moubarak Ali Shah Gilani, un guide spirituel apparemment respecté. Mais Gilani était-il plus qu'un directeur de conscience pour Reid ? Était-ce de lui qu'émanait l'ordre de monter à bord du vol Paris-Miami ? Après avoir essayé pendant des semaines de trouver la trace de Gilani par des intermédiaires, Danny semble avoir enfin obtenu une entrevue avec lui. Ils doivent se rencontrer en début de soirée.

Danny, dans sa tournée de rendez-vous du matin, sera accompagné par un nouveau *fixer*, du nom de Saïd. Le *fixer* est un élément vital pour un correspondant étranger. Dans des régions où tout – depuis les discours gouvernementaux jusqu'à la gestuelle locale – demande à être déchiffré, le *fixer* ne traduit pas seulement la langue mais aussi le pays. Il joue également le rôle de guide. Saïd commence plutôt mal. Il vient d'appeler pour dire qu'il s'est perdu. « Quel genre de *fixer* est-ce là, qui ne sait même pas trouver son propre chemin dans Karachi ? » s'inquiète Asra.

Saïd est un journaliste du *Jang*, le plus grand journal en ourdou. Ce journal annonce deux millions de lecteurs, c'est-à-dire, comme le fait remarquer Danny, autant d'exemplaires qu'en vend le *Wall Street Journal*. Pourtant, là s'arrêtent les comparaisons. Quand Saïd arrive, avec une bonne heure de retard, le plus remarquable chez lui, avec sa chemise à carreaux et son pantalon à pinces, c'est la façon qu'il a de ne pas tenir en place.

*

Danny parti, la vaste demeure retombe dans le silence. De l'autre côté de la rue, des perroquets d'un beau vert émeraude offrent une alternative salutaire à ces horribles corneilles, inévitable compagnie en Asie du Sud-Est. Dans la pièce principale, Nasrin est accroupie, balayant la poussière avec un balai de sa confection, des brindilles attachées par une ficelle. Sa fillette Kashva la suit comme son ombre. Je lui fais peur, malgré mes efforts pour l'apprivoiser, mais elle est fascinée par Danny qui a toujours plus de succès que moi avec les enfants.

J'ai un mal de tête effrayant. Je pense avec nostalgie aux jours où l'aspirine m'était encore permise. Je retourne dans notre chambre pour me reposer un peu. Je rêve tout éveillée à Danny, en plein reportage en ville. J'aime la façon dont la chemise qu'il repasse avec tant de soin le matin finit invariablement froissée et sortie de son pantalon. Danny fait irruption dans le bureau des gens, les mains toujours trop pleines, jonglant avec son Palm Pilot, ses petits carnets et stylos, ses documents débordant d'enveloppes en papier kraft. Il a un vrai talent pour gagner naturellement la confiance des gens. Je pense que c'est dû au mélange de son côté petit garçon et de ses bonnes manières. Ou est-ce dû au fait que Danny ne ment jamais ?

Dans ses débuts au *Wall Street Journal*, Danny s'est fait connaître par ses délicieuses accroches en première page – ce qu'ils appellent *A-heds*, ces articles ironiques publiés au milieu de la une. Il a écrit sur le plus grand tapis du monde tissé en Iran (« Petite ville cherche surface gigantesque à recouvrir »). En Astrakhan, il a décrit de quelle façon les marchands de caviar augmentent la production des œufs en injectant des hormones aux esturgeons, récupérant ensuite le caviar par une sorte de césarienne pour poissons (« Ainsi naquit la chirurgie sans coutures pour esturgeons »). Danny peut dénicher les histoires les plus inattendues au cœur des sentiers les plus rebattus.

Mais j'admire vraiment la façon dont, ces dernières années, Danny s'est mis à aller plus profond et plus loin dans ses reportages. Il foule maintenant un terrain plus boueux, se frayant un chemin dans un monde empli de conceptions étroites et antagonistes. Il explore les chemins de traverse, il relie les pointillés, explique l'effet papillon – la façon dont le plus petit mouvement ici peut avoir d'énormes conséquences ailleurs. Je vois Danny grandir et prendre ses responsabilités en tant qu'écrivain et en tant qu'homme. Il devient plus spontanément concerné par ce monde qu'il survole avec ambition. Il me fait croire au pouvoir du journalisme.

Il y a un an, dans notre maison à Bombay, influencée peut-être par le climat spirituel de l'Inde, j'ai roulé mon fauteuil de bureau près du sien et je lui ai demandé quelle était à ses yeux la valeur la plus essentielle. Quelle était, en quelque sorte, sa religion personnelle ? Je ne parlais pas d'une religion héritée de la tradition, mais des valeurs qu'il plaçait au-dessus de toutes les autres. Danny, qui travaillait à ce moment-là à un article sur des produits pharmaceutiques, m'a dit qu'il comprenait ma question et m'a promis d'y réfléchir. Quelques minutes plus tard, il a roulé son fauteuil jumeau près du mien. « L'éthique ! s'est-il exclamé d'un air triomphant. L'éthique et la vérité. »

Quelques jours plus tard, cette conviction fut mise à l'épreuve lorsque nous sommes arrivés dans l'état de Gujarat, au nord de l'Inde. La région avait subi un grave tremblement de terre et les dégâts étaient considérables. Nous n'avions jamais, ni l'un ni l'autre, fait de reportage sur un désastre naturel et, au fur et à mesure que nous nous rapprochions de l'épicentre de la catastrophe, nous étions presque submergés par l'horreur de ce que nous découvrions. C'était comme si une force avait fait s'écrouler la croûte terrestre. Il était facile de voir que des centaines de victimes étaient ensevelies sous les décombres. Nous avons observé en silence un cadavre qu'on en extrayait. L'odeur de la mort était partout.

Je faisais partie d'une équipe de reporters pour un journal français. Lorsque j'ai rendu mon papier, l'un des chefs de rubrique n'a pas trouvé mes descriptions suffisamment pittoresques et a entrepris d'inventer une série de détails croustillants. De retour à Bombay, nous avons dîné avec lui. C'était un reporter chevronné, mais il ne pouvait parler d'autre chose que du dégoût que lui inspirait maintenant le journalisme. Il parlait d'illusions, de mensonges et de l'actualité conçue comme un spectacle. Il semblait totalement indifférent, dépourvu de tout sens de ses responsabilités, sans aucune considération pour la vérité. Il semblait à moitié mort.

Après le repas, Danny s'est éclipsé dans son bureau, déprimé, et il est resté longtemps assis, la tête dans les mains. Il avait déjà écrit un article sur les conséquences économiques du séisme, mais il n'avait pu se débarrasser ni de la puanteur des corps en décomposition, ni de l'impression de ne pas avoir su décrire de façon adéquate et véridique ce dont il avait été témoin. Il se mit donc à écrire une suite :

> A quoi ressemble exactement la zone sinistrée en Inde ? Elle dégage une odeur repoussante, elle pue. Vous ne pouvez imaginer la puanteur de plusieurs centaines de corps en décomposition pendant cinq jours tandis que les équipes de sauveteurs soulèvent des pans entiers de bâtiments effondrés dans la ville. [...] On suppute le nombre des morts : 25 000, 100 000 ? Personne ne le sait vraiment. Mais ce n'est pas seulement le nombre qui explique la présence ici de tous les médias du monde. Le sida tuera plus de personnes cette année en Inde, mais ne reçoit pas la même couverture médiatique. La sécheresse, on le sait, fait mourir les gens de faim dans l'État d'Orissa en Inde. En Afghanistan, des réfugiés meurent de froid dans des camps. Mais un tremblement de terre, c'est la mort brutale, subite, un sujet d'article bien plus intéressant.[...]

Étendue sur notre lit dans l'étonnante maison d'Asra, espérant tromper mon mal de tête, je feuillette un carnet dans lequel je retrouve des notes prises trois semaines plus tôt, au cours de notre précédent séjour à Karachi. Nous célébrions le réveillon du Nouvel An avec Asra et son jeune amoureux, qui nous entraînait dans d'innombrables soirées de peu d'intérêt, et où tout le monde était habillé en noir, comme à New York ou Bombay. Dans la voiture, en route vers une *party*, l'irrégularité de mon écriture témoigne de la croissante ébriété de l'Amoureux.

> Karachi, 31 décembre 2001, 22 h 45. Trois journalistes sur le point de passer le Nouvel An à Karachi. Tous les trois

amoureux. Heureux. Tendus à l'idée de ce qui pourrait se passer en 2002 ? Pas un mot suggérant la moindre inquiétude. Si le nom de Ben Laden est prononcé, ce n'est que dans des plaisanteries.

Je suis arrivée de Paris ce matin. J'ai traversé la moitié du globe pour être avec mon mari aimant et mon bébé à naître. J'ai apporté du fromage acheté chez notre excellent épicier à Montmartre et du Scotch pour Danny dans une petite bouteille.

Ce type conduit comme un malade !

Danny est de retour un peu avant 16 heures, pour un court moment. Comme toujours, je me précipite dans ses bras et j'enfouis mon visage dans son cou. Je reste là, comme pour me saouler de son odeur, pour sentir un peu de sa sueur. Je n'aime pas être séparée de lui. Quelquefois, après être allée quelque part, je le trouve devant la porte, à attendre mon retour. Il me prend dans ses bras et me dit à quel point je lui ai manqué. Il me sert fort d'une main et de l'autre, il me caresse le visage, en m'appelant « *My wife, my life* » (« Ma femme, ma vie »).

Parfois, j'aime être séparée de lui pendant quelques jours, rien que pour savourer cette impression – douloureuse mais délicieuse – que l'on a lorsque la personne aimée est absente. Juste pour le plaisir d'être avec lui de nouveau quand il vient me chercher à l'aéroport. De lire les e-mails qu'il m'envoie d'une escale en transit, rien que pour le plaisir de me dire « Je suis en route, j'arrive. » C'est seulement lorsque je l'ai retrouvé que je me sens entière.

Conventionnellement parlant, je ne suis pas une bonne épouse. Je ne sais ni coudre ni repasser. Je ne sais cuisiner qu'un seul plat et j'oublie toujours d'acheter du papier toilette. Le bon côté de la chose est que Danny ne semble pas le remarquer (sauf pour le papier toilette). Notre complicité est un peu plus enrichissante chaque jour, faite de moments éprouvants, de nouveaux défis, de vraies joies.

Danny adore être fier de moi. En octobre dernier, dans un festival du film à Montréal, j'ai obtenu un prix pour un documentaire très contesté, que j'avais fait pour les télévisions française et allemande. Il traitait de l'utilisation en

Israël du filtrage génétique. En vertu de la Loi du Retour israélienne, pratiquement tout juif a le droit de revenir dans l'ancienne patrie. Mais comment pouvez-vous être absolument certain que quelqu'un est juif ? Pour déterminer qui est qualifié, les autorités israéliennes se servent maintenant des tests d'ADN pour étudier les composantes génétiques des candidats. Mon film explorait les implications politiques et sociologiques de ce processus, qui sont ambiguës et dérangeantes. A la minute où il a appris la nouvelle, Danny, qui était au Koweït, m'a immédiatement envoyé un e-mail : « Ma chérie a eu un prix ! Signé : Mari Fier. »

Il est temps pour nous tous de commencer à bouger. Je risque d'être en retard pour mon interview de l'experte en violence conjugale. Asra doit faire des courses pour le dîner d'adieu que nous donnons ce soir. Danny doit aller au cybercafé voir quelles informations il peut glaner sur les échanges d'e-mail de Richard Reid, puis se rendre encore à deux rendez-vous avant sa rencontre avec le mystérieux Cheik Gilani. Nous nous affairons dans la maison, jetant dans nos sacs le matériel nécessaire – magnétophones, téléphones portables, petits carnets, *Palms*. Comment se fait-il que, dans une aussi grande maison, nous puissions encore buter les uns sur les autres ?

Asra appelle l'hôtel Sheraton et commande un taxi pour chacun et chacune de nous. A Karachi, on ne plaisante pas avec ça. La règle veut qu'on loue une voiture avec un chauffeur digne de confiance qui vous conduit à vos diverses destinations et vous attend à chaque arrêt. Bien qu'il ait voyagé dans le monde entier et fait des reportages dans certains de ses recoins les plus dangereux, Danny est un adepte de la sécurité. Il est par nature un homme prudent. Quand nous nous sommes installés à Bombay, il a failli rendre fou notre vendeur de voiture en insistant pour que des ceintures de sécurité soient posées sur le siège arrière de notre Hyundai Centro grise. *Sur le siège arrière ?* Ils trouvaient cela ridicule. Pour lui, c'était une nécessité absolue.

Le Sheraton n'a pas de voiture à nous envoyer. C'est la première fois que cela se produit. Asra essaie d'appeler un service de limousines privé, qui loue voiture et chauffeur, mais, là encore, l'attente sera d'au moins vingt minutes. Si nous attendons trop longtemps, Danny manquera son premier rendez-vous, ce qui décalera le deuxième, menacera le troisième... En désespoir de cause, nous envoyons Shabir, le gardien, dehors, au-delà de la guérite de sécurité, attraper au vol deux taxis au coin de la rue. Comme si cela devait en faire venir un plus vite, Danny se hisse impatiemment sur la pointe des pieds et fait des petits bonds sur place. Inquiet, il consulte sans cesse l'élégante montre en argent que je lui ai offerte pour son dernier anniversaire, ses trente-huit ans. Enfin, Shabir réapparaît sur sa bicyclette, suivi par deux taxis. Je fais signe à Danny de prendre le premier, puisqu'il est le plus pressé. Il jette son sac à l'intérieur, m'attrape par le cou de sa main libre, m'attire vers lui et m'embrasse sur la joue. Puis il plonge sur le siège arrière du taxi.

Quelques secondes et Danny a disparu.

Chapitre 2

Je fais la cuisine au mieux deux fois par an, et toujours le même plat, le seul que ma mère cubaine, Marita, ait su me convaincre d'apprendre. Son *picadillo* est un chili parfaitement dosé, réconfortant et surprenant, avec de petits morceaux de câpres et de raisins secs profondément enfouis dans le bœuf haché, les tomates et les oignons. Dans ce pays musulman, je ne peux acheter le porc que j'y ajoute d'ordinaire, mais ce soir, tout le reste sera là – haricots rouges s'il n'y a pas de *black-eyed peas*, bananes plantains, avocats et riz blanc. Il me semble que c'est le plat qui convient, pour donner une touche de chaleur latine à la lourdeur de Karachi, et célébrer notre départ imminent. Depuis des mois nous n'avons pensé qu'au terrorisme, à la guerre, la haine ethnique et religieuse. Nous avons été submergés par tout cela, et nous avons besoin d'un peu d'air.

Ce soir, dans la maison d'Asra, Zamzama Street, nous recevons quelques-uns des nouveaux amis d'Asra, rencontrés pour la plupart par l'intermédiaire de l'Amoureux. Ce sont de jeunes Pakistanais, beaux et argentés, analystes financiers pour des entreprises multinationales, des courtiers en bourse, des acteurs du monde high-tech. Un fait réjouit tout particulièrement Asra : l'un de ses invités est un seigneur féodal, « un vrai ». C'est un jeune homme né sous une vieille étoile, le rejeton d'une des familles qui contrôlent ce territoire depuis le découpage colonial par les Britanniques, il y a plus de deux siècles. Certes, le monde moderne a érodé le vieux système féodal, qui a évolué depuis la formation relativement récente du Pakistan. Mais il me semble barbare que les seigneurs féodaux continuent à exercer une autorité quasi divine sur les fermiers qui cultivent leurs terres, limitant leur accès à l'éducation, à un système juridique décent, et naturellement, à la terre. On nous a dit que la famille de notre hôte possédait quarante mille hectares dans cette province – fait remarquable si l'on se souvient que la réforme agraire limite en principe les propriétés à soixante-quinze hectares.

Ce jeune homme est fiancé, mais il n'est autorisé à rendre visite à sa promise qu'en présence d'un chaperon, entre 19 heures et 21 heures, de sorte qu'il viendra seul. Quant aux autres, eh bien, j'ai quelques doutes sur beaucoup d'entre eux, mais Asra se sent seule et s'efforce de faire une réussite de sa vie à Karachi. Il y a deux jours, elle se sentait si malheureuse qu'elle était sur le point de s'écrouler, prête à claquer la porte de la maison et à quitter le pays pour de bon. C'est un livreur qui l'a décidée à rester. Elle avait commandé un *chicken biryani* par téléphone. Le traiteur a juré que sa commande lui serait livrée dans la demi-heure. « Oh, bien sûr, *inch'Allah* » (si Dieu veut), a-t-elle dit avec un haussement d'épaules désabusé. Mais ce fut fait dans les délais, à deux minutes près.

« Vous êtes merveilleux ! lui a dit Asra. Sans vous, j'allais quitter le Pakistan. »

Le petit livreur n'avait pas la moindre idée de ce qu'elle voulait dire, mais le raisonnement d'Asra était le suivant : « J'y ai vu un signe de Dieu. Cela m'a rendu l'espoir que cette société pourra un jour fonctionner. » Et elle a décidé de rester.

Asra, je l'ai appris, a une logique qui n'appartient qu'à elle. Peut-être est-ce en raison de la fracture entre ses deux identités. Née en Inde de parents musulmans, élevée aux États-Unis – à Morgantown, en Virginie de l'Ouest –, elle porte les cicatrices psychologiques communes à ceux qui n'ont extirpé leurs racines d'une terre que pour découvrir que les transplanter dans une autre n'est pas chose facile. A

Morgantown (élue « meilleure petite ville à l'est du Mississippi »), elle a aidé son père à fonder la seule mosquée de la ville. Pas simple. En 1992, elle a accepté de rentrer au Pakistan et d'épouser un musulman. Pas facile non plus, c'est le moins que l'on puisse dire.

Le père de l'homme qu'elle épousait a convoqué Asra pendant leur lune de miel et lui a défini sa nouvelle identité.

« Premièrement, lui a-t-il dit, tu es musulmane. Deuxièmement, tu es pakistanaise. Et troisièmement, tu parles ourdou. » Asra s'est sentie comme un chat qu'on veut tenir en laisse. Elle a essayé d'être une bonne petite fiancée. Elle a rendu visite aux uns et aux autres, en parlant peu, et en s'efforçant d'avoir l'air mignonne dans des chaussures dorées de chez Stuart Weitzman.

Le mariage a duré moins de trois mois.

Asra vivait de nouveau en Virginie de l'Ouest quand, comme elle dit, « Mon pays natal est tout d'un coup devenu le centre du monde ! » Et elle a eu envie d'y retourner et de faire un reportage sur ce qui s'y passait. Mais elle était en congé du *Wall Street Journal* pour écrire un livre. Elle a donc cumulé les piges pour deux publications, le magazine en ligne *Salon.com*, et le *Dominion Post* de Morgantown.

Les articles pour le journal de sa ville natale ont pris la forme de lettres aux petits camarades de classe de Samir et Safiyyah, sa nièce et son neveu, qu'elle adore, avec pour vedettes Merve et Blink. Merve est une petite licorne en tissu rembourré ; quant à Blink, eh bien, il est difficile à décrire. C'est peut-être un âne. Ces animaux en tissu élimé ont voyagé avec Asra dans toute l'Asie du Sud, dans l'Himalaya, et jusqu'à Allahabad. Ils sont même allés jusqu'en Afghanistan. Mais ils n'ont pas été très loin, il faut l'admettre.

Dès que les journalistes ont été autorisés à traverser la frontière Pakistan-Afghanistan, fin octobre et novembre, Asra a décidé qu'elle aussi devrait faire des reportages du front. Cela impliquait, entre autres choses, de raconter dans le *Dominion Post* les aventures de Merve et Blink en route vers Kaboul. Les dépêches d'Asra sont toujours illustrées d'une photo de Merve et Blink prise sur les lieux. Si bien qu'ayant franchi un kilomètre en Afghanistan, Asra fit une pause et voulut sortir les créatures de son sac pour une séance photo. Quand elle releva la tête, des Afghans menaçants pointaient une kalachnikov sur sa tête. Un peu plus tard, ses guides commencèrent à agir de façon récalcitrante et brutale, méprisante. Ce qu'elle lut dans leurs yeux la terrifia. Elle était une femme, voyageant seule dans un pays qui, pendant plus de cinq ans, n'avait pas vu de visage féminin dévoilé. Elle devait regarder la réalité en face : ce n'était pas prudent. Il fallait qu'elle fasse demi-tour. Elle en a pleuré de frustration jusqu'au Pakistan.

Asra est peut-être inconsciente parfois, mais je dois reconnaître que je trouve son imagination délicieuse. Qui d'autre qu'elle irait risquer sa vie pour photographier des peluches en Afghanistan ?

*

Danny est encore à son rendez-vous de l'après-midi, mais j'ai fini mon interview de l'experte en violence conjugale. Quand je sors de ma réunion, je retrouve le chauffeur robuste qui m'a conduite ici. Il m'attend devant la porte. Quand Asra m'a mise dans son taxi un peu plus tôt, elle a exigé : « *Kheyal karoe* (prends bien soin d'elle) » et, c'est ce qu'il semble bien décidé à faire. La plupart des Pakistanais appartiennent à l'un des quatre groupes ethniques : ils sont Punjabi, Baluchi, Sindhi ou Pathan. Mon chauffeur est un Pathan barbu, avec une carrure impressionnante et un large sourire. Régulièrement, il m'observe attentivement dans le rétroviseur et demande : « *Teek hay ?* »

Oui. Ça va. J'ai encore mal à la tête, mais je survivrai.

Asra et moi avons besoin de faire des courses pour le dîner que nous donnons ce soir. Le chauffeur serviable m'emmène donc chercher Asra chez elle, et de là, nous irons chez Agha, un traiteur fréquenté par les étrangers et les habitants des beaux quartiers de Karachi. Il est beaucoup plus facile de faire ses courses ici qu'à Bombay, et nous trouvons tous les ingrédients dont nous avons besoin. Tout en remplissant notre panier, nous parlons de l'atmosphère violemment antiaméricaine qui règne ici. Nous trouvons cela irritant. C'est systématique et cela ne s'appuie pas sur des faits ou des analyses. C'est une litanie facile qui ne sort pas seulement de la bouche des conservateurs islamistes. C'est une colère factice, un sujet de conversation tout trouvé pour les amis de l'Amoureux, lorsqu'ils se prélassent autour d'un feu de camp, pendant les week-ends, sur la plage de French Beach, au bord de la mer d'Arabie. Et ce soir, à notre soirée, dans leurs costumes Armani, avec leurs cartes de crédit American Express en poche, ils ne manqueront pas une occasion d'y donner libre cours, sans le moindre égard pour nos sentiments. Cela fait de nous, Asra et moi, une paire inattendue de porteuses de drapeau, même si nous sommes bien conscientes du fait que les Américains, de leur côté, réussissent aussi à faire de la culture pakistanaise une caricature.

Danny appelle pendant que nous faisons les courses. Entre autres étapes, il s'est rendu au cybercafé pour recueillir des informations sur l'e-mail envoyé par Richard C. Reid au Pakistan.

« Je crois que j'ai trouvé l'adresse e-mail à laquelle il a écrit », rapporte Danny très excité. Il est en route vers son rendez-vous de 19 heures, et sera un peu en retard pour le dîner, mais pense être à la maison vers 21 heures. Il me dit qu'il m'aime et m'appelle « *Baby* ».

La conversation est coupée. A la tombée de la nuit, à Karachi, tout se précipite. Les vendeurs ambulants remballent, les embouteillages s'aggravent, les croyants quittent les mosquées, et la ville, dans une très vaste proportion masculine, devient encore plus encombrée. Je peux imaginer Danny, quelque part dans cette masse d'êtres humains, désireux d'enregistrer encore une dernière voix avant de terminer sa journée. Je souris en pensant à cette boulimie d'action, tellement juvénile.

Aujourd'hui, il a rencontré Randall Bennett, officier responsable de la sécurité régionale au consulat des États-Unis à Karachi. Le consulat est un ensemble de bâtiments en bordure de la route, près de l'hôtel Marriott, niché derrière des murs en ciment. Là, Danny a demandé à Bennett son avis sur son projet de rencontre avec Cheik Gilani.

« Est-ce que c'est sans danger ? » a demandé Danny.

« Je lui ai répondu qu'il ne devrait y aller que si la rencontre avait lieu dans un lieu public et fréquenté, s'est souvenu Randall par la suite. Il a dit qu'il se sentait à l'aise au Village Restaurant où le rendez-vous avait été donné et je suis tombé d'accord avec lui. »

Il a rencontré Jamel Youssouf, un homme d'affaires très influent de Karachi, qui préside une organisation originale et peu commune appelée CPLC (Comité de liaison citoyens-police). Youssouf a constitué ce groupe en 1989, exaspéré par la vague d'enlèvements frappant le monde des affaires. La police de Karachi ne parvenait pas à lutter efficacement contre la menace. Youssouf a donc mobilisé des hommes d'affaires de ses amis, et ils se sont changés en une équipe spécialisée dans la traque et l'éradication du crime. Le CPLC a élucidé deux cent soixante-quinze cas de kidnapping depuis sa création, et le nombre des enlèvements a diminué de 75 %.

Si quelqu'un peut évaluer les situations à risques, ici à Karachi, c'est indiscutablement Youssouf.

« Il n'y a pas de danger à rencontrer Gilani ? lui a demandé Danny.

– Tant que vous resterez dans un lieu public... », lui a répondu Youssouf.

Danny a alors appelé Asif, son *fixer* à Islamabad. C'est Asif qui a fourni à Danny le premier contact avec celui qui affirme pouvoir lui faire rencontrer le religieux.

A 18 h 30, une fois encore, Danny a interrogé Asif.

« Est-il dangereux de rencontrer Gilani ?

– Cela dépend du lieu de rencontre, lui a dit Asif. Est-ce que Mariane vient ? »

Danny a demandé au chauffeur de taxi de le déposer au Village Restaurant près de l'hôtel Métropole. Dans les années soixante et soixante-dix, avant que Zulfiqar Ali Bhutto ne tente de se concilier les fondamentalistes en renforçant l'interdiction de l'alcool et en fermant les clubs, le Métropole était un endroit où l'on allait pour boire et danser. Aujourd'hui, c'est un hôtel lugubre pour voyageurs désargentés. C'est là que Danny doit rencontrer l'homme qui le conduira à l'insaisissable Cheik Moubarak Ali Shah Gilani.

*

Après des semaines passées dans la poussière du Pakistan, je veux me faire belle ce soir, m'habiller de façon féminine. Je sors de mes bagages la seule jupe dans laquelle je rentre encore, suffisamment sage pour Karachi. Elle est noire et en partie recouverte par un chemisier en crochet blanc ; là-dedans, j'ai un peu l'air d'un pingouin. Asra enfile un pantalon en nylon noir portant le sigle blanc de Nike aux chevilles. Elle a dix pantalons de ce genre. Ils sont parfaits pour une soirée avec le gratin du Pakistan – souples mais pas trop flottants, assez brillants et doux pour conserver un côté habillé, surtout avec son étonnante paire de talons hauts.

Nous mettons le cd *Live* de Springsteen, Asra allume des bougies et je m'attaque à la montagne d'ingrédients qui m'attendent sur le comptoir de la cuisine.

Vers 20 heures, j'appelle Danny. C'est toujours ainsi que nous procédons : si l'un de nous s'en va seul à un rendez-vous, l'autre appelle toutes les quatre-vingt-dix minutes environ, pour s'assurer que tout va bien. Son téléphone est éteint. Il y a quantité de raisons qui pourraient inciter Danny à éteindre son téléphone portable, mais d'ordinaire, il ne le fait pas. « Il est pour l'instant impossible de joindre votre correspondant. Merci de bien vouloir renouveler votre appel plus tard », dit avec une obséquiosité robotique une voix féminine, avant de répéter le même message en ourdou. J'en viendrai à haïr cette voix.

Les invités commencent à arriver. Ils entrent avec de grands gestes, en brandissant des cigarettes allumées. Les hommes sont rasés de près, dans des costumes bien coupés. Les femmes sont élégantes, entièrement habillées de noir, avec des chaussures convenables et des maquillages pas trop appuyés.

Je les reçois, mais je suis distraite. Ils se rassemblent dans le salon. Leur élocution rapide, en ourdou et en anglais, est ponctuée de petits rires. Pour la plupart, ils sont amis d'enfance, et merveilleusement à l'aise chaque fois qu'ils se retrouvent. Tandis qu'ils s'installent devant les bouteilles de bière Murree Brewery que nous avons achetées à un vendeur clandestin, Asra s'affaire dans la salle à manger. Moi, je suis dans la cuisine où le *picadillo* commence à être beaucoup trop cuit. J'ai appelé Danny tous les quarts d'heure, et je tombe toujours sur ce même maudit message.

Asra fait visiter la maison au jeune seigneur féodal. Au premier étage, elle désigne du doigt le délicieux petit boudoir dans lequel elle travaille. La pièce est d'une forme étrange, un parallélogramme irrégulier. Son bureau est l'un des plus petits bureaux roulants que j'aie jamais vu, si petit que les post-it de Danny ont l'air presque énormes posés dessus.

« Alors, c'est ici la cellule de la CIA ? » demande le seigneur féodal en gloussant.

Asra ne répond pas, mais je crois, lorsqu'elle me rapporte la chose un peu plus tard, que cette forme d'humour ne l'amuse pas plus que moi. Pourquoi soupçonne-t-on toujours les reporters d'être des espions ? Le seigneur féodal ne voit peut-être là qu'une plaisanterie, mais dans le climat de tension et de paranoïa du Pakistan, une remarque de ce genre n'a vraiment rien de drôle.

Il est maintenant 22 heures. L'Amoureux impatient pointe le nez près des fourneaux. « Eh ! Tout le monde travaille demain matin ! », dit-il. Je comprends que plus vite nos invités seront devant leur assiette, plus vite nous pourrons les pousser vers la porte. Quelques minutes plus tard, j'entends à peine les compliments polis des dîneurs assemblés autour de la table. Je fais semblant de manger et suis heureuse que l'on n'attende pas grand-chose de moi. Instinctivement, je place les deux mains sur mon ventre et, dans mon cœur, je nous unis tous les trois – Danny, notre enfant et moi. Me soustrayant des conversations bruyantes, je prie, formulant en silence *Nam Myoho Renge Kyo*, le mantra bouddhique que je récite depuis plus de dix-huit ans. A mon grand soulagement, les invités mangent rapidement et tous, à l'exception de l'Amoureux, partent à 23 heures.

Sans réparer les dégâts de la soirée, nous allons dans le bureau d'Asra pour faire le point. L'Amoureux s'allonge sur l'un des sofas, et attire Asra vers lui. La serrant dans ses bras, il fume un peu de hash. De la voix pincée de quelqu'un qui parle en retenant la fumée, il dit : « Ils l'ont peut-être conduit dans une *madrassa* où il n'y a pas de téléphone. Ou peut-être est-il sorti de la ville. En dehors de Karachi, on ne peut plus vous joindre. Ça arrive. »

L'Amoureux me tape sur les nerfs. Il ne comprend pas que cela ne s'est tout bonnement jamais produit. Jamais, où que ce soit : ni au Kosovo, ni en Arabie Saoudite, ni en Iran. Partout où Danny est allé, il a toujours réussi à trouver un téléphone pour m'appeler.

Nous laissons l'Amoureux à sa fumette, et nous nous serrons devant l'ordinateur de Danny, à la recherche d'une piste. Nous épluchons son calendrier et ses e-mails.

Je lis à haute voix : « Chaudrey Bashir Ahmad Shabbir ».

Asra note le nom et le numéro de téléphone.

Bashir. Naturellement. C'est lui qui devait présenter Danny à Gilani.

Nous trouvons plusieurs e-mails dans l'archivage de Danny émanant de Bashir, sous l'adresse e-mail *nobadmashi@yahoo.com.*

« C'est vraiment bizarre, dit Asra.

– Pourquoi ?

– *Nobadmashi* veut dire “ pas d'entourloupe ” en ourdou. »

Toute cette correspondance est en effet très étrange. Nous étudions les messages attentivement, incapables encore d'en saisir pleinement le sens. Apparemment, Bashir et Danny correspondent depuis un bon moment. Le 16 janvier, quand Danny et moi étions à Peshawar, Bashir écrivait :

> Merci beaucoup pour vos articles. J'en ai apprécié la lecture et les ai imprimés pour les communiquer à Shah Saab [Gilani]. Il est maintenant parti à Karachi pour quelques jours et je suis certain que, dès son retour, nous pourrons

aller le voir. Je suis désolé de ne pas vous avoir répondu plus tôt, j'étais préoccupé par la santé de ma femme qui est tombée malade. S'il vous plaît, priez pour elle.

Dans l'attente du plaisir de vous voir,
Adaab,
Chaudrey Bashir Ahmad Shabbir.

Trois jours plus tard, Danny a reçu un autre e-mail, celui-ci même encore plus étrangement bavard :

Cher Mr Pearl,

Je regrette de ne pas vous avoir contacté plus tôt. [...] J'ai malencontreusement égaré votre numéro de téléphone. (...) Je crois vous avoir donné le numéro de mon frère aîné la dernière fois, et c'est seulement en rentrant chez moi que j'ai découvert qu'il l'avait vendu ! Nous avons demandé une ligne fixe et dès que nous aurons payé « qui de droit », nous l'obtiendrons. C'est ainsi au Pakistan ! Ma femme est rentrée de l'hôpital *alhamdolillah* et toute cette expérience m'a réellement ouvert les yeux. Les personnes désargentées qui tombent malades ici et qui doivent aller à l'hôpital passent vraiment des moments affreux et épuisants. Cela m'a fait comprendre une fois de plus que notre famille a de nombreuses raisons d'être reconnaissante. Le Cheik dit que la gratitude est l'essence de la foi.

J'ai parlé au secrétaire du Cheik hier et il m'a dit que Cheik Saab a lu vos articles et qu'il accepte volontiers de vous rencontrer. Malheureusement il ne rentrera pas de Karachi avant plusieurs jours. Si Karachi est dans votre programme, il vous sera loisible de l'y rencontrer. [...]

Après avoir lu cela, Danny a mis Karachi dans notre « programme », malgré notre intention de quitter le pays très vite. Bashir a répondu immédiatement :

Je regrette que vous quittiez le Pakistan si rapidement. J'espère que votre séjour vous a satisfait. Je vais vous obtenir un rendez-vous avec le Cheik à Karachi mardi ou mercredi, selon son emploi du temps. [...] Il me donnera le numéro de l'un de ses *mureeds* [disciples] que vous pourrez appeler quand vous serez là-bas. Le *mureed* vous conduira à lui. S'il vous plaît transmettez au Cheik mes salutations respectueuses et demandez-lui de se souvenir de moi dans ses prières.

Ah ! Ainsi, nous savons maintenant que Bashir n'était pas l'intermédiaire que Danny a rencontré cet après-midi. C'était un *mureed.* Qui, alors ? Et d'ailleurs, qui est ce Cheik ?

Nous cherchons Gilani sur *Google* dans l'ordinateur. Pour un personnage décrit comme le leader « très secret » d'une obscure secte islamique, on trouve une effarante quantité d'informations à son sujet. Danny et moi avions bien sûr un peu parlé de Gilani, mais je ne savais pas qu'un rapport du Département d'État américain de 1998 définissait son groupe, Jamaat al-Fuqra, en ces termes : « ...un groupe terroriste s'étant engagé à mener un djihad, ou guerre sainte, contre les États-Unis ». Ou que le FBI tenait ses membres pour responsables d'au moins dix-sept attentats à la bombe et de douze meurtres aux États-Unis. Gilani avait fondé le groupe à Brooklyn, NY, il y a une vingtaine d'années, et depuis lors, des cellules de musulmans radicaux, pour la plupart des Afro-Américains, avaient essaimé dans le pays, des confins ruraux de Virginie jusqu'aux Rocheuses du Colorado, et au pied des collines des sierras californiennes. Il a fait venir plus de cent disciples américains au Pakistan pour qu'ils y reçoivent un entraînement religieux et militaire, et il bénéficie également d'autres soutiens dans les Caraïbes et en Europe.

Danny savait-il tout cela ? Savait-il que « les spécialistes du terrorisme soupçonnent Fuqra d'être un mouvement soutenu ou du moins approuvé par des membres influents du gouvernement pakistanais » ? Ou que l'on avait soupçonné Gilani d'avoir des liens avec les terroristes qui avaient placé une bombe au World Trade Center en 1993 ?

« Simplement parce que ce qui se trouve sur l'internet ne veut pas dire nécessairement que c'est vrai », dit Asra, qui sent mon inquiétude.

Elle a raison, naturellement, mais je n'en ai pas moins peur. Gilani a sur les mains, directement ou indirectement, le sang de plusieurs victimes. Et l'hypothèse la plus plausible est que Danny a été retenu de force dans une *madrassa* par cet homme ou ses subordonnés.

Une voix s'élève du canapé, celle de l'Amoureux, de nouveau : « Ils l'auront probablement invité à passer la nuit. Ce sont des gens très hospitaliers. »

J'aimerais le faire tomber de son perchoir.

Asra essaie de me calmer : « Oh, oui, je parie qu'ils vont lui faire manger une omelette pakistanaise avec des poivrons verts et des oignons, qu'ils vont lui donner quelques *roti*, avant de le renvoyer à la maison. Et il va passer la porte ici, furieux de ne pas avoir été autorisé à téléphoner. »

« Il faut que j'aille travailler demain matin..., pleurniche l'Amoureux d'une voix pâteuse depuis sa position assise.

– Va te coucher, lui dit Asra avec douceur. Nous te réveillerons à temps. »

Danny a téléchargé l'article du *Boston Globe* du 6 janvier qui a été à l'origine de sa recherche de Gilani. La journaliste Farah Stockman y fait état d'un lien entre Reid et le religieux. Rien, dans cet article, n'est de nature à me rassurer si peu que ce soit. Elle écrit :

> « Au fil des ans, Gilani a incité des jeunes gens à mener le *djihad* contre le gouvernement indien au Cachemire, contre les Russes en Tchétchénie, contre les Serbes en Bosnie, et à lutter contre les Israéliens. Il a établi des camps d'entraînement à Abbotabad, au Pakistan, à environ trois heures de la capitale, et dans d'autres parties du pays. L'un des lieux où les adeptes de Gilani étudient et s'entraînent est Lahore, à la pointe la plus à l'est du Pakistan, région qui abrite bon nombre de guides spirituels, de militants kashmiri, et de *madrassa*, ces écoles où ont été formés les leaders des Talibans.
>
> « “ [Reid] est allé là-bas ”, a dit [un] officiel, en faisant allusion au quartier général fortifié de Gilani à Lahore. [...] Un membre de la très nombreuse “ famille éclatée ” de Gilani a également déclaré que Reid leur avait rendu visite à la maison. »

Dans son article, Farah Stockman cite Khalid Khawaja, un ami proche de Gilani qui nie tout contact entre les deux.

« Il n'est pas un adepte, et il n'est connu d'aucun membre de notre organisation », a dit Khalid Khawaja à propos de Reid.

Le déni est de pure forme, mais le terme d'« ami proche » nous glace. Khawaja est un personnage fascinant mais douteux, l'un de ces hommes qui semblent connaître tout le monde (du moins dans les cercles islamistes militants). Ancien agent des services secrets pakistanais et officier dans l'armée de l'air, Khawaja n'aime rien tant que parler aux journalistes, surtout américains. Il aime voir leur tête quand il se proclame ami d'Oussama Ben Laden. Danny et moi l'avons interviewé à plusieurs reprises, Asra aussi. Nous l'avons trouvé, pour reprendre la formule très directe de Danny : « Brave type, mais légèrement taré. »

Danny et moi l'avons rencontré à Islamabad peu après les attentats du 11 septembre; et plus récemment, début janvier, dans une maison presque vide transformée en bureau, dans un quartier protégé, apparemment réservé aux militaires. Asra, elle, lui a rendu visite à son véritable domicile en septembre dernier, quand elle logeait chez une sœur de son père. « Il serait peut-être intéressant pour toi d'interviewer notre voisin, avait dit sa tante avec obligeance. C'est un homme religieux, ami de Ben Laden et des Talibans; il a combattu avec la résistance afghane. »

Ainsi donc, escortée par sa tante et son oncle, Asra avait rendu visite à Khalid Khawaja. Et tous étaient restés poliment assis pendant que l'homme justifiait avec véhémence le *djihad* des musulmans contre l'Amérique.

Chaque matin, après les prières, Asra l'avait vu descendre la rue, les mains croisées derrière le dos, pour une promenade quotidienne autour du petit parc local. Un jour, elle s'était jointe à lui. Et tout en marchant, il lui avait décrit comment l'important businessman pakistano-américain Mansour Ejaz, ainsi que l'ancien directeur de la CIA James Woolsley et lui-même, s'étaient efforcés de forger un accord qui aurait évité la guerre entre les États-Unis et les Talibans. Leurs efforts avaient échoué.

Khawaja avait dévidé une histoire similaire à Danny et moi. Bien que n'ayant jamais pu vérifier tous les éléments de son récit, nous avions tendance à le croire, du moins en partie. Mais beaucoup des propos de Khawaja étaient le pur fruit d'une imagination malfaisante : « Vous savez qui était derrière l'attaque du World Trade Center et du Pentagone ? », nous a demandé Khawaja lors de notre rencontre en septembre. « Les Juifs, le Mossad, cela ne peut venir que d'eux. »

Ce n'était pas la première fois que nous entendions la « théorie du complot juif ». Elle nous avait été exposée la veille chez Hamid Gul. Directeur des Services secrets pakistanais, ISI (Inter-Services Intelligence), de 1987 à 1989, Gul est considéré comme l'architecte du *djihad* afghan, l'homme qui planifia la guerre financée par la CIA américaine et menée par les moudjahidin contre les occupants soviétiques. Il y a une dizaine d'années, Gul avait été l'homme le plus puissant de la région, le « parrain des Talibans » comme certains le surnommaient. Mais le pouvoir, maîtresse infidèle, l'avait quitté sans se retourner. De nouvelles alliances s'étaient nouées, dont Hamid Gul ne faisait pas partie.

Derrière sa diatribe véhémente, je pouvais sentir son amertume. Gul faisait preuve de la même exaltation fanatique que nous verrions chez Khawaja, et tant d'autres que nous rencontrerions après le 11 septembre. C'était comme une soif de vengeance trop longtemps inassouvie, un désir qui brûlait en eux, qui les dévorait et pouvait se lire dans leurs yeux.

Après un monologue d'une heure au cours duquel Gul affirmait que Oussama Ben Laden ne pouvait pas avoir la moindre responsabilité dans les attaques, il s'était penché vers nous et avait dit, sur le ton d'un conspirateur : « Savez-vous que les quatre mille Juifs qui travaillaient d'ordinaire au World Trade Center étaient tous absents ce jour-là ? »

Jusqu'à mon dernier souffle, j'aimerais le calme avec lequel Danny a réagi. « Vraiment ? » a-t-il dit, sans la plus petite nuance d'ironie perceptible.

La « théorie » était que les instigateurs de l'attentat avaient secrètement conseillé à tous les Juifs travaillant dans les tours jumelles de ne pas aller au bureau pour échapper ainsi à une fin tragique. Ces allégations avaient apparemment pour origine Al-Manar, la chaîne de télévision du Hezbollah, le parti islamiste libanais. On les avait entendues peu après le 11 septembre, et une fois la hideuse rumeur sur internet, elle avait trouvé des adeptes convaincus chez tous les fondamentalistes du monde entier.

Dans un article que Danny avait envoyé exactement dix jours après les attentats, il écrivait : « Une théorie attribuant aux Juifs ou aux Israéliens la planification des attaques du 11 septembre sur les États-Unis ne cesse de gagner en crédibilité auprès d'intellectuels musulmans. C'est un indice inquiétant du fait que la mondialisation n'a guère contribué à combler le fossé qui sépare la perception des uns par les autres. »

Au Pakistan, écrivait Danny dans son reportage, des pilotes, des scientifiques et des experts s'étaient réunis pour analyser les attaques, et tous avaient conclu qu'elles n'auraient pas pu réussir sans l'aide des services secrets américains ou israéliens. « Des officiers de l'armée de l'air pakistanaise tiennent pour une évidence que “ seul le Mossad pouvait faire ça ”. Des journaux respectés, en Arabie Saoudite, au Pakistan et dans les Émirats, suggèrent que des autorités soupçonnent certains Israéliens d'avoir une responsabilité dans les attaques. [...] Un commentateur pakistanais a dit, sur la BBC vendredi, que l'attitude belligérante de l'Amérique rend crédibles les théories de conspiration se répandant sur internet. »

Et la voilà qui resurgit, cette même vieille haine, comme pour faire douter de la possibilité que l'humanité tire un jour les leçons de sa propre histoire. Mais Danny et moi refusons de nous laisser intimider par cela dans notre travail de journalistes. Nous nous considérons comme des équilibristes, marchant sur la corde raide, prudents et obstinés dans notre désir d'établir un pont entre les civilisations. Dans ses écrits, Danny s'efforce de rester libre de tout dogme et de toute allégeance. Tendre à l'impartialité est un combat, mais cela aiguise la vision de Danny et son indépendance. Il ne représente ni un pays ni un drapeau, il est seulement à la recherche de la vérité. Sa fonction est de présenter aux gens un miroir et de les forcer à jeter un regard sur eux-mêmes. Quelle meilleure façon de respecter l'humanité ?

Le *Wall Street Journal* n'a jamais publié l'article. Danny a envoyé un e-mail à son patron :

> « L'article n'est pas paru aujourd'hui et il n'est pas annoncé non plus dans les sommaires à venir. J'aimerais vraiment savoir si c'est parce qu'il est parvenu trop tard, pour une raison ou une autre, ou parce que vous manquiez d'espace. J'espère en tout cas que ce n'est pas parce que vous craignez de dire à nos lecteurs ce que les gens ici pensent réellement ! »

Il était plus virulent dans un message à un ami : « Cela me met en rage de voir que nous sommes prêts à disséquer sans fin la psyché orientale, sauf si cela risque de blesser nos lecteurs juifs. » Et il concluait : « Ou peut-être est-ce moi qui deviens paranoïaque, et qui commence à forger ma propre théorie du complot juif. »

Qui sait quelle théorie Khalid Khawaja était encore sur le point de nous concocter, quand, après nous avoir dûment sermonnés ce jour-là, il a brusquement posé une question annexe.

« Vous êtes quoi ? a-t-il demandé à Danny. Chrétien ? »

Sans un instant d'hésitation, Danny a répondu : « Je suis juif. »

La réponse a stupéfait Khawaja. « Réellement ? »

Cette question, nous nous attendions à ce qu'elle nous soit posée, un jour ou l'autre. Quand vous voyagez, et particulièrement dans des pays du tiers-monde, les gens essaient de vous catégoriser, clairement et rapidement. « De quel côté êtes-vous ? » Ou plus précisément : « Êtes-vous mon ennemi ? Suis-je le vôtre ? » A nos yeux, c'est toujours une question sans pertinence qui n'admet qu'une seule réponse : « Nous venons vous voir en tant que journalistes. »

Les deux parents de Danny sont juifs. Sa mère, Ruth, est née à Bagdad, en Irak, descendante de Juifs irakiens depuis d'innombrables générations – depuis la destruction du temple de Salomon (586 av. J.-C.) ou peut-être un peu plus tard, lors du Deuxième Exil (70 apr. J.-C.). Son père, Judea, est né en Israël mais sa famille n'est revenue au Moyen-Orient qu'à une époque relativement plus récente. Le grand-père de Judea, un Juif hassidique, vendit tout ce qu'il possédait en Pologne et s'installa en Israël en 1924. Il se joignit à vingt-cinq familles pour fonder une coopérative laitière super-cachère dans un nouveau village appelé Benei Beraq. La mère de Judea avait fui la Pologne et était arrivée en Israël la veille de Hanoukka en 1935. (Ses parents, son frère et sa sœur ne l'ayant pas fait, ils furent déportés à Auschwitz. Seule la sœur survécut.) Ruth et Judea se sont rencontrés à l'Institut de technologie Technion-Israël à Haïfa, et après leur mariage, se sont installés aux États-Unis, où Danny est né en 1963.

C'est une riche histoire, et Danny en est fier. Il n'a pas l'esprit religieux, mais il m'a dit un jour que s'il éprouvait à un moment donné le besoin de parler à Dieu, il se tournerait d'abord vers la religion que pratiquaient ses ancêtres. Néanmoins, il refuse de se laisser définir par son héritage – ou par quoi que ce soit d'autre d'ailleurs. Oui, il se considère comme juif, mais pas plus qu'il ne se sent américain. Il est aussi un journaliste et un musicien. Pour moi, Danny est un homme libre.

*

Vers minuit, une voiture vient se garer dans la rue. Asra et moi courons sur la véranda balayée de lumières blanches, en priant pour entendre le bruit trop fort de la sonnette. Mais il n'y a que le silence.

Si Danny n'est pas de retour à 2 heures du matin, nous appellerons les autorités.

Mais lesquelles ? La corruption, dans la police pakistanaise, est endémique ; c'est un sujet sur lequel Danny et moi avons enquêté pendant des mois. En fait, il se pourrait qu'appeler la police soit précisément ce qu'il ne faut pas faire en pareil cas. Appeler ISI (Inter-Services Intelligence) ? Le rôle de l'agence est trop obscur, effrayant. Nous l'avons entendu qualifiée de « royaume dans l'État » ; nous savons que peu de chose se passe dans ce pays sans que l'ISI en soit informé. Mais si le service est impliqué ? Devrions-nous, avant toute chose, appeler le consulat américain ?

Nous décidons de faire d'abord confiance à nos collègues. Asra appelle un reporter du *Jang* qu'elle a rencontré à Peshawar. Il a des nouvelles, mais pas de Danny. Gulam Hasnain, un reporter du *Time* et de CNN, est porté disparu. Un lien ? Difficile de savoir s'il y en a un.

« Peux-tu nous donner son numéro de téléphone ? Nous pourrions parler à sa femme ? Comparer nos notes, demande Asra.

– Il est trop tard, répond le reporter du *Jang*. On ne peut pas la déranger. »

Il est minuit passé et il est sur le point d'aller au Press Club de Karachi pour y passer la nuit. Quand il arrivera là-bas, il interrogera ses collègues, mais il doute de pouvoir apprendre grand-chose. Nous avons tendance à le croire, surtout si les rumeurs qui courent sont vraies : que la plupart des oiseaux de nuit du Press Club y sont pour regarder des vidéos porno, introduites clandestinement depuis l'aéroport de Dubaï. (On peut tout acheter à Dubaï.) Le journaliste nous invite à le rappeler, et Asra le prend au mot. Elle l'appelle toute la nuit, le réveillant à chaque fois. Il n'a jamais la moindre nouvelle.

Nous téléphonons au consulat américain. Une voix lourde de sommeil nous répond : « Caporal Bailey, que puis-je faire pour vous ? »

Craignant de laisser transparaître notre peur, nous expliquons la situation avec un calme forcé. Mais quels que soient le ton ou les mots employés, nous ne parvenons pas à faire comprendre au caporal Bailey que nous sommes sérieuses et qu'il s'agit d'une urgence. Il est clair qu'il s'attend à ce que Danny réapparaisse à l'aube, saoul et désorienté, ayant abusé des bonnes choses, trop loin de chez lui. Des appels comme le nôtre ne sont pas rares dans un consulat, même dans un pays musulman. « Rappelez à 6 heures du matin, suggère le caporal Bailey d'un ton las. Demandez Randall Bennett, officier de la sécurité régionale. »

Collées l'une à l'autre devant le petit secrétaire, Asra et moi ne prononçons pas un mot inutile. Je sens bien qu'elle est avec moi. Nos deux cerveaux tournent à mille tours à la minute, mais nos gestes sont contrôlés et nos voix ne tremblent pas. J'appelle et rappelle sans cesse le téléphone mobile de Danny ; il n'y a jamais de réponse. Nous alertons le *Wall Street Journal.* Je vois Asra fixer mon ventre arrondi tout en expliquant la situation, avec douceur, de façon presque lénifiante, à John Bussey, le responsable des pages de politique étrangère, le patron de Danny.

Bussey formule précisément la question que nous espérions lui poser : « Que devrions-nous faire, à votre avis ? » Nous avons besoin d'alliés ici, de façon urgente. Pour le moment, nous avons l'impression de n'en avoir aucun.

« Le gouvernement Musharraf s'efforce d'être loyal, dit Asra. Nous pouvons faire confiance aux militaires, à mon avis. » L'autre jour, après avoir recueilli un chaton échappé des griffes du fils des voisins, Asra a longuement parlé avec la mère du garçonnet. Au cours de leur conversation, la femme a révélé qu'elle était de la famille du commandant militaire de Karachi, le plus haut représentant de l'armée, dans la province, du général président Pervez Musharraf. « Elle va se réveiller pour la prière du matin, dit Asra. Nous pouvons aller chez elle et lui demander de nous présenter. »

Bussey va nous envoyer le collègue de Danny, Steve LeVine, en poste au Kazakhstan. Steve a vécu au Pakistan et connaît bien le pays. Il sera bon de l'avoir ici.

Je ne cesse de parler à Danny dans ma tête. « Nous allons te sortir de là, je te le promets. » Mais je dois bien admettre que nous avons peu d'indices. Et ce que me dit mon intuition n'est pas rassurant. Je refuse de donner libre cours à mes émotions, je refuse de céder à la peur qui s'accumule en moi. Mes paupières sont agitées d'un tic, et j'ai très froid, ce qui me procure un certain plaisir parce que c'est une souffrance acceptable, comparée à la crainte qu'il soit fait du mal à Danny. Cela me fait penser à la vieille plaisanterie de l'homme qui se frappe la tête contre les murs parce que cette douleur le distrait d'un épouvantable mal de dents.

Dehors, c'est toujours l'obscurité complète. Il faudra encore plusieurs heures avant que l'appel du muezzin marque la fin de la nuit. Je donnerais tout ce que je possède pour être avec Danny en ce moment, où qu'il puisse être. Je sais qu'il n'est pas libre de ses mouvements. Pourquoi n'ai-je pas fait plus attention à la nature de son rendez-vous ? Pourquoi n'ai-je pas été plus vigilante ? Pourquoi n'y suis-je pas allée avec lui ? Je n'étais pas si malade après tout. Pourquoi ? Une autre voix vient interrompre le flot de ces regrets. « Arrête. Bloque ce genre de pensées. Tu ne peux pas te permettre de gaspiller ton énergie. A quoi sert de nier la réalité ? »

Si la situation s'éternise, je vais devoir prévenir les parents de Danny. Ce sont des inquiets de nature, et cela sera douloureux, mais il faut qu'ils sachent. Il y a quelques mois, alors que nous étions à Paris, Judea a trouvé sur internet un texte prétendant que deux cents Arabes avaient attaqué des personnes d'origine juive sur les Champs-Élysées. Danny n'avait jamais pu confirmer d'où une information aussi inexacte provenait. Néanmoins, cela avait suffisamment inquiété Judea pour qu'il nous exhorte à quitter Paris. Dans son e-mail à Danny, il ajoutait même : « C'est un conseil bien pesé de ton père, pas de ta maman si prompte à s'affoler. »

Dans la famille Pearl, c'est généralement Ruth qui sonne l'alarme. Quand Asra et moi épluchons les e-mails de Danny pour y trouver des indices expliquant sa disparition, nous trouvons un échange entre la mère et le fils d'hier matin. Danny écrivait : « Nous sommes dans la belle maison d'Asra à Karachi, avec l'impression d'être en vacances, bien que je travaille toujours en ce moment sur cette vieille histoire de terrorisme. » Ruth avait récemment subi une intervention chirurgicale et il lui demandait : « “ Tout va bien pour toi ?

– Oui, lui répondait-elle, aussi bien que si l'on m'avait remise à neuf. ” »

Puis elle ajoutait ceci : « J'ai lu que le stress, et tout particulièrement pendant la vingt-sixième semaine de la grossesse, lorsque le cerveau se développe, peut causer l'autisme chez un enfant, prends bien soin de ta femme et fais bien attention à ne pas l'angoisser (y compris en ne lui parlant pas de cela). [...] *Love*, Mom. »

Avant de composer le numéro de leur domicile à Los Angeles, je m'isole dans la chambre d'Asra, en essayant de calmer mes battements de cœur frénétiques. J'enfonce les ongles d'une de mes mains dans le dos de l'autre. La douleur physique m'aidera à me ressaisir. Où ai-je bien pu apprendre cela ? Ruth et Judea parlent ensemble sur la ligne, comme ils le font toujours – la mère de Danny sur un téléphone dans la cuisine tandis que son père est assis dans son bureau au premier étage. Ils me posent des questions précises auxquelles j'essaie de répondre du mieux que je peux. « Nous attendrons que tu nous donnes des nouvelles », disent-ils.

Je sais qu'ils sont morts de peur mais ils contrôlent leurs émotions. Ce sont des gens courageux. Avant de raccrocher, toutefois, Ruth me pose la question qui, j'en suis certaine, a été la première à lui traverser l'esprit. « Est-ce que quelqu'un sait que nous sommes juifs ? Quelqu'un sait-il qui nous sommes ? »

Je lui dis :

« Ne vous inquiétez pas. Personne ne sait. »

Mais cela n'est pas vrai, je m'en souviens au moment de raccrocher. Quelqu'un sait bel et bien : Khalid Khawaja, ancien agent de l'ISI, ami de Gilani, ami d'Oussama Ben Laden, du moins à ce qu'il prétend.

*

Il est 5 h 58 du matin. Nous avons décidé d'appeler Khawaja, non parce que nous croyons pouvoir lui faire confiance mais parce que nous ne savons guère à qui nous fier. Et que nous aimerions bien approcher Gilani d'aussi près que possible.

« *As salam alaikum* (La paix soit avec vous), dit Asra.

– *Wa'alaikum as-salam* », répond Khawaja.

Asra ne perd pas une seconde. « Vous connaissez mon ami Danny Pearl. Il avait un rendez-vous pour rencontrer

Cheik Gilani hier soir à 19 heures, et n'est jamais rentré. Nous avons besoin de votre aide pour le retrouver.

« Hum ! », dit Khawaja. « C'est de toute évidence une sorte de guet-apens, peut-être un nouveau complot de la CIA parce que Gilani n'accepterait jamais, en quelque circonstance que ce soit, de rencontrer un journaliste, et encore moins, un étranger. »

Asra fait d'énormes efforts pour ne pas perdre patience avec Khawaja, parce que nous avons besoin de lui. Elle le conjure de laisser de côté la politique et de nous aider pour mon bien. « Sa femme est à côté de moi, elle n'a pas dormi de la nuit, elle est folle d'inquiétude et elle est enceinte. »

Khawaja ne peut pas résister à la tentation d'un nouveau sermon : « Pensez à la condition des femmes afghanes dont les maris sont tués dans la guerre que l'Amérique livre aux Talibans. Pensez aux enfants innocents et aux femmes tués par les bombes américaines. Pensez aux Pakistanais également portés disparus, et dont personne ne parle. Pensez à... »

L'appel du muezzin à la prière du matin traverse l'air, et nous sauve de la vindicte de Khawaja. Furieuse, Asra raccroche brutalement et lâche une volée d'injures; j'ajoute quelques gros mots à titre personnel. Elle se couvre la tête d'un *dupatta*, et nous nous faufilons dehors où il fait encore sombre. Les prières du matin commencent avant le lever du soleil et la lumière n'est pas encore apparue. Dans la lueur sourde du réverbère, nous nous dirigeons vers la maison des voisins. Et nous appuyons sur la sonnette avec une certaine appréhension.

Personne ne répond. Nous sonnons encore et encore. Puis nous revenons en courant vers le mur qui sépare nos deux maisons. Nous nous faisons la courte échelle pour jeter un coup d'œil sur les fenêtres, cherchant des signes de vie. Nous nous sentons vaguement coupables, comme des gosses essayant de voler des pommes dans l'arbre d'un voisin.

Asra retourne à la porte d'entrée principale et sonne de nouveau. Finalement, une femme apparaît sur la véranda, la tête enveloppée d'un *dupatta*, comme si elle était sur le point d'aller prier ou venait juste de finir. Elle n'est qu'une silhouette dans l'obscurité ; nous pouvons à peine distinguer ses traits, tandis qu'elle écoute, immobile, l'appel au secours d'Asra.

Enfin, elle parle : « Je dois d'abord aller au travail », dit-elle. Elle enseigne dans une école du quartier. « J'essaierai de le joindre à mon retour. »

En entendant cela, nous savons que nous n'avons aucune aide à attendre de cette femme.

J'ai tourné les talons avant même qu'elle ait fini sa phrase. Dans le bureau, je réveille l'Amoureux. Il quitte la maison sans se passer un peigne dans les cheveux, ni même demander si nos recherches ont eu le plus petit résultat.

Il est suffisamment tard maintenant pour essayer de joindre Randall Bennett au consulat des États-Unis. Bennett confirme qu'il a rencontré Danny hier. Il ne manifeste aucune inquiétude devant sa disparition, mais nous conseille d'alerter immédiatement des autorités qu'il considère comme des « frères en qui j'ai toute confiance ».

« Appelez Tariq Jamil, l'inspecteur général divisionnaire, dit-il. C'est lui qui conduit les opérations de police sur le terrain. Ensuite, contactez Jamel Youssouf au Comité de liaison citoyens-police. Nous sommes d'excellents amis. »

Il faut moins d'une minute à Tariq Jamil pour comprendre ce qui se passe. « Donnez-moi votre adresse, je viens tout de suite. »

Quand nous raccrochons, nous nous regardons, Asra et moi, comme si nous venions d'entendre de vraies bonnes nouvelles. Que pouvons-nous faire d'autre ? Voilà douze heures que je suis sans nouvelles de Danny.

Chapitre 3

Mon père était un homme brillant, un mathématicien parlant sept langues, mais c'était aussi un homme d'une grande tristesse, qui s'est suicidé quand j'avais neuf ans. Ma mère, en revanche, oh, comme elle aimait la vie ! Elle aimait les gens, la musique et, par-dessus tout, elle aimait la danse. Quand ma mère dansait, plus rien n'avait d'importance que la pulsation de l'instant présent. On pouvait la voir absorber le rythme, et commencer à se mouvoir de façon subtile, doucement sensuelle. Un sourire involontaire s'esquissait sur ses lèvres, comme si elle n'avait pu s'empêcher de partager son plaisir, et une sérénité et un contentement émanaient d'elle. Ces instants de plénitude dansée ont illuminé mon enfance.

Ces dernières années, ma mère avait acquis une certaine réputation à Paris pour les fêtes cubaines clandestines qu'elle organisait le dimanche – fêtes si populaires qu'il pouvait y avoir plusieurs centaines de personnes dehors, sur le trottoir, attendant pour entrer. On y rencontrait des militants de gauche et des gens de droite, des hommes d'un certain âge portant costume, chapeau et chaussures vernies, des femmes aux gants blancs et en jupes à volants. Certains venaient avec des enfants, d'autres avec des chiens. Et tout le monde dansait.

C'était la mission que s'était donnée ma mère : bannir la solitude et la grisaille qui étouffent parfois Paris le weekend, et réunir tout ce monde sous l'aile chaleureuse de cette musique cubaine qu'elle aimait tant. Pour ses soirées, Marita puisait son inspiration dans les *guateques*, les fêtes paysannes traditionnelles de Cuba. Chaque dimanche, elle occupait un espace, un garage par exemple, et le changeait en une sorte de décor de film. Elle tendait au plafond une corde à linge où elle suspendait des vêtements (T-shirts, lingerie, etc.), pour évoquer ces maisons communautaires de La Havane appelées *solares*. Elle installait des bars où l'on servait des *mojitos* et des tables chargées de porc rôti et de manioc, d'*arroz con pollo*. Divers musiciens montaient sur l'estrade, et chantaient :

> *Sanduguera tú te vas por encima del nivel*
> (Petite allumeuse, tu t'envoles jusqu'aux cimes)
> *No te muevas más así.*
> (Ne bouge donc plus ainsi.)

De midi à minuit, ma mère circulait de l'un à l'autre, triomphante, femme ordinaire satisfaisant une ambition héroïque.

Je dansais avec ma mère lorsque j'ai aperçu Danny pour la première fois, en automne 1998. Ou plutôt, c'est lui qui, le premier, m'a remarquée. C'était dans un appartement en face du palais de l'Élysée. Une amie commune avait organisé une soirée d'anniversaire, et il était debout, un verre de whisky à la main, au milieu d'une foule joyeuse. D'allure conservatrice, dans son costume bleu nuit, derrière ses petites lunettes rondes, il nous observait, ma mère et moi, tout entières à notre danse. Il semblait fasciné par notre complicité. Il me faisait penser à un extraterrestre élégant, posant un regard à la fois ravi et déconcerté sur des spécimens terriens. Son corps était légèrement penché en avant, comme s'il avait voulu entrer dans la danse. Quelqu'un nous a présentés l'un à l'autre en disant :

« Vous êtes tous deux journalistes. Vous devriez faire connaissance. »

Danny m'a tendu sa carte professionnelle. Le geste m'a impressionnée et plus encore ce que j'ai lu : *Daniel Pearl,*

Middle East Correspondent, The Wall Street Journal. En comparaison, les titres imprimés sur mes cartes semblaient bien succincts, mais je lui en ai quand même donné une, en échange. Elle ne portait que mon nom, Mariane van Neyenhoff, et un numéro de téléphone.

Il m'a dit qu'il était basé à Londres, mais qu'il voyageait constamment, avec une nette préférence pour l'Iran. Je lui ai parlé de l'émission de radio que j'avais conçue et que j'animais maintenant pour Radio France Internationale – « Migrations » –, construite autour de l'idée que les migrants sont à la fois les grands aventuriers et les véritables citoyens du XXIe siècle. Ah, quelle coïncidence ! Il était, en ce moment même, en train d'écrire un article sur les immigrés en Arabie Saoudite.

Adossés au mur, nous avons parlé de ceux qui, en quittant leur terre natale, risquent aussi de perdre leurs points de repère. De ces étrangers éternellement considérés comme des intrus. Du monde devenu village global, et des nouvelles racines qu'il nous faudrait maintenant trouver.

Le regard de Danny naviguait entre ma mère, qui dansait toujours, et moi qui lui chantais mes théories. « Vous devriez venir faire un reportage en Iran, me dit-il en me décochant son sourire timide mais charmant.

– Inutile d'y penser, ai-je répondu, ma radio n'a pas le budget qu'il faudrait pour m'envoyer là-bas.

– Je pourrais peut-être vous aider à trouver un moyen de venir. »

Ce n'est que lorsqu'il s'apprêtait à quitter la fête que je me suis aperçue qu'il était accompagné. Son amie était physiquement tout l'opposé de moi, grande, blonde aux yeux bleus. Une Allemande, styliste de lingerie, comme je l'ai appris par la suite. Elle a emporté Danny avec elle d'un air possessif, en laissant l'odeur de son parfum dans son sillage.

Deux semaines plus tard, Danny m'a envoyé deux de ses articles sur la situation des immigrés en Arabie Saoudite. La petite note accompagnant les coupures de presse réitérait son invitation au voyage en Iran. Je l'imaginais, voguant dans des contrées exotiques avec son costume cravate, portant le même regard étonné sur un monde différent. Je m'amusais du mystère qu'il constituait pour moi, et j'entretenais un certain désir de le revoir, malgré la jeune femme qui l'accompagnait ce jour-là.

Quelque temps plus tard, Danny a fait une autre brève apparition. Entre deux avions, il s'était échappé de l'aéroport Charles-de-Gaulle pour m'apporter un livre qu'il pensait que je devrais lire. C'était *Le Shah ou La Démesure du pouvoir* [1] du journaliste polonais Ryszard Kapuściński, sur le dernier shah d'Iran et les événements qui conduisirent à la Révolution islamique en 1977.

« Tu sais, m'a-t-il dit, j'essaie de trouver une maison à Téhéran. » J'ai pensé : « Ce type est dingue, et c'est vraiment dommage, parce qu'il me plaît bien. »

Lui parti, je me suis jetée dans la lecture du livre qu'il m'avait apporté, sans pouvoir le lâcher. J'ai pensé : « Il est peut-être fou, mais je n'ai jamais lu journalisme plus original, plus convaincant ou plus libre. » Et puisque Danny, qui aimait tant ce livre, avait deviné que je l'aimerais aussi, je me suis dit : « Oui, nous avons bien quelque chose en commun. » Ce que cela pouvait être, je ne le voyais pas encore. Mais c'était quelque chose de fort.

De retour à Paris, après un voyage à Cuba, j'ai voulu lui répondre. J'ai griffonné pour lui une lettre assez longue, sur une poignée de feuillets volants. Je lui parlais de la visite du pape sur une île où, jusqu'alors, le fait de se déclarer catholique pouvait conduire en prison. J'évoquais la course au billet vert, sur une île où la diatribe anti-impérialiste continuait à couvrir les murs défraîchis d'une Havane de plus en plus fatiguée. Je lui racontais comment des gens, dans la rue, m'avaient prise pour une prostituée parce que j'avais l'air d'une Cubaine, et qu'on m'avait vue sortir avec des amis étrangers. Je lui parlais des prix exorbitants de la viande. Et de ce talent déconcertant qu'ont les Cubains pour savourer l'instant, en dépit de tout.

Je lui ai dit que j'aimerais bien le revoir.

1. Paru aux éditions 10/18, Paris, 1994.

Plusieurs mois ont passé sans qu'il me donne signe de vie. Puis il m'a appelée, avec un sentiment d'urgence dans la voix. Ma lettre, apparemment, s'était glissée dans une pile de factures mises de côté avant qu'il parte en voyage. C'est seulement de retour en Angleterre qu'il avait découvert l'adresse de l'expéditeur au dos de l'enveloppe, et l'avait repêchée du lot. Il demandait : « Quand nous voyons-nous ? »

Il avait des plans, j'avais les miens. Mais il a très vite appelé d'Espagne avec une proposition concrète. Il prendrait le train de nuit Madrid-Paris, et arriverait juste à temps pour me préparer un petit déjeuner. Je souriais en imaginant parfaitement ce qu'il avait en tête : si, par hasard, je me révélais, disons, une erreur de parcours, il aurait toujours le temps d'attraper un train le soir même pour Londres.

Le lendemain matin, vers 8 heures, ma porte s'est ouverte toute grande sur un Danny bronzé et en grande forme dans son T-shirt Freddy's Pizza. Il tenait une valise d'une main, et de l'autre, un sac à provisions bien plein. Plus un étui de mandoline sous le bras. Il m'a salué d'un large sourire, avant de foncer droit vers la cuisine pour extraire de son cabas une demi-douzaine d'œufs, un bocal de tomates séchées au soleil, des oignons, deux poivrons rouges et des oranges sanguines d'Espagne. S'apercevant qu'il avait oublié les herbes aromatiques dans sa valise, il a traîné celle-ci au beau milieu du salon (que j'avais briqué en son honneur), et, en s'efforçant de trouver ce qu'il cherchait, a entrepris d'en éparpiller le contenu – *tout son contenu* – sur ma moquette : carnets de notes, chaussettes dépareillées, chemises froissées. Une fois les herbes trouvées, il est reparti en courant vers la cuisine.

Planant au-dessus des fourneaux, Danny ressemblait à un chef d'orchestre dirigeant une symphonie. L'effort et la chaleur lui avaient mis les cheveux en bataille. Enfin, avec un sourire triomphal, il m'a tendu l'assiette sur laquelle reposait son chef-d'œuvre fumant : « Et voilà ! » m'a-t-il dit, rayonnant de fierté. Ma cuisine était un vrai capharnaüm. Jusque-là restée sans voix, j'ai éclaté de rire.

Ce soir-là, Danny n'a pas repris son train pour Londres. A l'heure du coucher, nous lui avons aménagé un lit sur la moquette du salon. Nous étions trop timides même pour avoir conscience de notre timidité. Danny a disparu dans la salle de bains et en est ressorti portant, avec l'expression la plus sérieuse du monde, un pyjama vert pomme à rayures rouges. J'ai éclaté de rire – une fois de plus. Il m'a aidée à faire son lit en saisissant les deux extrémités du drap que je lui tendais. Puis, en prenant un instant pour bien viser, il s'est jeté sur le matelas les bras en croix en essayant d'atteindre les deux coins d'un seul coup, comme un personnage de bande dessinée. Tout à coup, j'ai compris ce qui m'attirait tellement en lui : Danny s'impliquait à cent pour cent dans tout ce qu'il faisait.

Dans combien de lit avons-nous dormi au cours des quatre années écoulées depuis notre rencontre ? Ils se confondent. Dans le contrat de mariage que nous avons rédigé ensemble et lu pendant la cérémonie en 1999, nous proclamions : « Nous promettons de découvrir ensemble de nouvelles choses, de nouveaux lieux et de nouvelles personnes ensemble, de concevoir notre vie commune comme une œuvre de littérature. » Nous avons découvert bien des choses ensemble en si peu de temps.

Dans l'ordinateur de Danny, il y a une liste, intitulée : « Lieux où nous sommes allés » :

Paris, Londres, Pays de Galles, Port-Vendres, Barcelone, Los Angeles, North Adams, Mass., Rhode Island, Washington, (DC), New York, Seattle, Vancouver, Istanbul, Turquie du Sud, Liban, Croatie, San Francisco, Grèce, Hollande, Israël, Cuba, Pays basque, République dominicaine, Hong-Kong, Singapour, Inde, Qatar, Pakistan.

Nous sommes venus à Karachi pour la première fois il y a quatre mois : le 12 septembre 2001. Nous arrivions par avion de New Delhi, où l'aéroport était d'une tranquillité presque terrifiante. J'observais Danny, qui s'efforçait de contenir ses émotions et cherchait le réconfort dans des gestes familiers. Il parcourait les rayons de la boutique *duty free*, inspectant les rangées superposées de Ganesh, le dieu éléphant vénéré des hindouistes. On pouvait trouver des Ganesh en céramique, en bois, en plastique, en mousse de polyester, dans tous les matériaux possibles et imaginables. J'ai dit à Danny que la raison de la popularité de Ganesh auprès des chauffeurs de taxi était qu'on lui prêtait le pouvoir de balayer tous les obstacles. Danny aurait voulu paraître intéressé, mais il semblait ailleurs. Tout le monde était ailleurs ce jour-là.

Il avait des boîtes de chocolat en équilibre dans les bras. Dans chaque grand aéroport, Danny accumulait des friandises, dans l'intention de les distribuer aux enfants des nouvelles connaissances. Mais il les oubliait toujours, et le plus souvent, les sucreries finissaient abandonnées, rances ou fondues, dans sa chambre d'hôtel.

Il n'y avait qu'un seul autre client dans la boutique « hors taxes » de l'aéroport, un journaliste allemand lui aussi en route vers le Pakistan. Il achetait du whisky qu'il avait l'intention d'y introduire en fraude. Avec un sourire étrange, il nous a dit : « Je le sais de sources sûres. La guerre commence mardi et pfft ! Effacé de la carte, l'Afghanistan ! »

Nous l'avons regardé, bouche bée.

Deux jours plus tôt, nous étions encore dans un village mushahar au Bihar. Le Bihar est la terre où le bouddha Shakyamuni connut l'Éveil et où Gandhi acquit le nom de Mahatma (Grande Ame). J'étais là pour écrire un portrait de Gandhi que devait publier le magazine *Télérama*. De nos jours, le Bihar a le triste privilège d'être l'État le plus anarchique et le plus pauvre d'Inde. Et s'il est encore possible de quantifier de telles choses, les villages mushahar sont peut-être les plus désespérément pauvres de cet Etat le plus démuni de tous. *Mushahar* signifie « mangeurs de rats », parce les gens de cette région consomment bel et bien ces rongeurs. Des siècles de mariages consanguins et le manque de fer dans leur régime alimentaire ont donné à ces villageois une apparence monstrueuse, avec des goitres, énormes protubérances sous leur cou. Nous avions l'impression d'avoir fait un bond en arrière dans le temps et de nous retrouver au Moyen Age.

Et maintenant, au lendemain du 11 septembre, nous nous efforcions de réintégrer le XXIe siècle, à la vitesse d'une fusée, alors que le monde dit « civilisé » était en état de choc. Comme le reste du monde, nous avions été témoins des attentats, sur CNN. Nous étions restés figés devant la télévision pendant que John Bussey – « Mon patron, c'est mon patron ! », s'était écrié Danny – décrivait, avec une précision bouleversante, ce qu'il voyait de la fenêtre des bureaux du *Wall Street Journal.*

Ses bureaux se trouvaient exactement en face des tours du World Trade Center. Bussey écrivit un récit terrifiant de cette matinée, publié à la une du journal le lendemain. Il décrivait en détail ce qu'il avait pu voir du neuvième étage, le bruit de l'impact du premier avion, et la vision qui avait immédiatement suivi : « De grands nuages de fumée s'élevant vers le ciel. Des flammes très intenses dévorant les étages au-dessus du point d'impact. Des débris tombant dans la rue, d'énormes fragments de métal qui faisaient en touchant le trottoir un bruit qui s'entendait sur plusieurs pâtés de maisons à la ronde. Des papiers de bureau recouvrant le sol. Les voitures d'un parking étaient en flammes, à deux pâtés de maisons du lieu de l'explosion. » Il décrivait l'horreur avec une terrible précision, les gens sautant dans le vide dans « un effort désespéré pour fuir ».

Il était resté dans les bureaux, couvrant la scène pour la chaîne télévisée CNBC, partenaire du *Journal.* Et il s'en était fallu de peu qu'il n'y reste trop longtemps. La Tour Sud s'était écroulée et les locaux du *Journal* s'étaient emplis « de cendres, de ciment pulvérisé, de fumée et de débris de la Tour Sud ». Réussir à sortir du bâtiment était un dangereux défi. Mais rien de comparable à ce qui allait se passer ensuite : « [Alors que] je descendais la rue, avec mes affaires, la seconde tour faiblissait. J'ai entendu une sorte de rugissement métallique, quelque chose comme l'ouragan Chicago El s'enflant au-dessus de nos têtes. Puis un pompier, à côté de moi, a crié : “ Tout s'écroule ! Courez ! ” Courir, oui, mais où ? »

John aurait pu facilement faire partie des milliers de personnes qui moururent ce jour-là.

Nous étions à l'autre bout du monde, mais nous le savions, et nous en étions bouleversés. Ici, dans le *lounge* de Pakistan International Airlines, nous tentions frénétiquement d'obtenir des liaisons internet pour prendre contact avec nos amis et collègues. Lorsque nous y sommes finalement arrivés, des centaines d'e-mails attendaient Danny.

*

Danny avait prévu de nous faire chercher à l'aéroport de Karachi par un agent de sécurité privé. Même « en temps normal », l'aéroport de Karachi a la réputation d'être l'un des plus dangereux du monde, où des brigands interceptent et attaquent régulièrement ceux qui voyagent pour leurs affaires. Et nous n'étions pas en temps normal.

Nous ne pouvions pas manquer notre garde. D'une main, il tenait une pancarte en carton sur laquelle on lisait « *Mister Peul* », et de l'autre, une AK-47. Il portait des vêtements militaires et des bottes de combat, et il avait des yeux d'un bleu turquoise surprenant. Il nous a conduits vers un 4x4 qui ressemblait moins à une Jeep qu'à un tank. A l'intérieur, un autre homme, armé également, était assis sans bouger. Tandis que nous traversions la ville, les yeux turquoise inspectaient les alentours, avec un visage impassible. C'était comme si nous avions eu pour garde un gros chat en état d'alerte permanent.

Une sourde hostilité pesait sur la ville. Nous étions là pour poser les grandes questions : qui était responsable des attaques ? Qui les finançait ? Qui protégeait les attaquants ? Pour l'instant, les États-Unis avaient le soutien fragile du Pakistan, mais si le journaliste allemand avait raison, et si les États-Unis étaient sur le point de bombarder l'Afghanistan, le Pakistan les soutiendrait-il ? Ou Musharraf tomberait-il, victime d'un coup d'Etat, comme une rumeur le prédisait ?

Partout où nous allions, nous avions en face de nous des citoyens de Karachi qui se sentaient blessés par ce qu'ils percevaient comme un préjugé occidental profondément négatif à l'encontre de l'Islam. Le 17 septembre, Danny avait envoyé un message à un ami : « Salut de Karachi, une ville qui serait formidable si nous n'avions pas peur de sortir de l'hôtel. »

Nous avions le désir de comprendre ce monde, mais il n'était pas facile de savoir par où et de quelle façon commencer. Il n'était pas possible d'aborder des inconnus dans les rues de Karachi et de commencer à leur poser des questions. Nous avons eu recours à l'aide d'un *fixer* local. Saïd nous avait été recommandé par quelqu'un que nous connaissions, mais il n'était pas le *fixer* idéal. Nous ne le trouvions guère sympathique, et il nous était rarement d'une grande aide. Mais il organisa quand même pour nous une rencontre avec un groupe de la branche féminine du parti islamiste militant Jaïsh-e-Mohammed. Nous n'avons jamais très bien compris quelle était la fonction spécifique de ces femmes, mais leur colère, elle, était bien perceptible.

Nous les avons rencontrées dans un appartement de deux pièces presque inoccupé. Une des chambres était totalement vide ; dans l'autre, de simples chaises s'alignaient autour de la pièce. Toutes, à l'exception d'une, étaient occupées par des femmes, recouvertes de la tête aux pieds par des *burkhas* noirs qui dissimulaient leur apparence physique mais pas leur fureur. Et il y avait un homme, le maire de la municipalité de Karachi, vêtu d'un *salwar kamiz* blanc. Deux sièges avaient été disposés au centre de la pièce. A notre intention. Nous portions, nous, des vêtements de couleur.

Pendant ce qui nous parut de longues minutes, mais ne dura probablement que quelques secondes, personne n'émit le moindre son. Finalement, Danny prit la parole : « Par quoi devrions-nous commencer ? demanda-t-il d'une voix douce. Nous aimerions beaucoup connaître votre opinion sur ce qui se passe, ces jours-ci. »

Les femmes répondirent d'un ton furieux, agressif. Les sons qui sortaient de leurs bouches étaient rauques. Une femme, particulièrement outrée par la façon dont CNN avait couvert les attaques du 11 septembre, reprochait violemment à la presse occidentale d'en attribuer la responsabilité à un réseau de groupes islamistes militants. Des groupes comme le sien.

« Quelle preuve ont-ils ? demandait-elle d'un ton accusateur. Ils n'ont pas de preuves. »

Tout en nous défiant, nous pouvions voir qu'elles nous étudiaient également. Danny était blanc, mais tirant plutôt sur le brun. Moi, eh bien, je leur ressemblais un peu. Personne ne m'a interrogée sur mes origines ou ma religion, mais j'appréciais une fois de plus les avantages d'être un couple « mixte ». Dans une union de ce genre, personne ne peut vous épingler. On ne peut pas prétendre tout savoir de vous, individuellement ou en tant que couple. Ce n'est pas tant que vous échappiez aux limitations habituelles, mais ces frontières n'ont plus de sens pour vous. Vous êtes libres de créer quelque chose de nouveau. « Ma mulâtresse », m'appelle parfois Danny.

J'ai grandi à Paris dans un quartier populaire où notre allure « mélangée » nous valut souvent, à mon frère Satchi et moi, d'être pris pour des Algériens ; nous ne l'étions pas mais cela n'empêcha pas des brutes racistes de prendre en chasse mon pauvre frère. Un soir où il était allé danser, il est rentré en titubant à la maison, couvert de sang après avoir été frappé avec une barre de fer. Mais le plus souvent, avec notre héritage moitié cubain, moitié hollandais, et des composantes ethniques trop nombreuses pour être toutes énumérées, on nous étiquetait simplement tous deux comme « exotiques ».

Mon père était le fils naturel d'un diamantaire juif hollandais, un homosexuel peu sympathique qui fit une fois l'amour avec une femme – et trouva le moyen de lui faire un enfant. Il confirma, sur son lit de mort, cette histoire extravagante à ma mère. Ce curieux grand-père manifesta aussi peu d'intérêt pour le fils que pour la mère. Quand les nazis menacèrent d'envahir la Hollande, ma grand-mère et mon père s'enfuirent pour rejoindre à pied le sud de la France, et c'est là qu'il grandit. Le reste de la famille de mon père mourut dans l'Holocauste. Mon père se voulut alors un révolutionnaire, allant d'un coin chaud à l'autre, atterrissant à La Havane dans les années soixante à temps pour la Révolution cubaine. C'est là qu'il rencontra ma mère, Marita. Elle était d'une famille pauvre, elle était noire et avait un grand-père chinois. Elle avait très nettement du sang espagnol et africain, et qui sait quoi d'autre ? J'avais l'impression que l'Histoire s'était donné beaucoup de mal pour me donner le plaisir d'être un petit peu de partout.

Très tôt dans notre relation Danny a décidé que mon goût pour le café était l'essence même de la partie française en moi, et il considéra que son devoir de mari était de me pourvoir en précieux nectar noir. Il n'a failli qu'une seule fois à cette mission. Nous étions à Dubrovnik, en Croatie, et nous devions prendre un avion pour Zagreb, la capitale, à 6 heures du matin. C'était la guerre au Kosovo voisin, l'hôtel était vide. Le réceptionniste a refusé d'ouvrir les cuisines pour nous faire du café. Ce n'était pas le genre de personne avec qui l'on pouvait discuter. Danny semblait si désolé que je suis partie à l'aéroport sans la dose de caféine que mon corps exigeait. Mais de cette amère expérience nous avons tiré la leçon : nous ne sommes plus jamais partis nulle part sans un kit à café de voyage mis au point par Danny, comprenant bouilloire, pressoir, café acheté en énormes quantités à Paris ou Dubaï – moulu par ses soins et conservé dans de petites coupelles – sucre et sucrettes.

C'est pourquoi je savais que quelque chose d'exceptionnel se préparait, ce matin-là, en juin 2000, lorsque j'ai vu mon Danny débouler dans la chambre en oubliant ma tasse de café.

« *Hey, baby* ! Tu aimerais aller vivre à Bombay ?

– Bien sûr ! » ai-je répondu, même si rien n'était moins certain.

Tandis que Danny était déjà retourné à son ordinateur pour confirmer sa candidature au poste bientôt vacant de chef du bureau d'Asie du Sud pour le *Wall Street Journal*, j'ai regardé la tour Eiffel par la fenêtre de notre salon. Les élégantes petites ampoules bleues dont elle était habillée depuis la célébration du nouveau millénaire n'étaient pas visibles dans la lumière de cette belle matinée de printemps. Son travail, comme Danny l'avait expliqué, consisterait à couvrir pour le *Journal* l'ensemble de l'Asie du Sud – Sri Lanka, Pakistan, Bhoutan, Népal, Bangladesh, l'Inde et son milliard d'âmes. Vivant depuis deux ans avec Danny, j'avais une immense confiance en lui. Et je sentais clairement que, depuis cinq ans qu'il couvrait le Moyen-Orient, sa carrière n'évoluait plus. Il avait besoin d'un nouveau défi, d'aller plus loin. En même temps, j'avais terriblement peur de l'Inde. Tous les stéréotypes défilaient dans ma mémoire : vaches sacrées et éléphants débonnaires ; enfants sous-alimentés en guenilles tendant leurs petites mains mendiantes, bidonvilles à perte de vue.

Notre arrivée à Bombay, en octobre, avait réduit mes appréhensions antérieures à un doux rêve d'enfant. Danny et moi n'avons pas échangé un seul mot tandis que notre avion survolait un paysage reflétant la plus extrême misère. Au-dessous, des montagnes de détritus, les toits en tôle ondulée rouillée de minuscules cahutes collées les unes aux autres pendant des kilomètres. L'image affreuse à laquelle je ne parvenais pas à m'arracher était celle d'une peau couverte de furoncles, ou pis encore, d'un visage lépreux.

Notre avion s'est posé à l'aéroport international Chatrapati Shivaji, du nom d'un roi guerrier du XVIIe siècle dont la vie était un symbole de progrès et de sécurité. Danny nous avait réservé une chambre dans un hôtel cinq étoiles à Bandra, un quartier au nord de Bombay, où vit la jet-set de Bollywood. (J'ai toujours eu un faible pour les films indiens. Je trouve hilarantes les ellipses et les libertés que leurs scénarios s'autorisent avec la réalité.) On nous avait dit que notre chambre était « au quinzième étage », mais l'immeuble n'en avait que sept. Le garçon d'ascenseur a semblé surpris de notre surprise. Il nous a expliqué qu'il était plus prestigieux pour un hôtel d'afficher un grand nombre d'étages.

Notre fenêtre donnait sur le plus triste bord de mer que j'aie jamais vu. La mer, d'un marron sale, sentait l'égout. Des papiers gras jonchaient la plage. Les seules touches de couleur, dans ce paysage de cendre, étaient les saris des femmes qui avançaient le dos courbé. Un petit garçon tapait sur son singe avec un bâton pour l'obliger à faire des pirouettes sur un disque de Michael Jackson, *Beat It*. Je ne crois pas qu'il ait choisi ce titre par malice.

Danny est venu me rejoindre à la fenêtre. Il sentait l'insecticide à la citronnelle dont nous nous étions aspergés afin de repousser les moustiques. Pour nous encourager mutuellement, nous avons parlé de ceux qui avaient déjà franchi le pas avant nous. D'un correspondant de la BBC qui, dans la même situation quelques années plus tôt, s'était aperçu qu'il était censé couvrir un pays dans lequel il avait même peur de descendre dans la rue. Des nombreux couples dont on nous avait dit qu'ils n'avaient pas résisté à de telles conditions.

« Tout ira bien si nous ne perdons pas le sens de l'humour », a dit Danny. C'était un autre de nos engagements, dans notre contrat de mariage. Nous nous y référions souvent, à ce contrat. Danny en avait la copie dans son Palm Pilot ; j'en avais une dans mon ordinateur.

> *Le neuvième jour du douzième mois de l'année cinq mille sept cent cinquante-neuf depuis la création de la Terre, correspondant au vingt et unième jour du huitième mois de l'année mille neuf cent quatre-vingt-dix-neuf, selon le calendrier habituellement en cours dans le pays de France.*
>
> *En présence de leurs familles et amis bien aimés, Mariane van Neyenhoff et Daniel Pearl par le présent contrat prennent cet engagement solennel :*
>
> *Nous promettons de vieillir ensemble, de nous aider mutuellement à rester jeunes, à conserver notre sens de l'humour, à partager amour et secrets.*
>
> *Nous promettons de découvrir ensemble, de nouvelles choses, de nouveaux lieux et de nouvelles personnes, de faire de notre vie commune une œuvre de littérature.*
>
> *Nous promettons de partager notre bonheur avec nos amis et nos parents.*
>
> *Nous promettons de ne pas laisser l'argent, le manque d'argent, ou le passage du temps nous changer.*
>
> *Nous promettons de chérir le bonheur de l'autre au moins autant que le nôtre, de stimuler notre créativité mutuelle, et de*

toujours garder la foi en la force de notre amour l'un pour l'autre.

Même avec un tel pacte, Bombay restait un défi. Nous avons trouvé, au terme de bien des déboires, un appartement, et nous avons fait venir l'essentiel de nos meubles de France par bateau, y compris l'énorme fauteuil en cuir bleu de Danny. Beaucoup de ses réflexions les plus fécondes s'étaient faites sur ce siège éléphantesque, et il l'avait emporté partout dans le monde avec lui. Il craignait que cette débauche de cuir n'offense ses hôtes hindouistes, adorateurs de la vache. Il avait même contacté des amis par e-mail pour leur poser la question. Ils lui avaient assuré que le fauteuil ne poserait pas de problème – s'il n'avait pas tué lui-même l'animal auquel cette peau avait appartenu.

C'est un fait que l'Inde, en définitive, est un pays grand producteur et consommateur de cuir, comme Danny ne tarda pas à le découvrir. Dans un article intitulé : « Combien de façons y a-t-il de dépecer une vache ? Dans l'Inde hindouiste, beaucoup », il écrivit : « Concilier les affaires et la religion n'est pas chose facile lorsqu'il s'agit du cuir. La religion hindouiste interdit de manger du bœuf et d'abattre les vaches, mais elle autorise à prendre la peau d'une vache " tombée ", autrement dit, morte de mort naturelle. Les musulmans, qui sont autorisés à abattre les vaches, travaillent dans les abattoirs et les boucheries. Mais dans le cas des vaches " tombées ", c'est un hindou de basse caste qui doit faire le travail, parce que la croyance islamique interdit de dépecer un animal mort de mort naturelle. »

Oui, il y avait beaucoup à apprendre ici, et nous nous donnions du mal pour le faire. Mais nous n'avons pas eu le temps de véritablement nous installer à Bombay. Un mois avant le premier anniversaire de Danny en tant que chef du bureau de l'Asie du Sud, le monde a semblé perdre son centre de gravité. D'abord New York, puis l'Afghanistan, l'Inde, le Pakistan. J'ai pensé *le monde ne tourne plus rond* [1]. Et l'Asie du Sud était devenue le point le plus chaud de la planète.

1. En français dans le texte. (*N.d.T.*)

Chapitre 4

« Il est 7 heures », dit Asra, comme si je ne le savais pas.

Asra possède le regard le plus intrigant que j'aie jamais croisé. Des yeux qui semblent ne jamais cligner, comme si elle était constamment étonnée du monde et ne voulait rien en perdre. Avec le manque de sommeil, ils semblent encore plus noirs et plus grands. Presque inquiétants.

Après sa douche, elle s'est habillée comme pour partir en expédition : pantalon de ranger Nike, T-shirt noir près du corps, chaussures Caterpillar comme en portent les ouvriers maçons. J'ai troqué la jolie robe que j'avais choisie pour plaire à Danny contre une tenue de combat similaire, y compris les chaussures tout-terrain.

Pas une seconde je n'imagine que Danny ait été victime d'un accident de voiture ou d'une agression classique. J'ai la certitude qu'il a été kidnappé par des terroristes islamistes. J'ai la conviction qu'il est détenu par ces hommes qui ont kidnappé leur propre Dieu, je veux dire des hommes qui, en détournant le concept de *djihad*, la guerre sainte, entraînent les peuples musulmans dans une interprétation tronquée et fausse de leur propre foi. De nombreux musulmans nous ont décrit, à Danny et à moi, la guerre sainte comme le processus le plus courageux qu'une personne puisse entreprendre. Un véritable *djihad* lutte pour dépasser ses propres limitations afin de contribuer à la société dans son ensemble. Cette lente et difficile bataille, le véritable *djihad*, c'est ce que les bouddhistes appellent « la révolution humaine ».

C'en est fini de la fraîcheur de l'aube maintenant, et la chaleur reprend Karachi dans son étreinte. Elle pénètre dans toutes les pièces, faisant danser la poussière dans les rayons du soleil. Nous entendons les portières des voitures qui claquent, dans Zamzama Street, tandis que les voisins, les uns après les autres, partent au travail.

Asra et moi restons serrées près de l'ordinateur portable de Danny, essayant de reconstituer ses derniers faits et gestes avant qu'il disparaisse. Nous trouvons le nom du « disciple » qui devait le rencontrer au Village Restaurant et le conduire vers Cheik Gilani : Imtiaz Siddique. Nous composons le numéro de téléphone portable donné à Danny. La ligne a été interrompue.

Asra prend des notes et commence à recouper toutes les informations. Ensemble, nous dressons un grand organigramme pour bien identifier les noms et pour nous repérer dans le flot des renseignements obtenus. Au centre d'une grande feuille de papier blanc, nous écrivons DANNY. A côté de son nom, nous écrivons celui de « Cheik Moubarak Ali Shah Gilani. Nous ajoutons les noms de Bashir et de Siddique. Puis, allant vers des ramifications plus lointaines, nous ajoutons ceux de Khalid Khawaja et de Mansour Ijaz, un homme d'affaires pakistano-américain influent, puisqu'il est la personne qui a suggéré à Danny d'entrer en contact avec Khawaja.

« Appelle le *fixer* habituel de Danny », dit Asra.

Ah oui ! Asif, cet homme plutôt corpulent, resté à Islamabad. Il ne sait probablement encore rien de ce qui nous arrive. C'est sa femme qui répond au téléphone et s'indigne de ce que j'exige de parler à son mari à une heure si matinale.

« Il est encore dans la salle de bains, dit-elle.

– Il faut que je lui parle immédiatement ! »

Quand je l'ai en ligne, je demande à Asif d'aller droit au fait, sans faire de commentaires. Ce qu'il entend le réveille mieux que n'importe quelle douche froide.

« Oui, dit-il, c'est bien moi qui ai organisé la rencontre. Danny insistait pour rencontrer Gilani, et pour cela, j'ai dû faire appel à un de mes amis qui a ses entrées dans ce genre de milieu.

– Qu'est-ce que tu appelles “ ce genre de milieu ” ?

– Des gens du mouvement djihadi.

En l'occurrence, un jeune homme de constitution un peu frêle, qui sert de porte-parole au Harkat-ul-Moudjahidin, un groupe militant du Cachemire, récemment interdit par le président Musharraf dans son effort pour démanteler les organisations terroristes.

« Comment s'appelle-t-il, ce porte-parole ?

– Arif. »

Entre Asif le *fixer* et Arif le porte-parole des terroristes, je commence à m'y perdre. Je décide, pour plus de clarté, d'en appeler un Asif-le-Fixer et l'autre, le « porte-parole des Djihadi ».

« A quoi ressemble-t-il ?

– Plutôt bien éduqué, avec une longue barbe. »

Asra demande s'il porte son pantalon, son *salwar* plutôt haut. Question étrange, mais qui a son utilité, puisque la mode est, chez les fondamentalistes, de porter leurs pantalons bouffants assez haut. Le prophète Mahomet aurait, paraît-il, donné ce conseil à ses disciples pour qu'ils évitent de se salir dans la boue des chemins. Les fondamentalistes musulmans, dans leur constante surenchère pour prouver leur orthodoxie, ont adopté cet usage.

« Était-il propre ? » demande Asra.

J'enrage, mais c'est encore une question révélatrice parce que les Pakistanais trouvent souvent douteuse l'hygiène personnelle des Afghans. Avant qu'elle n'aille plus loin dans cette voie, je pose la question lancinante qui me pèse sur l'estomac : « Ce porte-parole des djihadis, est-ce qu'il a des liens avec Al-Qaida ? »

Silence de mort. J'entends Asif qui souffle bruyamment, mais il ne dit mot.

« Est-ce que Danny savait ? »

Même silence au bout du fil.

« Pourquoi n'as-tu rien dit ? C'est ton travail d'assurer notre protection. *Pourquoi nous as-tu trahis ?*

Un *fixer* doit connaître l'invisible frontière entre ce qui est dangereux et ce qui ne l'est pas. On doit avoir confiance en son *fixer* et pouvoir s'en remettre à lui. La colère me paralyse. Je suis presque muette de rage. « Tu vas entendre parler de nous, Asif, la police est en route ! » Et je raccroche.

Asra et moi occupons si peu d'espace, serrées contre le petit bureau roulant, que la maison, autour, nous paraît immense. Tandis qu'elle navigue sur l'ordinateur de Danny pour y pêcher d'autres informations, je feuillette ses piles de petits carnets. Sur chacun d'eux, il a agrafé sa carte et méthodiquement noté le lieu où nous nous trouvions à ce moment-là. De Jaipur à Doha, tous nos déplacements ont été scrupuleusement enregistrés. Un seul problème : ils sont notés dans une écriture sténo que Danny a inventée quand il était encore à l'école de journalisme à Stanford. Je ne peux rien déchiffrer. Par la suite, je découvrirai que *personne* n'y parvient. Le FBI engagera certains des plus grands déchiffreurs de codes du monde pour tenter de percer le mystère du système Pearl de notation rapide. Personne n'a réussi à le décrypter.

Dans la mémoire de son Palm Pilot, nous trouvons les paroles de dizaines de chansons, *The Harder They Come*, *What a Wonderful World*, le *Love Minus Zero* de Bob Dylan (... « Mon amour, elle parle comme le silence/sans idéaux et sans violence... »). Et d'innombrables drôles de listes, jetées au hasard, comme : « *Ce qu'il y a d'aimable chez les Allemands* : la curiosité ; la bonne bière ; l'accueil massif de réfugiés ; la ponctualité ; avoir produit Beethoven ; ils sont meilleurs que les Autrichiens ; le sérieux des femmes ; le désir de se faire pardonner la guerre. » Optimiste incorrigible, il a même fait une liste intitulée : « *Ce qu'il y a de cool à Bombay* ». Elle est brève. Il y a des listes de livres lus et de phrases apprises en français. Cette liste-là n'en finit pas de s'allonger :

forcenés – *maniacs*
suppôt – *henchman*
la risée – *laughing stock*
boucher un coin – *floor somebody*

la branlette – *masturbation*
se goinfrer – *pig out*
prendre des gants – *treat with kid gloves*
frémir – *shiver*

Quand j'ai découvert cette compulsion de Danny à dresser des listes, j'ai trouvé cela un peu déconcertant. Surtout lorsque j'ai appris qu'il en avait commencé une me concernant. Ma fierté était piquée. Avait-il besoin d'un pense-bête pour savoir qui j'étais ? Mais il m'a expliqué que sa liste devait servir de point de départ à une chanson qu'il avait l'intention d'écrire pour ou sur moi. « De plus, a-t-il dit, si je continue à y ajouter de nouveaux éléments, lorsque nous serons vieux, ce sera devenu un chant épique à la gloire de la femme que j'aime. »

Bon. Dans ce cas... J'ai fait une pause dans mes recherches pour voir combien d'entrées comportait la liste qui portait mon nom. Seize.

CHOSES QUE J'AIME CHEZ MARIANE

Joue les disques de Led Zep le matin
Refuse la commercialisation vulgaire du mariage
Danse avec ou sans musique
Ne pense pas qu'il faille laisser tomber certaines choses avec l'âge
Est timide le lendemain
N'a pas peur de pleurer
Aime les trucs typiques – les feux, la voile – sans être typique.
Me laisse délirer autant que je veux sans se fâcher
Ne prend pas mon père trop au sérieux
Voyage dans le cockpit avec les pilotes
Je peux lui parler de tout
Aime se faire offrir des animaux en peluche
Grimpe sur moi pendant que je travaille
Porte le même chemisier deux jours de suite si ça lui chante
Fait des petits pas en marchant
A un remarquable talent pour se voir et pour nous voir lucidement

« Il est 9 heures », dit Asra.

Presque trois heures se sont écoulées depuis que nous avons appelé la police ; ils devraient arriver bientôt. Nous nous levons, planquons les bouteilles de bière dans un placard de la cuisine, et cachons l'ordinateur de Danny et les nôtres afin de garder le contrôle des informations clés. Nous savons que les hommes pakistanais n'aiment pas toujours collaborer avec des femmes sur un plan professionnel. Il est essentiel que nous restions libres de faire tout ce que nous pouvons pour trouver Danny. Nous sommes sur nos gardes.

Asra retire ses Caterpillar et remet ses talons hauts. Pas moi. Je garde ma tenue de bataille.

*

Tariq Jamil est assis sur le bord du canapé du salon, entouré d'une demi-douzaine de ses hommes dont aucun ne lève les yeux sur nous. Ils ne s'assoient pas non plus. Respectueux, ils gardent la tête baissée jusqu'à ce que Jamil leur adresse la parole en ourdou. Ils lui répondent alors d'un hochement de tête accompagné de « *Ji Sir* ». Asra essaie de faire croire qu'elle ne comprend pas ce qu'ils disent, mais ses yeux la trahissent. Elle entend Jamil dire à l'un de ses lieutenants : « Chut ! Elle nous entend ! »

Jamil est le chef de la police de Karachi. Il est petit, et porte l'uniforme vert olive de la police pakistanaise. Sa moustache est soigneusement taillée, et il a des yeux ronds comme de petites billes noires. Il parle lentement, à mots comptés et, d'une voix douce, il nous demande de lui dire ce que nous savons. Pendant que nous retraçons la journée d'hier et faisons part de nos découvertes de la nuit, il nous observe. Plus nous avançons dans notre exposé, plus il semble préoccupé. « Et vous êtes enceinte, dit-il finalement, les yeux rivés sur mon ballon abdominal. »

Je me dis : « Il faut vraiment être grand détective pour voir ça ! »

Dehors, la rue est envahie par une rangée de Jeep de police déglinguées et de véhicules militaires apparemment bien fatigués. On sonne sans cesse à la porte d'entrée et encore un autre de ces hommes bizarres pénètre dans la pièce. Combien une seule maison peut-elle en contenir ? Les hommes de Jamil adressent un salut militaire à leurs compatriotes. Les nouveaux arrivants, pour la plupart en civil et vêtus à l'occidentale, vont de pièce en pièce comme si la clé de la disparition de Danny avait pu échapper aux autres. Dans la cuisine, ils examinent les restes du dîner d'hier, dans le salon, ils ouvrent discrètement les tiroirs et fouillent dans les papiers empilés près du téléphone.

Pourquoi ne sont-ils pas tous dehors, à passer Karachi au peigne fin pour retrouver Danny ? J'observe la scène avec stupeur. Cela me fait penser à ces séries que je regardais, adolescente, à la télévision, le dimanche quand je m'ennuyais : la police arrive, cherche des indices. La femme de la victime apparaît, les bras croisés sur la poitrine, la voix déformée par la douleur, le visage inondé de larmes.

Ne sachant plus comment aiguillonner Jamil pour qu'il envoie ses hommes sur le terrain, Asra prend le téléphone et appelle John Bussey. Elle veut faire savoir que, aux États-Unis aussi, des VIP attendent de l'action. Elle s'emmêle quelque peu dans les titres et sigles de Jameel, amenant un sourire sur le visage du chef de la police, qui ne doit pourtant pas sourire très souvent.

Asra tend le téléphone à Jamil. J'entends ce dernier promettre à Bussey : « La police fera tous les efforts possibles pour retrouver Danny. » La phrase stéréotypée balaie le peu de confiance que j'avais encore en lui.

Un petit lutin aux cheveux courts navigue parmi tous ces hommes, ses grands yeux noirs écarquillés comme si elle n'avait jamais pensé voir tant d'adultes à la fois. C'est la petite Kashva, la fille des domestiques. Vêtue d'une robe longue, les pieds nus et crasseux, elle circule parmi eux la bouche ouverte. Je réalise que l'impression étrange qu'elle dégage vient du maquillage qui souligne son regard. Au Pakistan, les mères mettent du khôl noir aux yeux des enfants pour les protéger du mauvais sort. Cela les fait ressembler à de petits démons. Dès qu'on lui adresse la parole,

Kashva s'enfuit retrouver sa mère occupée à balayer la moquette. Selon une méthode totalement inefficace, à quatre pattes, sa maman parcourt la pièce en effectuant de grands gestes de va-et-vient avec son balai de fortune. A ce rythme, il lui faudra la journée pour balayer toute la maison.

Personne n'élève la voix, mais plusieurs hommes présents ne parviennent pas à cacher leur excitation. C'est une affaire de haut niveau, et ils sont heureux d'y participer. Asra fait de son mieux pour noter toutes ces allées et venues. En bonne journaliste, elle court derrière nos visiteurs, leur demandant nom, prénom et fonction pour les écrire dans son petit carnet. Certains d'entre eux sont de toute évidence stupéfaits. Ils n'ont pas l'habitude d'être interrogés, surtout par une belle Américaine née en Inde et parlant ourdou qui loue, pour le loyer invraisemblable de quarante mille roupies par mois, une maison où elle vit seule, dans cette ville de Karachi folle et sans loi. SSP, DIG, DSP, CID – elle n'obtient que des sigles. A lire son carnet, on pourrait croire qu'elle a jeté en l'air toutes les lettres de l'alphabet et qu'elles y ont atterri sans ordre apparent. Le seul sigle dont je connaisse la signification est ISI – et les hommes des services de ce genre n'aiment guère révéler leur véritable fonction. Pourtant, ils sont probablement là eux aussi.

Maintenant, un homme de petite taille, en uniforme et portant béret, chacun de ses pas ponctué par le bruit de sa canne, fait son entrée. Il m'est présenté comme Karman Shah, l'inspecteur général, ou comme on l'appelle ici, l'IG. Calme et doux, il écoute le rapport que lui fait Tariq Jamil, dans un respectueux murmure. Un policier s'avance et vient glisser quelques mots de plus à l'oreille de l'IG. Ils ont tous l'air d'échanger des confidences. Je commence à trouver tous ces petits mystères irritants, mais je m'efforce de garder mon calme. J'essaie de comprendre la hiérarchie. Apparemment, Jameel fait son rapport à l'IG, et ce dernier fait son rapport au gouverneur de la province de Sindh, à qui il téléphone maintenant. Leur conversation est en ourdou, mais l'IG ponctue ses phrases de : « C'est important, *sir*, c'est important ! »

Des hommes s'avancent pour me poser des questions. Pourquoi Danny voulait-il rencontrer Gilani ? Comment a-t-il fait pour se mettre ainsi en danger ? Comme le ministre de l'Intérieur Moinuddin Haider me l'apprendra sur un ton de reproche quelques jours plus tard, « le Pakistan a accueilli trois mille journalistes pendant toute la guerre en Afghanistan et pas un seul n'a été porté disparu jusqu'à présent ». Le sous-entendu est clair : d'une façon ou d'une autre, c'est Danny qui s'est mis lui-même dans cette situation. Il doit l'avoir cherché, ou bien encore, il a été trop loin. Et je leur réponds :

« Certainement pas. Et si vous le voulez, je peux vous le prouver. » D'abord, si Danny était une sorte de cow-boy, nous serions en Afghanistan en ce moment. Dès qu'il est apparu clairement que les États-Unis réagiraient militairement au 11 septembre, des journalistes ont commencé à faire la course aux positions pour se rendre en Afghanistan. Pas nous. Nous attendions notre enfant et nous pensions tous deux d'un commun accord qu'il était trop dangereux d'y aller. D'ailleurs, Danny avait déjà eu plus qu'un avant-goût du reportage de guerre quand il avait été envoyé en Bosnie en 1999. Là, il avait été témoin des lendemains des massacres et vu ce que c'était que vivre dans un monde plein de snipers et de champs infestés de mines. Il n'avait pas le moindre appétit pour cet excès d'adrénaline que suscite parfois le reportage en zones dangereuses.

Néanmoins, le *Wall Street Journal* ne voulait pas rester hors course. Nous étions en reportage à Islamabad quand le directeur des pages d'actualité, Bill Spindle, a envoyé à Danny un e-mail dans lequel il lui demandait : « Au fait, serait-il difficile pour toi d'obtenir un visa pour l'Afghanistan ? Juste à titre d'information. Bussey a très envie d'envoyer quelqu'un en Afghanistan – c'est trop chaud, si tu veux mon avis... » Danny répondit rapidement et fermement :

> Je crois savoir – d'après les dernières dépêches Reuters – que les journalistes étrangers qui faisaient un reportage sur les arrestations des *aid-workers* ont maintenant quitté

> l'Afghanistan. Il est facile d'obtenir un visa à Delhi pour le nord de l'Afghanistan, mais il faut traverser trois pays pour y arriver et l'on aboutit dans l'enclave contrôlée par Massoud, qui est mort maintenant. [...]
>
> Je refuserai d'aller en Afghanistan, et cela en partie parce que j'ai envoyé à Bussey un mémo détaillé sur la sécurité des reporters il y a plus d'un an. J'y parle de différentes choses : la nécessité pour les chefs de rubriques de contacter régulièrement les journalistes pour s'assurer que tout va bien ; qu'ils sachent quoi faire si un reporter est porté disparu ; la question de savoir si nous avons besoin de l'entraînement pour les conditions de guerre que reçoivent certains journalistes ; si nous devrions tous emmener avec nous des trousses de secours d'urgence, etc. Et il n'a jamais répondu. Je ne suis pas entraîné pour être un correspondant de guerre, et je trouve qu'il serait irresponsable, de la part d'un journal, d'envoyer des personnes sans entraînement adéquat dans des situations de ce genre.

Et il ajoutait, en faisant allusion à l'attaque du World Trade Center :

> Naturellement, ce n'est pas à moi de donner des leçons à Bussey maintenant, lui qui s'est trouvé dans une situation encore plus effrayante que tout ce que je pourrais traverser – *inch'allah*. DP.

Ni Danny ni moi n'étions attirés par la guerre, si peu que ce soit. Ce qui nous intéressait, c'était ce défi que constitue la paix. Les gens considèrent souvent la paix comme la simple absence de guerre, mais ce n'est pas cela. La paix est le résultat d'actions courageuses, entreprises pour établir un dialogue entre les civilisations. Danny et moi considérions tous deux notre profession comme une façon de contribuer au dialogue, de permettre aux voix de tous les camps de se faire entendre. C'était notre façon d'apporter notre témoignage.

Notre éthique journalistique était forte, mais notre vulnérabilité très grande. A l'époque où il faisait des reportages dans les Balkans, Danny avait appelé New York pour discuter avec ses éditeurs du contenu d'un article qu'il était en train d'écrire. « Ah ! Danny, mais d'où m'appelles-tu au fait ? », avait demandé son chef de rubrique. Question de base, posée en toute innocence. Mais Danny avait été furieux de voir qu'il avait été envoyé dans une zone en guerre sans que la hiérarchie se souvienne même de l'endroit où il se trouvait.

Pour le remercier des reportages qu'il envoyait du Kosovo, le directeur adjoint du *WSJ*, Paul Steiger, lui écrivit par e-mail : « Travail superbe. Rappelle-moi de penser à toi pour la prochaine guerre. »

Ce n'était pas précisément ce que Danny souhaitait entendre.

A peine rentré, il composa un document détaillé intitulé : « Mémo sur la protection des journalistes » – celui dont il parlait à Spindle lorsque ce dernier l'interrogea sur les possibilités de se rendre en Afghanistan. Je le cite ici longuement parce qu'il allait se révéler un mémorandum particulièrement clairvoyant et instructif.

MÉMO SUR LA PROTECTION DES JOURNALISTES

Tout d'abord, une généralité : beaucoup d'entre nous ont entendu ce refrain que le “ *Journal* n'envoie pas les gens dans des zones dangereuses ”. C'est partiellement vrai. Un correspondant du *WSJ* a moins de chances d'être à bord d'un convoi militaire pour sortir de Freetown qu'un correspondant d'APTV ou de Reuters. Nous ne ressentons pas la pression que subissent les correspondants TV ou radio d'être les premiers dans une zone en guerre et tant mieux. Mais cela peut aussi donner au *Journal* un sens de sécurité illusoire. Le fait est, nous avons envoyé des gens au Kosovo quand on tirait encore là-bas – et sans cette sorte de préparation que le journal aurait dû nous fournir pour mieux nous familiariser avec ce genre de choses. Nous sommes allés en Tchétchénie également. [...] Les étrangers sont de plus en plus souvent pris pour cibles dans des endroits comme le Moyen-Orient et l'Asie du Sud-Est.

Si quelque chose comme un enlèvement ou une arrestation se produit, savons-nous comment réagir ?

Danny était suffisamment professionnel pour savoir qu'une date de parution limite restait un impératif incontournable. Mais, pour sa part, il préférait contrôler les risques du terrain plutôt que laisser les risques du terrain le contrôler lui.

> CONTACTS RÉGULIERS – Au cours de ces dernières années, nous avons eu des reporters capturés en divers endroits. Heureusement, ils n'ont jamais été détenus plus d'un jour. Mais il y a le danger qu'un reporter disparaisse pendant des jours sans que quiconque le sache. À plusieurs reprises, j'ai dit à mes éditeurs ou aux équipes des actualités que je les contacterais chaque jour, et qu'ils devraient appeler s'ils étaient sans nouvelles de moi. Mais lorsque j'ai laissé passer plusieurs jours sans appeler, je n'ai jamais eu d'appel de leur part. Je ne trouve pas cela très rassurant quant aux capacités du *Journal* de réagir si les Iraniens décident de monter un nouveau numéro d'arrestation d'espions à la Gerry Seib. Il est difficile d'établir une procédure standard. Mais le moins que l'on puisse exiger du travail des éditeurs, serait qu'ils restent informés des déplacements d'un reporter se trouvant dans une situation potentiellement dangereuse. Un système devrait leur rappeler qu'ils doivent vérifier si tout va bien pour un reporter, et ils devraient avoir sous la main une liste de numéros à appeler s'ils ont des doutes sur la sécurité de ce reporter. [Le] premier contact (après l'épouse) devrait être le traducteur/*fixer*, puis d'autres journalistes dans le pays, puis l'agence gouvernementale quelconque responsable des journalistes en visite, puis l'ambassade des États-Unis ou la branche équivalente. Ces numéros devraient être communiqués à quiconque est à la recherche du reporter ou réveillé au milieu de la nuit par quelqu'un qui s'inquiète pour celui-ci.
>
> Il y encore un certain nombre de numéros qui devraient être appelés en cas de disparition : d'abord, le Comité international de la Croix-Rouge [CICR], à 011-41-22-734-6001 (répond 24 heures sur 24), 730-2088 (secrétariat presse), ou 734-8280 (fax). Le CICR peut contacter les prisons pour voir si le reporter a été arrêté, et peut rendre possibles des échanges de messages. Ensuite, le Comité de protection des journalistes, au 212-465-1004 – ils savent comment susciter la pression de l'opinion, si besoin est, pour obtenir une libération. [...]

Directives – Plus un reporter passe de temps sur le terrain, plus il ou elle court de risques. Par conséquent, une façon de réduire les risques consiste à dissuader les journalistes de faire des reportages que New York ne voudra pas ou ne pourra pas utiliser de toute façon. Mais dans des lieux comme le Kosovo, vous décidez de l'endroit où vous irez et de ce que vous ferez vers 8 heures du matin, et l'avis de New York viendra peut-être trop tard pour être utile. Il est bien évident que l'on ne peut pas demander à la Une de prendre des décisions instantanées, ou au rédacteur en chef des pages étranger de prendre une décision à 2 heures du matin. Mais s'il y avait un moyen d'envoyer des réponses rapides lorsque quelqu'un se trouve dans une zone à risques, cela serait d'une grande aide.

Argent – Il y a encore de très nombreux pays où une carte American Express ou Citibank ne vous servent à rien. Avoir sur soi des dollars US est obligatoire en Iran ; des marks, obligatoire dans la plus grande partie de l'ex-Yougoslavie. Mais nous n'avons pas un bon système pour faire parvenir rapidement de l'argent aux journalistes avant un voyage. En plus de coûter de l'argent au *Journal* (cinquante dollars à chaque fois que j'encaisse un chèque de mille dollars pour le changer en francs, plus la perte au taux de change quand je change les francs en dollars), et la perte de temps (à attendre l'argent pour partir en voyage), cela peut poser des problèmes de sécurité. Si vous vous trouvez à court d'argent dans un lieu dangereux, vous y resterez peut-être plus longtemps que nécessaire à attendre l'arrivée des fonds. Au Monténégro, des journalistes faisaient des virées d'une journée entière à Dubrovnik pour trouver des distributeurs de billets, et s'exposaient ainsi inutilement à des situations hostiles pendant le trajet. De plus, si vous commencez à manquer d'argent, vous allez peut-être réduire vos frais en n'utilisant plus votre chauffeur habituel, en allant quelque part sans *fixer*, en vous installant ailleurs que dans l'hôtel central – et tout cela présente des risques pour la sécurité.

Suggestions : garder un compte ouvert, en divers lieux stratégiques, où un reporter puisse facilement retirer cinq mille à six mille dollars pour un voyage. Mettre au point un système permettant à un éditeur de télégraphier de l'argent à un reporter sans avoir à passer par des journées de paperasserie, ou à avoir à verser de l'argent liquide à la Citibank.

Western Union est une autre possibilité, mais c'est coûteux, et il faudrait garder des sommes importantes en liquide à New York que quelqu'un serait contraint d'aller déposer dans un bureau de Western Union.

ENTRAÎNEMENT – Il y a au moins deux centres d'entraînement pour les journalistes couvrant les guerres. Quelques personnes sont rebutées par leur aspect militaire – les reporters devraient-ils réellement être entraînés par d'anciens soldats des forces spéciales ? Mais Craig Copetas, qui suivit l'un de ces cours il y a quelques années, dit qu'ils lui ont été bien utiles à plusieurs reprises, et pense qu'ils devraient être obligatoires. D'autres qui n'ont pas suivi ces cours sont du même avis. L'entraînement comprend des choses comme les secours d'urgence (par exemple, comment poser un garrot) ; l'armement (par exemple, comment reconnaître si le fusil pointé sur vous est « chargé et prêt à tirer » ou non) ; la psychologie (par exemple, comment argumenter avec des personnes hostiles aux barrages) ; la conduite automobile (par exemple, comment se sortir de situations critiques lorsqu'on est en voiture). Et diverses autres choses comme : les vêtements qu'il faut porter pour éviter de devenir une cible ; comment faire face aux températures extrêmes ; comment rester sain et sauf au cours des manifestations ; comment éviter les mines. Un cours qui s'est acquis une bonne réputation parmi les journalistes est donné en Grande-Bretagne par une agence appelée Centurion Risk Services (le *New York Times* et la BBC y ont envoyé des gens.) Le cours suivi par Copetas était donné par Andy Kain Enterprises (des reporters de CNN et de la BBC sont passés par là), et il est proposé en Grande-Bretagne et ailleurs. Les trois correspondants de Reuters capturés dans une embuscade en Sierra Leone avaient apparemment été entraînés par Centurion ; deux ont survécu et l'un d'eux est mort. Le coût semble approximativement de cinq cents dollars par jour pour un cours qui peut aller de trois à cinq jours. Je joins un article du *New Yorker* sur le cours Centurion.

ÉQUIPEMENT – Les gilets pare-balles rendent les gens nerveux, mais si nous devons en avoir, nous devrions nous en préoccuper sérieusement, plutôt que de nous livrer à la dernière minute au traditionnel « je crois bien qu'il y en avait un au bureau de Paris il y a cinq ans ». Contre : ils sont inconfortables, lourds (trois kilos), chauds. Pour : les bons gilets peuvent vous protéger des grenades et des fragments d'obus aussi bien que des armes légères, et vous n'avez pas besoin de les porter tout le temps. Exemple – vous pourriez en garder un dans la voiture si vous voyagez dans une zone proche des combats, et le mettre si les balles commencent à voler. Plusieurs collègues disent qu'à certains moments, ils auraient bien aimé en avoir un à portée de la main. Le problème est qu'il vous en faut un de la bonne taille, et que vous sachiez comment l'utiliser.

A partir de là, le mémo de Danny devenait même encore plus spécifique.

Aucune des mesures qu'il préconisait n'a été adoptée.

Assise sur le canapé, à côté du chef de la police de Karachi, il m'est difficile de ne pas le revoir défiler, point par point, dans ma tête.

*

Tandis que Tariq Jamil chuchote au téléphone en ourdou, un autre homme d'allure officielle, d'environ trente-cinq ans, poli, souriant et habillé en civil, me fait signe de venir le voir d'un geste discret. Il me dit faire partie de l'une des branches de la police dont j'ai oublié le nom – comme Asra, je me perds dans tous ces sigles. Il me demande une photo de Danny « pour les besoins de l'enquête ». Nous venions juste de faire des photos d'identité récemment et je fouille dans la sacoche de l'ordinateur de Danny pour trouver la sienne. Au moment où je la sors du sac, le regard espiègle et doux de Danny croise le mien, et quelque chose se met soudain à hurler à l'intérieur de moi. Je connais un instant de pure panique. Je voudrais soudain parcourir toutes les rues de cette horrible ville, en criant son nom pour qu'on me le rende immédiatement.

Je suis Danny, je suis notre fils, je suis révoltée.

La colère que j'éprouve va bien au-delà de la nuit d'enfer que je viens de traverser. En un éclair, je ressens un terrible lien non seulement avec les victimes du 11 septembre, mais aussi avec tous ces gosses à qui on lave le cerveau pour en faire des machines à tuer au nom d'un Islam inventé. Je suis terrassée par la tragique absurdité de tout cela.

Deux hommes m'observent, debout, de l'autre côté de la pièce. L'un, dans la quarantaine, est d'une remarquable élégance. Il fume comme un acteur dans un film des années quarante – sans avidité ni pose, mais avec un calme absolu. Ses vêtements sont taillés pour s'adapter parfaitement à sa silhouette mince, ses cheveux et sa moustache sont parsemés de gris. Il y a quelque chose de noble chez cet homme.

Son compagnon est plus jeune, mais également beau et élégant. Il tient un carnet mais ne s'en sert pas. Tous deux semblent patiemment attendre que toute cette agitation prenne fin pour se mettre au travail. J'ai l'impression que pour l'instant, ils se contentent de s'imprégner de tout ce qui se passe. D'où vient que nous ne les ayons pas remarqués plus tôt ?

Je vais vers eux, et le plus âgé me tend la main.

« J'appartiens au SSP, CID.

– Oui....

– Et voici Dost MI, ajoute-t-il, en désignant son compagnon d'un petit mouvement de tête, sans me quitter des yeux.

– Ah...

Il y a chez eux quelque chose de sérieux que je trouve rassurant. Me souvenant du préjugé d'Asra en faveur des militaires, je demande si l'armée est bien le corps auquel ils appartiennent.

« Autrefois, oui, dit le plus âgé avec un sourire. J'étais à un moment donné capitaine dans l'armée, mais je suis maintenant à la tête du CID. »

J'attends, espérant qu'il m'expliquera ce que peut bien vouloir dire CID, mais il ne le fait pas. Le jeune homme vient à mon secours : « C'est l'unité chargée de la lutte contre le terrorisme. »

Enfin ! Malgré notre nuit blanche, je n'ai jamais été aussi éveillée de toute mon existence. Je pense : « Bon, voilà ce qu'il nous faut. » Le chef du contre-terrorisme conduisant les recherches pour retrouver Danny – c'est, me semble-t-il, une bonne nouvelle, même si c'est seulement mon instinct qui me le dit.

Un fil invisible me rattache à Danny. J'ai peur s'il a peur, j'ai mal là où il a mal. Et maintenant je suis enhardie par le courage qu'il manifeste, où qu'il puisse être.

« Captain, lui dis-je de but en blanc, écoutez, le temps presse. Il faut que nous retrouvions mon mari rapidement. Vous êtes un professionnel, mais je suis votre meilleure alliée. »

Je lui explique pourquoi Asra et moi devrions rester au centre de l'enquête. Je l'informe du travail que nous avons déjà fait. Je lui montre notre organigramme. Je lui demande de rester près de nous. Il me regarde longuement, droit dans les yeux, pensivement, avec un calme olympien. Je ne peux dire s'il s'agit d'une sérénité exceptionnelle, ou simplement du détachement professionnel.

« Nous allons travailler ensemble », finit-il par lâcher. Puis il ajoute : « Vous n'avez pas dormi de la nuit. »

Asra nous rejoint dans le vestibule, et je la présente rapidement. Depuis leur arrivée, Captain et Dost ont observé l'efficacité dont elle a fait preuve, au milieu des allées et venues dans la maison. Sans que nous le sachions, elle a déjà gagné leur estime.

Captain désigne du doigt les hauts talons d'Asra. « Il va falloir enlever ça », dit-il fermement. Des chaussures pareilles sont peut-être acceptables dans les rangs de l'élite pakistanaise. Mais pour les autres, elles sont bien trop provocantes. Et peu pratiques. Elle les retire de bonne grâce.

Plus tard, en parlant à un ami, je parle de « Captain » en employant ce surnom que je lui ai spontanément donné. Mon ami est stupéfait. « Tu fais rétrograder cet homme de trois niveaux », proteste-t-il. Mais je l'ignorais, et franchement, je ne me soucie guère de la hiérarchie militaire. Pour moi, Captain est l'homme qui saura me guider à travers les méandres d'un système dont j'ai de bonnes raisons de me méfier. Il est le commandant de notre bateau.

Ce doit être l'heure du déjeuner car la maison commence à se vider. Captain et Dost sont assis à table où nous avons descendu l'ordinateur de Danny, sorti de sa cachette. Asra et moi avons décidé de partager avec eux nos trouvailles de la nuit, ainsi que ce qui nous reste de *chicken biryani.*

Captain m'a dit par la suite : « J'ai pensé : " Quelque chose de très grave s'est passé dans cette maison, quelque chose n'est pas normal, mais ces deux dames essaient de se comporter normalement. Et elles s'efforcent de rester optimistes ". » Nous avons su gagner son cœur. « Et quand vous m'avez montré l'organigramme que vous aviez fait, j'ai su, à ce moment-là, que vous alliez m'aider. J'ai pensé : " Ces dames ne savent pas comment, mais elles vont m'aider. " Je l'ai su dès le début. »

Le téléphone de Captain sonne sans cesse. La plupart des appels émanent de supérieurs hiérarchiques qui sentent la pression monter. Tous les quarts d'heure, je continue à composer le numéro du portable de Danny, butant toujours sur la même voix virtuelle. J'appelle aussi régulièrement Siddique, l'homme que Danny était censé rencontrer. Toujours la même voix enregistrée, infernale. Nous ne pouvons utiliser que nos téléphones portables, personne n'a plus le droit d'utiliser la ligne fixe, au cas où Danny appellerait. Une page de carnet arrachée a été scotchée sur le récepteur : « *Do not touch. Danny's phone.* »

Le seul appareil que Dost ait apporté est un répondeur destiné à enregistrer un appel des kidnappeurs. Le problème est que le téléphone est branché sur cette machine, elle-même branchée sur la prise du salon, et que quelque part le contact est mauvais, si bien que toutes les vingt minutes environ, nous devons tripoter tous les fils pour nous assurer que le téléphone fonctionne encore.

Asra commence à parler avec Dost comme si elle engageait une conversation mondaine avec un inconnu placé à côté d'elle à un banquet. Dost et Captain sont tous deux allés aux Etats-Unis, lui apprend-il. En fait, ils étaient ensemble à New York le 11 septembre pour assister à une conférence internationale sur la lutte contre le terrorisme.

« Oh, c'est incroyable ! » dit Asra. Et elle enchaîne : « En quoi consiste exactement votre travail ? »

Il répond que sa formation est le renseignement. Ce qui est bon dans notre cas, je suppose.

« Pourriez-vous nous dire ce que vous savez de Gilani ? »

C'est moi qui pose cette question à Dost. Il me répond :

« Nous ne savons rien de lui. » Ce qui ne présage rien de bon. Comment peuvent-ils ne pas connaître cet homme ? Ma belle confiance commence à faiblir.

« La famille Gilani, explique Dost, assure le gardiennage d'un très ancien sanctuaire soufi dans un quartier de Lahore. Gilani est un personnage très respecté dans la région. C'est tout ce que nous savons. »

Mon cœur se serre. Je pense : « Ces salopards ne savent rien. » C'est seulement à ce moment-là que je comprends que les autorités des États-Unis n'ont pas encore daigné nous rendre visite. Excédée, je compose le numéro de Randall Bennett au consulat des États-Unis.

« Comment allez-vous ? me demande-t-il d'un ton préoccupé.

– Bien, magnifiquement bien ! Mon mari a été kidnappé. Personne n'est fichu de savoir entre les mains de qui il est. Vous restez assis dans un bureau quelque part au lieu de le chercher. Alors c'est évident, je vais formidablement bien ! »

Bennett adopte un ton protecteur et me demande avec condescendance de me calmer, en m'affirmant qu'il a la situation bien en main. Quand je lui dis que je vais faire un scandale à Washington, il dit que même s'il m'est impossible de le voir, il ne reste pas assis sur sa chaise à ne rien faire mais qu'il travaille à la libération de Danny. Il ajoute qu'il sera chez nous dans les deux heures qui viennent.

Dost et Captain ont écouté mon altercation sans broncher.

« Il doit absolument venir ici », dit Captain, sans un mot de plus. Puis il se met à m'interroger, mais sur des questions de santé. De combien de mois suis-je enceinte ? Quand ai-je dormi pour la dernière fois ? Qu'ai-je mangé ? Il m'ordonne de m'allonger sur le canapé.

« Je suis un homme marié, me dit-il, et je suis père de famille. Je sais tout en matière de grossesse. Je sais comment les hormones affectent les sentiments. Je connais tout ça parfaitement. Et voilà ce que j'ai à te dire : nous allons retrouver ton Danny. Mais tu dois prendre soin de toi et du bébé. »

Tout en lui obéissant, je m'aperçois que personne ne m'avait parlé de cette façon depuis la mort de mon père, il y a vingt-sept ans. Sa voix, oubliée depuis des années, me revient en mémoire. C'était une voix rendue épaisse par les cigarettes qu'il fumait sans discontinuer, une voix à laquelle mon frère et moi obéissions sans broncher, pas seulement parce qu'elle était autoritaire, mais aussi parce que nous y sentions une certaine douceur. D'ordinaire, je n'aime pas qu'on me donne des ordres, mais dans ce cas, c'est différent. Je l'accepte en pensant que je peux faire confiance à Captain.

Je comprends que j'ai peur de m'endormir, comme si le sommeil allait rendre les choses plus inéluctables, alors que la réalité est déjà un cauchemar. Dost fait de son mieux pour me venir en aide. « Si vous vous endormez, dit-il, ce ne sera peut-être qu'un rêve et Danny sera là quand vous vous réveillerez. »

On sonne à la porte d'entrée. Je constate que nous sommes déjà une équipe lorsque tous quatre nous sortons de la salle à manger en fermant soigneusement derrière nous les portes vitrées, pour protéger notre charte et autres documents des regards indiscrets. Shabir, le domestique, vient annoncer Najib, un reporter du *Jang*. C'est l'homme qu'Asra avait appelé un peu plus tôt, et qui nous avait parlé du chroniqueur du *Time* disparu.

Asra se tourne vers Captain et Dost, ne sachant pas si nous devrions lui parler ou pas. Dost émet alors son premier commandement dans ce qui deviendrait notre formation accélérée en tactique policière, dans cet affreux mélange d'agents de renseignement, de véritables flics, de terroristes et de personnes de bonne volonté : « Allez-y, mais ne lui dites rien. Posez des questions et contentez-vous d'écouter ce qu'il a à dire. Prenez mentalement des notes. »

Najib se tient sur le pas de la porte, grand et mince. « Je suis le spécialiste des affaires criminelles au *Jang* », dit-il. Il a l'allure des Pathans et porte une *chalwar kamiz* de couleur blanche. Je me méfie de toute la presse au Pakistan, qui semble ne pas avoir la moindre tradition d'objectivité ou de neutralité. Qui plus est, je me méfie de Najib, instinctivement. Il a du mal à cacher son excitation devant le scoop que l'enlèvement de Danny doit représenter pour lui. Il est clair qu'il voit dans cette histoire l'occasion d'écrire un article qui fera parler de lui. Il m'annonce qu'il revient du Village Restaurant, et qu'après avoir interrogé des « gens que je connais sur le terrain », il a appris que Danny avait quitté le lieu accompagné par deux hommes barbus.

« Je vous en dirai plus si vous pouvez répondre à quelques-unes de mes questions », dit-il.

Une brève hallucination s'empare de moi. Je vois Najib transformé en vautour, avec ses petits yeux ronds comme des billes, dépourvus de toute humanité. Je fais demi-tour sans prendre la peine de lui répondre.

Je fais part à Captain de ce que Najib vient de proposer. Il est effectivement possible qu'il en sache plus, mais je n'ai rien à négocier avec lui ; je veux qu'il soit interrogé par la police. Mais Captain ne manifeste aucune hâte à lui poser des questions.

« Il est préférable, dit-il, de garder les journalistes à distance, *out of our way.* »

Et il ajoute : « Commençons déjà par ce que nous savons. Nous avons trois numéros de téléphone. Un numéro de portable pour Imtiaz Siddique, qui devait conduire Danny à Gilani ; le numéro du téléphone portable de Bashir, qui a présenté Danny à Siddique. Et le numéro du téléphone portable de Danny. Nous allons partir de là. »

Je lui réponds : « Mais c'est si peu de chose pour progresser ! »

Captain allume une autre cigarette et hoche la tête.

Chapitre 5

Asif-le-Fixer arrive d'Islamabad à cinq heures, le lendemain matin. Son air endormi habituel a totalement disparu. Ses yeux sont si écarquillés et injectés de sang qu'il me rappelle Alex dans *Orange Mécanique*. Quand je lui ouvre la porte, son expression terrifiée me fait reculer. Ses tempes sont agitées d'un tic si visible que j'en suis gênée pour lui. Je remarque aussi que la main qu'il me tend, que je ne prends pas, est couverte de sueur. « Je n'avais pas l'intention de vous faire le moindre mal », dit-il. La panique que je lis dans son regard adoucit un peu ma colère. « Je n'ai fait que donner à Danny ce qu'il me demandait. C'est tout. »

Asra, les yeux encore gonflés d'un sommeil sporadique, émerge du canapé du salon où elle a passé la nuit pour être plus près du téléphone. Elle attrape son carnet et nous conduit sur la terrasse, où nous pourrons parler sans que les policiers qui nous gardent puissent nous entendre.

Nous disons à Asif qu'il est temps d'appeler son ami, celui qui a présenté Danny au porte-parole des djihadis. « Comment s'appelle-t-il ? Quel est son numéro ? »

Asif secoue la tête :

« Je ne peux pas vous dire ça. Je lui ai promis que son nom ne serait jamais mentionné.

– Combien te paye Danny ? » demande Asra.

D'un air penaud, Asif avoue que Danny le paye cent dollars par jour. Un tel salaire est effectivement presque indécent pour cette région – qui gagne cent dollars par jour au Pakistan ? – et il sait que toute négligence de sa part est impardonnable.

Il est encore bien trop tôt pour que je puisse faire preuve de diplomatie. Asra et moi sommes toutes deux dans nos T-shirts froissés et nos pantalons de survêtement ; nous avons les cheveux poisseux et notre visage porte les tristes marques du manque de sommeil. Nous ne sommes pas belles à voir et notre comportement n'a rien d'amical.

J'aboie : « Donne-moi ce nom et ce numéro de téléphone ! »

Asif se résigne.

Le nom de l'homme est Zafar, et il est lui aussi journaliste au *Jang*. Ils sont amis de longue date. « Je l'ai supplié de m'aider, dit Asif. Je lui ai dit que si je faisais du bon travail pour Danny, je pourrais devenir un collaborateur régulier du *Wall Street Journal* au Pakistan. Nous nous entraidons entre journalistes. Mais je n'ai jamais parlé de lui à Danny. »

Dans ses notes, Asra commence à esquisser un arbre généalogique :

Asif → Zafar ↔ le porte-parole des djihadis → Bashir → Imtiaz Siddique → Gilani.

Autrement dit, Asif-le-Fixer a demandé de l'aide à Zafar. Zafar a déniché le porte-parole des Djihadi lequel a présenté Danny à Bashir. Ce dernier a présenté ensuite Danny au disciple de Cheik Gilani, Imtiaz Siddique, qui devait conduire Danny chez Gilani qui pourrait avoir joué un rôle majeur dans la tentative de Richard C. Reid de faire sauter le vol transatlantique 63 d'American Airlines avec une bombe dans sa chaussure.

Nous demandons : « Quels sont les liens de Zafar avec le porte-parole ? Et quel groupe le porte-parole représente-t-il ? »

D'après Asif, Zafar et le porte-parole se seraient rencontrés à une réunion d'Harkat-ul-Moudjahidin l'année dernière. Il ajoute : « Mais ce n'est qu'un porte-parole, pas un militant. » C'est censé, naturellement, me rassurer. Mais c'est loin d'être le cas. Harkat est l'un des groupes d'islamistes militants les plus actifs au Pakistan.

Asra et moi avons besoin de parler à ce Zafar. Bien à contrecœur, Asif compose son numéro. Il lui parle d'une voix curieusement respectueuse : « Je suis avec la femme de Danny et leur amie. Elles savent qui tu es. Elles feront tout pour que tu sois protégé, interrogé par la police américaine et non par les Pakistanais. Et pour que ton nom n'apparaisse pas au grand jour. Elles vont t'appeler sur une autre ligne. »

Quand Asif raccroche, je lui dis : « Foutaises. Tu sais bien qu'il sera interrogé par la police pakistanaise également. »

Asif ne dit plus rien. Asra et moi installons un micro sur le téléphone pour enregistrer la conversation. Au bout du fil, Zafar semble bien moins effrayé qu'Asif, et répond volontiers aux multiples questions que nous lui posons.

Il nous explique les relations qu'il entretient avec les groupes islamistes extrémistes.

Pour comprendre cela, il faut d'abord revenir sur la longue et meurtrière lutte que se livrent l'Inde et le Pakistan pour le contrôle du Cachemire. En 1947, lorsque les deux pays obtinrent de la Grande-Bretagne leur indépendance, l'avenir de l'État himalayen du Cachemire demeurait incertain. Le territoire était en majorité peuplé de musulmans, mais il était gouverné par un maharaja hindouiste. Et, selon l'accord ratifié par les Britanniques, il revenait à ce maharaja de décider si le Cachemire ferait partie du Pakistan à prédominance musulmane ou de l'Inde principalement hindouiste. Avant qu'il ait pu prendre une décision définitive, le Pakistan se mit à revendiquer l'État, et le maharaja, par réaction, décida que le Cachemire rejoindrait l'Inde, déclenchant ainsi un conflit qui fait rage depuis plus d'un demi-siècle.

A trois reprises, la question du Cachemire a embrasé la région. Et la lutte pour sa domination a coûté la vie à peut-être soixante mille personnes. Lors de la première guerre, en 1948-1949, les Nations unies parvinrent à négocier un cessez-le-feu et le territoire fut divisé de telle façon qu'environ un tiers fut placé sous contrôle pakistanais et le reste laissé à l'Inde. Ce qui ne satisfit personne. La Grande-Bretagne et les Nations unies ont demandé ensemble qu'un référendum soit organisé pour permettre aux habitants du Cachemire d'avoir leur mot à dire sur le statut et l'avenir de la région. Mais cette consultation n'a jamais eu lieu, si bien que les motifs de guerre ont persisté pendant tout ce temps. Maintenant le désir de voir l'intégralité du Cachemire sous domination islamique est devenu une obsession nationale au Pakistan. Un million d'hommes sont mobilisés le long de la frontière indienne du Cachemire, que l'on appelle « la ligne de contrôle ». Le monde entier se prépare à l'éventualité d'une nouvelle guerre – et, perspective plutôt terrifiante, d'une guerre impliquant le recours à l'arme nucléaire. Les deux nations la possèdent et semblent prêtes à l'utiliser. L'intransigeance des deux pays est telle qu'ils maintiennent même des troupes sur le glacier Siachen, à l'extrême pointe nord-est du Cachemire. Le glacier est si difficile d'accès qu'il n'a jamais été attribué à aucun des deux pays, si bien que, naturellement, tous deux le réclament. Siachen a plusieurs records à son actif : à plus de 6 000 mètres d'altitude, c'est le champ de bataille le plus haut du monde. C'est aussi le glacier le plus étendu que l'on trouve hors des zones polaires ; il y fait régulièrement moins 20 °C ; beaucoup de soldats vivent là-bas dans des igloos ; et il semblerait que les deux côtés – le Pakistan et l'Inde – dépensent jusqu'à un million de dollars américains par jour pour échanger des tirs au-dessus de cette ligne de contrôle en terrain paralysant, alors même que le nombre de morts dû aux conditions climatiques extrêmes excède de beaucoup celui des tués par balles.

Ce qui a entraîné l'escalade des passions, ces dernières années, c'est l'apparition des fondamentalismes, hindouistes aussi bien qu'islamistes et, en particulier, les efforts des fondamentalistes islamistes pour revendiquer le Cachemire. En 1989, quand les Soviétiques ont quitté l'Afghanistan et que les Talibans ont pris le pouvoir, l'attention des groupes djihadis s'est tournée vers le Cachemire.

Désormais, écrire sur les groupes Kashmiri est devenu une spécialité payante pour des journalistes comme Zafar. Voitures piégées, champs minés, attaques suicides... Comme le disait Zafar : « Ces gens se sont manifestés publiquement, et ils sont devenus plus actifs. Je travaille au *Jang*. Je couvre la Défense. Les organisations diplomatiques, le Cachemire et l'Afghanistan. Je rencontre souvent ces Djihadis. Je les contacte à l'occasion pour savoir ce qui se passe. »

Des gens comme le porte-parole sont pour lui des informateurs précieux. Nous lui demandons : « Pouvez-vous nous décrire ce porte-parole ? Qui est-ce ? Où vit-il ?

« Ce n'est qu'un simple activiste, nous répond-il. C'est un jeune homme d'une vingtaine d'années, plutôt éduqué. » (Ce qui, dans un pays où le taux d'analphabétisme est de 40 %, n'est pas anodin.) Quant à la vie privée du porte-parole, Zafar n'en sait pas grand-chose. Il a l'impression qu'il passe la plupart de ses nuits au quartier général de l'organisation, dans la ville de Rawalpindi. Tout juste à quelques kilomètres au sud d'Islamabad, Rawalpindi, ancien quartier général de l'armée anglaise à l'époque coloniale, est à la fois la ville jumelle d'Islamabad et son antithèse. C'est une ville aussi surpeuplée, croulante et chaotique qu'Islamabad est guindée et policée.

Le porte-parole est un jeune homme qui a de nombreux contacts. « Il semble aussi avoir des liens avec Jaïsh-e-Mohammed. Quand leur camp a été bombardé en Afghanistan, il m'a invité, avec d'autres reporters, à une cérémonie pour les défunts. »

Voilà pourquoi Zafar avait pensé que personne n'était plus qualifié pour entrer en contact avec Cheik Gilani que ce jeune porte-parole.

« Vous savez, ajoute Zafar, jusqu'à très récemment, il n'y avait rien d'illégal à entrer en contact avec ces organisations. »

C'est un point important. C'est seulement quelques semaines plus tôt que le président pakistanais Pervez Musharraf, a mis hors la loi plusieurs groupes de djihadis. Danny a publié un article sur cela intitulé : « Le double objectif du Pakistan dans l'interdiction des groupes islamistes militants », paru le 2 janvier. Il écrivait : « En arrêtant les dirigeants de groupes islamistes, le Pakistan essaie de faire d'une pierre deux coups : éviter une guerre avec l'Inde et résoudre le problème intérieur que constitue pour lui le terrorisme. »

Depuis les attaques du 11 septembre, les États-Unis avaient fait pression sur Musharraf pour qu'il interdise toute activité terroriste basée au Pakistan mais, parce qu'il était inquiet de possibles répercussions politiques, il avait hésité à agir. Puis, une attaque terroriste dirigée contre le Parlement indien eut lieu le 13 décembre 2001. Cinq militants Kashmiri firent irruption dans le Parlement à New Delhi et parvinrent à blesser mortellement neuf personnes avant d'être tués eux-mêmes par la police.

Nous étions à Islamabad à l'époque. Par téléphone, Danny a mobilisé des journalistes en Inde, puis nous sommes descendus dans la rue pour recueillir des impressions de Pakistanais au hasard des rencontres. Ce que nous avions découvert était pour le moins déconcertant. La plupart des gens interrogés croyaient sincèrement que c'était l'Inde elle-même qui avait monté cette attaque pour que le monde se retourne contre le Pakistan. Tout le monde avait sa théorie du complot. C'était comme si la confusion mentale était devenue la norme. Si des citoyens pakistanais pouvaient croire en un complot si hautement improbable, jusqu'où pourraient-ils être manipulés ? Jusqu'où l'ignorance et la paranoïa pouvaient-elles aller ?

L'Inde avait menacé de représailles militaires si le Pakistan ne sévissait pas contre les groupes spécifiques, selon toutes probabilités, responsables de l'attaque : Harkat-ul-Moudjahidin (HUM), Jaïsh-e-Mohammed (JEM) et Lashkar-e-Taiba (LET). Musharraf avait accepté d'interdire les trois groupes. Mais il est clair que les mesures de répression à l'encontre des militants sont plus faciles à annoncer qu'à appliquer sur le terrain. Le Pakistan abrite de nombreuses organisations qui mènent des activités terroristes. Près de cinquante sont connues des autorités et beaucoup ont des liens entre elles. Les groupes extrémistes ont tendance à être dans un état de révolution constante, qu'ils soient interdits ou non. Ils entrent dans la clandestinité, prennent de nouveaux noms, forment de nouvelles permutations. JEM est un prolongement d'Harkat-ul-Moudjahidin ; Lashkar-e-Taiba a ses racines dans la secte fondamentaliste Wahhabi, d'Arabie Saoudite, qui a des liens avec Lashkar-e-Jhangui, un mouvement clandestin responsable de l'assassinat d'innombrables musulmans shiites. Si le Pakistan veut se débarrasser des terroristes, il devra démêler l'écheveau tissé par vingt ans d'intrigues et d'alliances sanguinaires.

Après l'attaque du Parlement indien, et les interdictions qui suivirent, Danny et Asif-le-Fixer s'étaient rendus à Bahawalpur, une région où l'on cultive le coton dans la province pakistanaise du Punjab, où Jaïsh-e-Mohammed a son quartier général. Quelques jours plus tôt, la police pakistanaise avait arrêté la plupart des cadres de JEM, mais ils s'attendaient à la venue des autorités, et avaient déménagé dossiers et ordinateurs en un lieu secret avant l'arrivée de la police. De plus, il restait encore suffisamment de monde pour que le bureau puisse fonctionner.

Danny et Asif n'avaient eu aucun mal à trouver le bureau de JEM dans « une maison anonyme au bord d'un chemin de terre du voisinage ». Garées devant, des camionnettes à double cabine Hilux pour l'usage des membres de JEM. Certains de ces véhicules, m'a dit plus tard Danny, avaient des plaques d'immatriculation gouvernementales. Sur le mur du bureau de recrutement, le nom du groupe avait été recouvert d'une couche de peinture, mais des affiches appelant à la guerre sainte étaient toujours placardées partout : « Rejoignez maintenant la lutte, ou la nation musulmane sera détruite. » Danny était entré dans un bureau marqué FINANCES, et y avait interviewé un responsable du Comité exécutif de JEM. L'homme s'était installé derrière un bureau sur lequel il avait aligné trois téléphones portables allumés, et s'était lancé dans un éloge des « *freedom fighters* » du Cachemire. (Ce même nom de « combattant de la liberté », avait noté Danny, que l'Inde donnait également à ses partisans.) La routine habituelle des djihadis.

L'interdiction devait s'accompagner en principe d'un gel des fonds du groupe. Mais en se rendant à la banque locale,

Danny avait découvert que JEM n'y avait en fait jamais eu de compte. Au lieu de cela, l'organisation conservait les donations qu'elle recevait dans d'innombrables comptes « personnels ». Puisque, techniquement, aucun d'eux n'appartenait à JEM, l'argent continuait à circuler librement.

Jaïsh-e-Mohammed signifie l'Armée du Prophète. L'organisation est encore jeune. Elle a été fondée au début des années 2000 quand Maulana Massoud Azhar, autrefois dirigeant de Harkat-ul-Moudjahadin, s'est évadé d'une prison indienne. En quoi JEM était-il extrémiste ? Quelle pouvait être la richesse d'un groupe aussi récent ? Après avoir créé le groupe, Azhar s'était envolé vers l'Afghanistan pour y rencontrer Oussama Ben Laden, qui, disait-on, lui avait fourni des fonds importants. Azhar est en prison de nouveau, mais comme Danny l'a récemment écrit : « [le groupe] ne souffrira sans doute guère de l'arrestation de cet homme de trente-trois ans [Azhar] qui, après tout, a acquis sa popularité en prison. [...] Maintenant, le groupe se vante d'avoir envoyé des milliers de combattants au Cachemire et annonce que son journal bihebdomadaire est diffusé à cinquante mille exemplaires, au Pakistan et à l'étranger ».

Le 12 janvier 2002, un mois après l'interdiction de ces trois principaux groupes de djihadis, le président Musharraf annonça l'interdiction de toutes les autres organisations terroristes au Pakistan. Danny et moi étions à Peshawar, et nous sommes allés au Khyber Bazaar pour l'écouter faire son annonce. Danny avait trouvé le seul restaurant de la région qui ait un poste de télévision. Souriant et poli, il avait commandé du poulet frit et du *tchaï* sucré, et demandé un petit peu d'espace sur le banc surchargé pour que nous puissions voir l'écran. Nous étions les seuls étrangers et j'étais la seule femme. J'avais avec moi mon équipement radio et j'ai enregistré la conversation de Danny avec un homme, sur le banc, qui aurait bien voulu que ses réponses fassent plaisir à l'Américain inquisiteur, mais sans parvenir à déterminer quelles « bonnes » réponses il devait donner. Comme lui, les gens, massés autour de nous, qui nous regardaient travailler, savaient que la liberté de mouvement et de pensée dont nous faisions preuve sous leurs yeux demeurait pour eux un droit purement théorique. A la télévision, le général Musharraf occupait le centre de l'écran, ce qui lui donnait l'air à la fois solennel et minuscule. « Nous aurons la démocratie, disait-il à son peuple, mais ce sera notre *propre* démocratie. »

*

En contemplant l'organigramme DANNY dans la salle à manger de la maison d'Asra, Zamzama Street, je m'aperçois que, presque sans exception, tous les noms écrits dans ces dernières trente-six heures ont été cités par Danny, dans un article ou un autre, au cours des quatre derniers mois. Cette constatation me glace, même si je ne sais pas encore comment l'interpréter.

Nous parlons avec Zafar depuis une demi-heure, et il nous apprend quelque chose que nous trouvons encore plus inquiétant. Il a parlé au porte-parole des djihadis hier matin, et ce dernier lui a dit qu'il avait perdu son carnet d'adresses et ne pourrait donc pas nous donner le numéro de Bashir. Mais Zafar promet de nous aider à trouver Bashir, si toutefois nous restons discrètes quant à son éventuelle participation.

Nous mentons. Nous lui promettons de nous taire, mais en réalité nous n'avons aucune raison ni aucun désir de dissimuler son identité à Captain.

On sonne à la porte ; la police est de retour. J'empoche la bande sur laquelle j'ai enregistré notre conversation avec Zafar. Asra dit à Asif-le-Fixer : « Ton interrogatoire va commencer. » Puis elle ajoute, avec plus de douceur : « Je sais que tu as peur. Mais ta vie n'est pas en danger, Asif. En revanche, celle de Danny l'est. C'est donc Danny que nous devons protéger. »

Au départ, Steve LeVine et Danny avaient engagé Asif en septembre pour un article sur Bashiruddin Mehmoud, un éminent spécialiste pakistanais du nucléaire dont les liens très forts avec les Talibans semblent pour le moins inquiétants. Après avoir travaillé pour des médias pakistanais, Asif collaborait avec Jiji, l'agence de presse japonaise. Un contrat avec le *Wall Street Journal* aurait indéniablement constitué une promotion pour lui. Très soucieux de son image, et plutôt bien de sa personne malgré un certain embonpoint, Asif avait une tendance évidente à jouer le joli cœur auprès de toutes les femmes. Mais à ce détail près, il avait l'air OK. Le plus important étant qu'il ait les contacts dont Danny et Steve avaient besoin. Quand tous les grands médias internationaux sont en concurrence sur les mêmes sujets, la qualité du carnet d'adresses de votre *fixer* devient un facteur primordial.

Danny rencontrait Asif pour des briefings quotidiens dans le lobby de l'hôtel Marriott à Islamabad. En ce mois de septembre, le Marriott était au cœur des événements. La guerre en Afghanistan était sur le point de commencer. A tous les coins de rue, des soldats lourdement armés montaient la garde, s'abritant derrière des sacs de sable empilés, tandis qu'à l'intérieur, l'hôtel cinq étoiles s'était transformé en temple de l'information. La planète presque tout entière semblait représentée dans cette tour de Babel des médias, et deux cent soixante-dix de ses deux cent quatre-vingt-dix chambres étaient occupées par un bataillon international de journalistes.

Les ascenseurs avalaient et recrachaient un flot ininterrompu de reporters, cameramen et techniciens prêts à se jeter sur l'info, *n'importe quelle info*, après les attaques terroristes. Toutes les légendes vivantes du reportage étaient là. « Regarde, c'est John Burns du *New York Times.* » Les correspondants de guerre chevronnés avaient l'air d'avoir déjà tout vu, les jeunes pigistes impatients rongeaient leur frein. Les vétérans échangeaient des anecdotes du temps pas si lointain où ils étaient dans les Balkans, tandis qu'une foule de gens arpentaient le marbre du lobby, téléphone portable collé à l'oreille. Il y avait des reporters de la radio croate et de la télévision aztèque, des quotidiens plus nombreux que vous ne l'auriez jamais cru possible, et naturellement la BBC et CNN. Ces deux chaînes avaient loué la plus grande partie des deux derniers étages de l'hôtel, affirmant ainsi leur règne sur ce ballet médiatique.

Un seul problème : il n'y avait rien à voir, pas la plus petite matière à reportage.

En septembre, octobre et novembre, l'action était ailleurs, en cet Afghanistan inaccessible. Le *Wall Street Journal* n'avait eu jusqu'alors que peu de présence dans le pays, et Danny souffrait de ce manque de poids institutionnel. Mais ce n'était pas ce que sa hiérarchie voulait entendre. Le 14 novembre, John Bussey avait tapé sur les doigts de Danny et de ses collègues : « Camarades, j'aimerais beaucoup avoir le Pakistan-Musharraf à la une. Y a-t-il moyen d'y arriver ? Les principaux organes de presse et chaînes télé ont eu des interviews de ce type. Notre demande tient-elle toujours ou est-elle oubliée ? »

Oui, elle tenait toujours, elle était loin d'être oubliée.

Les cameramen occidentaux, désespérément en manque de contenu et sous la pression de leur direction dans leur pays d'origine, filmaient une poignée de militants islamistes qui se réunissaient régulièrement en face de l'hôtel. Certains porte-parole pakistanais, pour peu qu'ils fassent preuve de la moindre éloquence, accordaient jusqu'à dix interviews par jour.

J'ai écrit un article sur les journalistes dans cette étuve de l'hôtel Marriott. Mais à vrai dire, la plupart des journalistes n'aiment pas les interviews quand c'est eux qui doivent répondre aux questions. Une étoile mondialement connue de la constellation du Marriott m'a brutalement rabrouée alors que je m'approchais d'elle, mon petit carnet de reporter à la main : « Vous savez qui je suis ? » m'a-t-elle lancé d'un ton cinglant. Je dois dire pour sa défense qu'elle n'avait pas encore ingurgité son café du matin. Danny, resté assis à notre table, m'a fait un signe avec les deux pouces levés – « Tu tiens ta déclaration, chérie, magnifique citation ! » – tandis que je prenais la fuite, aussi discrètement que possible.

Islamabad devint un puits d'ennui sans fond. Je m'étais liée d'amitié avec un vieil homme qui vendait des parapluies.

Il s'asseyait dans un champ, à l'intersection de deux routes. Autour de lui, il avait élaboré un système de cordes à linge sur lesquelles il suspendait ses parapluies. Il ne pleuvait jamais à Islamabad, mais le petit vieillard n'en persévérait pas moins.

Nous avons quitté l'hôtel pour nous installer dans une maison d'hôtes appelée « Chez soi », elle aussi presque exclusivement peuplée de journalistes, mais d'une sorte qui préférait se mettre un peu moins en avant. « Chez soi » ressemblait très exactement à une maison bourgeoise comme on pourrait en trouver à Bordeaux, pleine de reproductions de monuments et de paysages parisiens. A cette différence près que sur les terrasses, les antennes gris sur blanc d'Inmarsat Thrane & Thrane sat phones pointaient vers le sud et vers le satellite au-dessus de l'océan Indien. Le « Chez soi » revendiquait les meilleures connections internet de la ville, meilleures même que celles du Marriott. Le personnel y était habitué à satisfaire les besoins et desiderata des journalistes, même les plus bizarres. Là, les pensionnaires demeuraient courtois les uns envers les autres. Mais nous restions quand même en compétition, et personne ne l'oubliait jamais. Les conversations au petit déjeuner se tenaient dans un murmure.

Le travail de Danny ne nous laissait aucun répit. Il nous a conduit au Koweït ; au Qatar pour la Conférence des pays islamiques, où Danny a interviewé l'un des maîtres spirituels les plus respectés du pays, Youssef Qaradawi ; à Peshawar, sur la frontière afghane, en pays Pachtoun. Le travail était passionnant mais les frustrations innombrables. Tout d'abord, Danny fut content du travail de son nouveau *fixer*. Mais il apparut très vite qu'Asif n'était pas le meilleur, et que dans certains cas, il était franchement mauvais.

Un véritable bain de sang semblait devoir couler d'un jour à l'autre au Cachemire, mais les autorités pakistanaises refusaient à Danny le droit de s'y rendre, à moins de se joindre à un voyage organisé pour les journalistes (ce qu'il avait refusé). La rumeur courait que certains experts pakistanais de l'arme nucléaire collaboraient avec les Talibans et

Al-Qaida, et les reporters s'agitaient à la recherche d'une piste pour un article en ce sens, mais le *New York Times* avait été le premier à s'en saisir. L'e-mail que Danny et son collègue Steve LeVine avaient reçu du bureau étranger du *Wall Street Journal* était on ne peut plus clair. « Regardez l'article du *NYT* d'aujourd'hui. » Pas de signature, pas de commentaires. Cela n'était pas vraiment nécessaire.

Dans des soirées comme celles-là, Danny était déprimé. Steve, aussi. A la tête du bureau d'Asie centrale pour le *Wall Street Journal* en poste au Kazhakstan, Steve est un homme discret, d'allure sérieuse, doté d'un sens remarquable de l'observation et d'un humour solide. Lui et Danny faisaient du bon travail ensemble ; ils avaient en commun la franchise et se méfiaient des jugements à l'emporte-pièce. La fiancée de Steve était là avec lui, la délicieuse Nurilda du Kazakhstan, qui, comme moi, était enceinte. Parce que nous étions toutes deux dans la même situation, une partie de moi espérait trouver en Nurilda une sœur à Islamabad. Mais elle était plus jeune, et manifestait une surprenante indifférence pour les conflits qui faisaient rage autour de nous.

*

L'interrogation officielle d'Asif-le-Fixer a commencé. « Très bien, dit Captain, faisant toujours preuve de son calme olympien. J'aimerais entendre cela de nouveau. Quand Danny a-t-il pris contact acec ces gens pour la première fois ? »

Comme l'explique Asif, au début du mois, Danny et lui ont loué une voiture avec le chauffeur à l'hôtel Marriott d'Islamabad et, comme ils en avaient décidé avec lui, ont rencontré le porte-parole des djihadis quelque part entre Islamabad et Rawalpindi. Le porte-parole les attendait sur le bord de la route. Il était seul. Il est monté dans la voiture et a conduit Danny et Asif dans ce qu'il prétendait être la maison de Cheik Gilani. Il affirmait y être venu seulement quelques mois plus tôt, mais lorsqu'ils y arrivèrent, la maison était vide. Des voisins leur dirent que Gilani avait déménagé.

Le porte-parole des djihadis avait assuré à Danny et Asif, déçus, qu'il retrouverait la trace de Gilani.

La deuxième rencontre avait eu lieu le 11 janvier. Cette fois, le porte-parole avait promis de leur présenter « Bashir », un homme qui pourrait les conduire à Gilani. Le rendez-vous aurait lieu à l'hôtel Akbar International à Rawalpindi, sur Liaqat Road.

Danny et Asif étaient de nouveau allés chercher le porte-parole sur le bord de la route. Cette fois, il était accompagné d'un ami qu'il avait présenté comme un condisciple de Karachi avec qui il avait l'intention, plus tard dans la soirée, de prendre la route pour Murree Hills, une ville balnéaire réputée de la région.

L'Akbar était un hôtel de 75 chambres à dix dollars la nuit. Arrivés là, Danny et Asif avaient pris l'ascenseur jusqu'au quatrième étage, comme on le leur avait indiqué, mais la chambre dans laquelle ils étaient censés rencontrer Bashir était fermée. Asif-le-Fixer et le porte-parole des djihadis ont donc laissé Danny et l'ami au quatrième étage, et sont descendus au restaurant chercher Bashir. C'est là qu'ils l'ont trouvé, assis avec deux amis. Il était 19 heures, et il avait commandé à dîner.

« Votre visiteur est arrivé », a dit le porte-parole.

L'entretien a duré plus de deux heures, Danny couvrant de sa mystérieuse sténo ses carnets Super Conquérant. Il peut prendre des notes parfaites sans même porter les yeux sur sa page ou cesser de regarder la personne qui lui parle. Bashir, apparemment Punjabi, parlait couramment l'anglais, nous a dit Asif. Il s'est présenté comme un industriel du textile à Pindi. Il semblait équilibré. Un homme bien éduqué. Il n'a fait aucune allusion à sa vie personnelle dans la conversation ; pas la moindre mention d'une épouse.

Danny avait interrogé Bashir sur Gilani – sa personnalité, son idéologie, son enseignement. Bashir n'avait posé à Danny aucune question. « Il n'a pas montré la moindre curiosité concernant Danny », dit Asif.

Contrairement à la tradition pakistanaise, Bashir n'a rien offert à manger ou à boire à ses visiteurs, jusqu'au moment où Asif a insisté pour qu'on leur apporte des sandwiches et du café dans la chambre. Ils ont été servis une heure plus tard, et avec une mauvaise volonté évidente. L'entretien arrivant à son terme, tous se sont levés, prêts à prendre congé. Danny a tiré une carte professionnelle de son portefeuille et en a remis une à Bashir. En Asie du Sud, les gens dégainent leur carte de visite dès qu'ils font connaissance. Bashir n'a pas rendu la pareille.

Au moment de quitter la chambre, Danny a demandé à Bashir s'il pensait pouvoir lui obtenir un rendez-vous avec Gilani. Bashir a répondu qu'il essaierait, mais que Danny devrait prouver tout d'abord qu'il n'était « ni anti-islamique, ni antipakistanais » en lui envoyant une sélection de ses articles. Un obstacle de plus. Si les articles passaient l'épreuve, le rendez-vous aurait lieu dans la capitale, à notre retour de Peshawar.

Lorsque Danny est rentré ce soir-là, je dormais déjà. Il m'a rejointe au lit, encore tout habillé, pour me dire qu'il était de retour et que je lui avais manqué.

« Comment était ton rendez-vous ? ai-je demandé à moitié endormie.

– Intéressant, m'a-t-il dit. Il est toujours intéressant de voir comment fonctionne réellement l'esprit des autres. »

Nous allions partir pour Peshawar, à la frontière afghane, le lendemain. Je devais y faire, pour la radio française, un documentaire sur le prestigieux « lycée français » de Kaboul qui, après avoir été fermé par les Talibans, s'était transporté au Pakistan. Maintenant que les Talibans n'étaient plus au pouvoir, le lycée devait de nouveau ouvrir en Afghanistan. Avant notre départ, Danny a honoré sa promesse à Bashir en envoyant un ensemble d'articles récents.

Beaucoup de reporters, sinon la plupart, auraient choisi et trié, parmi leurs articles, les plus susceptibles de prendre leur destinataire dans le sens du poil. Pas Danny. Fidèle à lui-même et au travail qu'il effectue, Danny n'a caché aucun des sujets sur lesquels il avait écrit, si sensibles qu'ils puissent être. Il a envoyé par e-mail à Bashir ses articles sur le Cachemire et sur la répression des extrémistes islamistes.

Et il a envoyé aussi des textes sur des sujets moins controversés – la recherche sur les cellules-souches en Inde, et la course au vaccin contre le sida sur le sous-continent, où les autorités commencent tout juste à admettre l'étendue des ravages faits par le virus mortel. Il a écrit, dans une courte note jointe : « Hello, merci infiniment d'organiser la rencontre avec Pir-Sahab [un des titres honorifiques de Gilani]. Voici quelques-uns de mes articles de l'année passée. Meilleurs sentiments. »

C'est ainsi qu'avait commencé cet étrange échange d'e-mails que nous avions examinés plus tôt avec Asra. Le premier e-mail de Bashir à Danny était arrivé deux jours après l'envoi des articles, trois jours après leur première rencontre. C'était une réponse encourageante.

> Cher M. Pearl,
> Merci beaucoup pour vos articles. J'en ai apprécié la lecture et les ai fait parvenir à Shah Saab. Il est maintenant parti à Karachi pour quelques jours et je suis certain que, dès son retour, nous pourrons aller le voir. Je suis désolé de ne pas vous avoir répondu plus tôt, j'étais préoccupé par la santé de ma femme qui est tombée malade. S'il vous plaît, priez pour elle.
>
> Dans l'attente de vous voir.
> Adaab,
> Chaudrey Bashir Ahmad Shabbir.

Adaab ? Lorsqu'Asra et moi avons montré les e-mails de Danny à Captain et à Asif, tous deux furent surpris par l'utilisation de ce mot. Selon eux, c'était une formule de politesse souvent utilisée par les musulmans lettrés, mais pas par la population pakistanaise en général. Cela aurait pu être un indice. Mais le mot est aussi parfois utilisé par les musulmans pour saluer les non-musulmans. Peut-être n'était-ce rien de plus que cela.

L'e-mail avait été envoyé huit minutes après minuit, le 16 janvier. Après s'être efforcé pendant une heure d'obtenir une connection internet de notre chambre à Peshawar, Danny avait abandonné et était allé lire ses e-mails au comptoir de la réception, éveillant ainsi la curiosité des employés de l'hôtel. Il avait rapidement répondu au message de Bashir : « Je souhaite un prompt rétablissement à votre femme, et serais très heureux de vous rencontrer à Islamabad – Je serai de retour vendredi. Meilleurs sentiments, Daniel Pearl. »

Nous sommes rentrés le 18 janvier. Le lendemain, Danny a reçu un autre e-mail de Bashir, cette fois de bonnes nouvelles : le Cheik avait lu les articles et acceptait de rencontrer Danny. Un seul problème – il n'était plus à Islamabad.

> Cher M. Pearl,
>
> Je regrette de ne pas vous avoir contacté plus tôt.[...] J'ai malencontreusement égaré votre numéro de téléphone. S'il vous plaît, renvoyez-le-moi par mail. Ou vous pouvez appeler le numéro du portable de mon autre frère. Je crois vous avoir donné le numéro de mon frère aîné la dernière fois et c'est seulement en rentrant chez moi que j'ai découvert qu'il l'avait vendu ! Nous avons demandé une ligne fixe et dès que nous aurons payé « qui de droit », nous l'obtiendrons. C'est ainsi au Pakistan ! Ma femme est rentrée de l'hôpital *alhamdolillah* et toute cette expérience m'a réellement ouvert les yeux. Les personnes désargentées qui tombent malades ici et qui doivent aller à l'hôpital passent vraiment des moments affreux et épuisants. Cela m'a fait réaliser une fois de plus que notre famille a de nombreuses raisons d'être reconnaissante. Le Cheik dit que la gratitude est l'essence de la foi.
>
> J'ai parlé au secrétaire du Cheik hier et il m'a dit que Cheik Saab a lu vos articles et qu'il accepte volontiers de vous rencontrer. Malheureusement, il ne rentrera pas de Karachi avant plusieurs jours. Si Karachi est dans votre programme, il vous sera loisible de l'y rencontrer. Ou si vous voulez lui poser quelques questions, vous pouvez me les envoyer par e-mail, je les imprimerai et les ferai parvenir à sa secrétaire. Ou si vous voulez attendre qu'il revienne ici, c'est parfaitement faisable également.
>
> Dans l'attente de votre réponse, avec mes meilleurs souhaits.
>
> *Adaab*, Bashir.

En relisant ces e-mails, je leur trouve quelque chose d'étrange. Ils sont tellement plus personnels et volubiles que les échanges avec Bashir à l'hôtel Akbar International tels que les décrivait Asif !

Le lendemain, Danny et Bashir ont fait des plans pour que Danny rencontre le Cheik à Karachi. « En allant à Karachi, nous pourrons faire deux choses d'un coup, m'a dit Danny en souriant. Je pourrai enfin joindre Gilani, et peut-être, mais ce n'est qu'une hypothèse, pourras-tu aider Asra à résoudre son imbroglio sentimental. »

Bashir écrivit à Danny : « [Gilani] va me donner le numéro de l'un de ses *mureeds* [disciples] que vous pourrez appeler quand vous serez là-bas. Le *mureed* vous conduira à lui. S'il vous plaît, transmettez au Cheik mes salutations respectueuses et demandez-lui de se souvenir de moi dans ses prières. Dites-lui qu'il nous manque beaucoup et que nous espérons le voir de retour bientôt. » Il envoya ensuite le nom et le numéro de téléphone d'Imtiaz Siddique. Le voyage de Danny était tout tracé.

Captain examine les e-mails d'un air préoccupé.

« J'ai besoin d'une copie de ces courriers, dit-il.

– Pourquoi ne demandez-vous pas à quelqu'un de les imprimer pour vous ? » réplique aussitôt Asra.

Captain lui adresse un sourire douloureux, mais ne répond pas. Un simple coup d'œil par la fenêtre sur sa Jeep délabrée, parquée le long du trottoir, et sur le chauffeur squelettique qui en tient le volant, suffit à nous faire comprendre ce que Captain essaie de nous dire. Il n'a pas même une imprimante à sa disposition.

J'avais senti passer au-dessus de ma tête, dans un grondement saisissant, des F-16 partis bombarder des hommes barbus se terrant dans les cavernes d'Afghanistan. Mais j'ignorais totalement – et peu de gens le savent – à quoi ressemble en réalité l'avant-garde de cette lutte contre le terrorisme. Ici, sur le terrain, à Karachi, devenue la base arrière de tout le réseau d'Al-Qaida, ceux qui luttent contre la plus grande menace à laquelle est confrontée la planète – ceux qui effectuent des raids et bravent les menaces de mort – ne possèdent même pas la plus petite imprimante. Ils n'ont ni ordinateur, ni bases de données, ni téléphones portables.

Pas même des voitures en bon état de marche. Je demande à Captain :

« De quoi avez-vous besoin ?

– De ta confiance. Et de technologie », me répond-il.

Asra prend conscience du travail qui nous attend : nous devons établir un quartier général antiterroriste bien équipé ici même, à la maison. Elle commence à dresser la liste des fournitures nécessaires, qu'elle demandera au *Wall Street Journal* de nous procurer. Nous avons besoin de téléphones portables : au moins deux de plus pour nous, et plusieurs autres pour équiper les hommes que Captain a envoyés sur les traces de Gilani à Lahore ; à Rawalpindi pour trouver le porte-parole des djihadis et Bashir ; et dans tout Karachi. Il nous faut une imprimante laser ou deux, de préférence une qui puisse nous servir de fax. Nous avons besoin de dossiers pour classer nos documents ; de stylos, de ruban adhésif, de papier à dessin pour notre organigramme qui ne cesse de s'allonger. Il nous faut un nouveau répondeur, qu'il ne soit pas sans cesse nécessaire de rafistoler. Et nous avons le plus grand besoin de lignes fixes – pour l'accès à internet, pour le fax, pour les appels internationaux. Enfin, il nous faut un technicien capable de faire fonctionner tout ça.

Steve LeVine arrive avec des cartons pleins de fournitures : dossiers bleus de plusieurs centimètres d'épaisseur, carnets de notes, perceuses, agrafeuses, post-it, et même un porte-crayon. Une nouvelle recrue de Captain, un jeune homme discret du nom d'Imran, sort et nous achète un énorme fax-imprimante laser. « Ce n'est pas le modèle que je voulais ! » proteste Asra, en inspectant l'emballage.

Imran tente de justifier son achat, mais Asra reste intraitable – du moins jusqu'à ce qu'il connecte, en un temps record, l'imprimante à nos deux ordinateurs, celui de Danny et le sien, et que la machine commence à dévider les documents dont nous avons absolument besoin. Dès lors, Imran conservera toute son estime.

Obtenir des lignes fixes supplémentaires n'est pas si facile. Au Pakistan, l'installation d'une nouvelle ligne peut prendre des mois, parfois des années. Il a fallu quelques jours aux autorités pour imaginer une façon de nous octroyer de nouvelles lignes, mais une fois la méthode trouvée, elle a été utilisée sans état d'âme. La compagnie a examiné où en étaient nos voisins dans le paiement de leurs factures téléphoniques, et au moindre retard décelé, la police est allée chez eux, et a instantanément détourné leur ligne pour nous la donner. Et cela de préférence dans la journée, quand personne n'est à la maison.

« Oh, Seigneur !, s'est écrié Steve quand nous avons appris de quelle façon ces lignes nous avaient été attribuées. Nous allons avoir besoin de policiers supplémentaires, rien que pour nous protéger de nos voisins ! »

Je me demande comment Captain parvient à maintenir une telle dignité devant tant d'obstacles aussi absurdes. Je demande à Captain :

« De quoi d'autre avez-vous encore besoin ?

– De leur confiance à *eux* », répond-il.

Et par eux, il veut dire le FBI. C'est comme si les deux groupes – les Pakistanais et les Américains – vivaient dans des mondes totalement différents. La méfiance est endémique. Mais aucun des deux côtés ne pourra réussir sans l'autre, et nous avons besoin qu'ils acceptent de collaborer sur le terrain – maintenant.

Nous faisons appel au FBI. Les lignes de communication doivent être ouvertes, leur disons-nous, et un système doit nous permettre de partager les informations.

Nous envoyons Imram acheter un téléphone avec haut-parleur, et cet après-midi, le cœur de notre équipe se rassemble autour de la table de notre salle à manger. Il y a trois Pakistanais – Captain, Dost et Zahour, qui travaillent pour Randall –, et quatre Américains – Randall, deux experts informatiques du FBI, et Maureen Platt. Maureen est une femme officier, de grande taille et bourrue. Elle est, de toute évidence, plus habituée à donner des ordres qu'à en recevoir.

Elle est entrée dans la pièce au pas de charge, et a immédiatement remarqué la présence des trois attachés venus du consulat de France pour offrir leurs services. « Qu'est-ce qu'ils font ici ? a-t-elle jeté. Que leur avez-vous dit ? » Ce n'est pas précisément l'esprit de collaboration auquel nous aspirons. Mais il est clair que demander à Maureen de partager, et qui plus est de partager avec des Pakistanais, c'est déjà la pousser dans ses extrêmes limites. A regret, nous prions les Français de partir.

Ils nous demandent : « Est-ce que nous pouvons faire quelque chose pour vous ? »

Nous leur répondons : « Oui ! Des plats français. Nous aimerions tellement un peu de cuisine française ! » Plus tard dans la journée, ils viennent nous déposer un magnifique assortiment de tartes que leurs épouses ont faites pour nous – quiches lorraines sans lardons, tartes à l'oignon, tartes Tatin, tartes aux poires, et même des meringues. Le téléphone sonne et c'est le quartier général du FBI, à South Brunschwig dans le New Jersey. Maintenant, Maureen insiste pour qu'Asra et moi soyons évacuées de la pièce. Cela nous paraît idiot, mais nous haussons les épaules. Nous avons obtenu ce dont Captain a besoin – la coopération vitale du FBI. Nous pouvons bien supporter cette petite piqûre à notre amour-propre.

Un homme se présente à la porte, portant un bouquet de fleurs qui m'est adressé. La tension est telle dans notre maisonnée que Dost et Captain m'agrippent au moment où je vais me saisir du bouquet. Ils examinent la petite carte agrafée sur le papier qui les enveloppe, avant de me les passer. On y lit simplement : « Salutations distinguées. *Syed Anwer Mahmoud, Secretary of Information and Media Development.* » Danny et moi l'avons interviewé il y a quelques jours au siège de PTV, la télévision d'État, pour un article sur les médias pakistanais et leur façon de couvrir le conflit avec l'Inde.

A la vue des fleurs, un goût saumâtre me monte à la bouche. Un souvenir enfoui resurgit brutalement. C'est ma mère, deux ans auparavant, malade d'un cancer. Autour de son lit, des visiteurs lui ont laissé des brassées de fleurs. « Tu peux les enlever ? m'a demandé ma mère. Toutes ces fleurs, on dirait… un cimetière. »

J'abandonne les fleurs dans la cuisine. Je n'ai pas envie de penser à ma mère en ce moment. Je me souviens tout à coup du journaliste du *Time Magazine*, Ghulam Hasnain. Qu'est-il devenu ?

Asra et moi rejoignons Captain sur le trottoir devant la maison. Ce sont mes premiers pas dehors depuis la disparition de Danny. Je tiens à peine sur mes jambes. Le soleil, aveuglant, me fait mal aux yeux. Asra pose la question avec discrétion : « Les personnes impliquées dans la disparition du journaliste du *Time* ont-elles quelque chose à voir avec celle de Danny ? »

Captain chuchote : « Cela doit rester entre nous : la réponse est non. »

Je demande, sur le même ton : « Qui a enlevé Hasnain alors, les services secrets pakistanais ? ISI ? »

Captain ne dit rien mais nous annonce aussi que Hasnain vient d'être relâché, et que le reporter refuse farouchement de dire – à quiconque – ce qu'il a enduré pendant les trente-six heures de sa « disparition ». Deux choses au moins sont claires : Danny n'était pas avec lui, et ce que Hasnain a dû subir l'a traumatisé pour la vie.

*

Dost et Captain sont partis rejoindre leur famille pour dîner. Asra navigue de son ordinateur à celui de Danny, une assiette de riz au poulet posée entre les deux. A la seule vue de la nourriture, mon estomac se contracte. Asra jette un regard oblique en direction de mon ventre, et je m'assois à côté d'elle pour essayer de manger quelque chose. Je mange avec mes doigts, à la manière pakistanaise. Pendant que j'ingurgite le poulet, bien trop piquant, je prie intérieurement pour qu'au moins Danny soit nourri : pourvu qu'il soit traité convenablement.

De ses affaires, j'ai extrait une image qu'il a découpée dans un journal, la veille de notre arrivée à Karachi. C'est l'animal préféré de Danny, une girafe, avec son bébé. En embrassant son petit, la mère semble littéralement lui gober l'œil droit. Cela provoque une grimace comique chez le nouveau-né. Je colle la photo au mur, la prenant pour un clin d'œil de mon mari, une façon qu'il aurait de me dire de ne pas m'inquiéter.

Dans son bureau, au premier étage, Asra est allongée sur le canapé avec l'Amoureux. J'entends leurs voix, de plus en plus fortes. Lorsque, au bout d'un certain temps, elle redescend, elle a l'air bouleversée. Sans savoir que je suis réveillée, elle s'assied à la table de la salle à manger et cache son visage entre ses mains. La porte d'entrée claque. De grosses larmes filtrent à travers ses doigts fins et viennent s'écraser sur la table en bois. L'Amoureux l'a quittée, me dit-elle. Il ne veut plus la voir. Il dit qu'il doit choisir entre sa propre famille et elle, et qu'il a choisi sa famille. Il lui a dit :

« Tu as trop d'ennuis.

– *Quoi* ?

– C'est ce qu'il m'a dit. »

Des agents des services secrets sont venus le voir au travail. « Nous savons parfaitement quel genre de relation tu entretiens avec la fille indienne », lui ont-ils affirmé. Ils lui ont montré des rapports concernant ses sorties avec Asra à la plage pendant les week-ends. Ils avaient commencé à la suivre en décembre, après une soirée donnée par un jeune richard dans un quartier chic de la ville. Qu'elle s'y soit rendue en tant que reporter, pour écrire un article sur le sexe, les drogues et le rock'n'roll dans la ville portuaire, n'avait pour eux pas la moindre importance.

« Reste avec la fille, ont-ils ordonné à l'Amoureux, et rapporte-nous ce qu'elle fabrique. »

Sans le menacer explicitement, les sous-entendus étaient on ne peut plus clairs. Il était impliqué dans des relations sexuelles illégales, et ils pouvaient l'en accuser à tout moment. C'était une vraie menace, car le sexe hors mariage – *zina* – est punissable de cent coups de fouet au Pakistan. Ou pis encore. Dans certaines parties du pays – même de nos jours –, des femmes condamnées selon la charia – la loi islamique – sont lapidées jusqu'à ce que mort s'ensuive pour ce seul motif.

Ce qui est particulièrement choquant, c'est que les agents qui avaient rendu visite à l'amoureux d'Asra semblaient bien plus intéressés par elle que par la recherche de Danny. Et le fait est qu'ici, sa personne éveille naturellement les soupçons. « Je suis née en Inde », me rappelle-t-elle.

Je lui réponds : « C'est aussi le cas du président Musharraf. »

Musharraf est né à Delhi. Sa famille a émigré au Pakistan, au moment de la Partition, quatre ans plus tard. Mais je ne me leurre pas. Je sais qu'ISI voit partout des complots de l'Inde pour déstabiliser le Pakistan et compromettre les relations du pays avec l'Amérique. Je ne serais pas surprise si l'enlèvement de Danny donnait lieu à de nouvelles spéculations. Mais de là à penser qu'Asra puisse être d'une façon ou d'une autre impliquée !

Comment l'Amoureux peut-il l'abandonner dans un moment pareil ? Pourquoi ne lui manifeste-t-il pas le moindre soutien amical, la moindre gentillesse ? Il se montre encore plus lâche que je ne m'y attendais et je n'attendais pourtant pas grand-chose de lui.

Je serre Asra contre moi, et nous restons là, dans les bras l'une de l'autre, sans dire un mot dans la maison déserte.

Vers 23 heures, Captain réapparaît, comme j'étais sûre qu'il le ferait, toujours accompagné du fidèle Dost.

« Gilani est un crétin de premier ordre », annonce Captain, tandis que Dost, s'installant pour taper son rapport, tape du bout de ses deux index : « LE JOURNALISTE DISPARU DANIEL PEARL. »

Plusieurs des hommes de Captain se sont rendus au domicile de Gilani à Lahore. Gilani a trois épouses. De toutes les personnes auxquelles il est apparenté par ses mariages, ils n'en ont trouvé qu'une, une belle-sœur, mais qui s'est montrée particulièrement communicative. Elle décrit Gilani ainsi : « Un idiot, arrogant avec tous et surtout sa propre famille, y compris son propre père, décédé il y a une dizaine de jours. Il aime s'envelopper de mystère mais il est stupide. » Elle croit Gilani incapable d'organiser un kidnapping.

Asra révèle le résultat de ses dernières recherches sur internet concernant Gilani. « Ok, les gars, dit-elle, voilà ce que j'ai trouvé. Gilani croit la Terre habitée par des forces invisibles, qui font du mal aux êtres humains, causent des maladies mentales, des évanouissements, des crises d'épilepsie. Il est convaincu que ces forces contrôlent les individus et sont bien plus à craindre que les terroristes. »

Dost est le premier à éclater de rire, nerveusement suivi de nous trois.

« Il faut quand même que nous le trouvions », dit Captain, en extrayant une photo de Gilani de sa mallette.

Sur la photo, Gilani a l'air têtu et borné. Asra la prend des mains de Captain et la colle sur notre organigramme. Dost approuve d'un hochement de tête. Asra s'excuse d'avoir mal orthographié certains noms, mais Dost lui dit que c'est sans importance parce que « tous les terroristes ont des pseudonymes ». Certains d'entre eux jonglent avec plus d'une douzaine d'identités.

« Cet Asif, demande Dost. Quel est le problème avec ce *fixer* ?

– Il a été négligent. S'est comporté de façon stupide. Mais, en dehors de ça, je ne suis pas sûre qu'il y ait grand-chose à lui reprocher. Il a une femme et une gamine qu'il aime énormément. »

D'un mouvement du menton Dost indique la direction du salon : « Il est de nouveau ici, vous savez ? »

Je suis le regard de Dost et je vois Asif-le-Fixer assis sur le canapé, nerveux mais silencieux, entre deux autres hommes. Qui sont ces types ? Que font-ils ici ?

Je ferme la porte de la salle à manger. Je ne veux pas qu'ils voient nos recherches. En fait, les deux hommes sont Saïd, le reporter dépourvu du sens de l'orientation que Danny utilisait comme *fixer* à Karachi le matin du 23 janvier, le jour de sa disparition, et l'autre est le beau-frère d'Asif-le-Fixer. Il est corpulent, il a une moustache tombante et la veste marron qu'il porte n'est pas à sa taille. Dost connaît le beau-frère. Il travaille à *Takbeer*, un journal des djihadis. « C'est très antiaméricain », dit Dost.

Je pense : « Eh bien, c'est du culot d'amener ces hommes chez nous. » J'explose. J'ordonne à Asif de faire sortir ces deux hommes de la maison. Ma colère lui fait peur.

Asif est ici parce qu'on lui a ordonné de retourner à Rawalpindi, pour aider à retrouver la trace du porte-parole des djihadis. Il sera accompagné par un officier de police, un homme qu'Asif dit connaître de réputation. « Ce type est un tortionnaire. Il va me torturer. » Asif a l'air pitoyable. Je vais dans l'autre pièce où l'officier de police qu'il redoute attend. Il a une moustache, une cravache et arbore une expression sinistre. Ses mains sont croisées derrière son dos.

Je lui demande en tendant la main :

« Hello, comment vous appelez-vous ?

– Je m'appelle Butt. B-U-T-T. »

Asra parvient à peine à réprimer un rire déplacé. C'est ainsi que l'on nomme les fesses en anglais quand on parle aux enfants. J'ai du mal à ne pas sourire moi aussi. Dost est debout, à côté. Je le prends à part pour lui demander de vérifier quelles méthodes ce type va employer. Il me dit de ne pas m'inquiéter. Parce qu'il s'agit d'une affaire suivie en haut lieu, ses supérieurs ont demandé à Butt de bien se comporter.

Néanmoins, pour bien enfoncer le clou, Dost se tourne vers Butt et, pointant le doigt vers lui : « Pas de torture, pas de corruption ! » dit-il sur le ton d'un avertissement sévère.

Les mains toujours croisées derrière le dos, Butt hoche la tête et fixe la pointe de ses souliers.

Chapitre 6

Captain et moi, comme très souvent, sommes debout, devant l'organigramme. Je lui demande :

« Qu'allons-nous faire maintenant ?

– Attendre un appel. Ils vont t'appeler. Ils téléphoneront d'une cabine, ou déposeront une lettre, ou contacteront le consulat, ou la presse.

– Pourquoi ne le font-ils pas tout de suite ? »

Captain réfléchit un moment.

« Je ne sais pas trop. Mais ils le feront.

– Que puis-je faire maintenant ?

– Continue à téléphoner. »

Il y a trois numéros que j'ai faits si souvent que mes doigts peuvent les composer automatiquement : le portable de Danny, le prétendu numéro d'Imtiaz Siddique, et le numéro de Bashir. Si l'on considère que j'ai appelé le portable de Danny à peu près toutes les quinze minutes au cours des soixante dernières heures, j'ai appuyé sur les mêmes touches environ deux cents fois, en soustrayant les quelques moments où j'ai dormi.

Et pourtant, cet acte n'a toujours rien d'automatique. A chaque fois, j'ai l'espoir d'entendre la voix de Danny briser la tonalité, faiblement, comme s'il chuchotait d'un lieu caché, sur une ligne croisée, ou m'appelant du milieu de nulle part, d'un autre pays.

L'espoir est un muscle résistant. Je demande à Captain : « S'ils veulent une rançon, combien vont-ils demander ? »

Parce que les arrestations de kidnappeurs sont plus nombreuses à Karachi, depuis quelque temps, la rançon moyenne pour un homme d'affaires est tombée de deux cent mille à cent mille dollars. Mais quels qu'en soient les motifs, dans notre cas, il ne s'agit pas d'un kidnapping ordinaire. Quelqu'un a suggéré qu'ils demanderaient peut-être cinq millions de dollars, le même montant offert à l'origine par les États-Unis pour la capture d'Oussama Ben Laden après le bombardement de l'ambassade en 1998.

Mais quel que soit le montant, d'une façon ou d'une autre, je le trouverai. Et s'ils me disent : « Venez seule », j'irai seule. La police voudra me l'interdire ; tout le monde – Captain, le *Wall Street Journal*, Asra, le FBI – essayera de me retenir. Alors, il faudra que je me faufile hors de la maison sans qu'ils le sachent.

Je me positionne près du téléphone, pour être la personne qui décrochera quand l'appel pour la rançon viendra.

A New York, le patron de Danny, John Bussey, a la même préoccupation. Il a eu plusieurs conversations téléphoniques avec un « K&R », un spécialiste du « kidnapping et rançon ». Le type de K&R est un sous-traitant de l'assureur du *Journal*, parce qu'ils se préparent eux aussi à l'éventualité d'une rançon. Et Bussey veut être certain que l'argent peut être transféré rapidement au Pakistan au moment voulu. Mais le spécialiste est basé à Hong-Kong, et Bussey commence à soupçonner que le type n'a guère d'expérience en Asie du Sud. « Après lui avoir parlé au téléphone vendredi, j'ai compris que nous ne ferions pas appel à lui », m'a dit John plus tard.

Si bien que Bussey préfère nous appeler nous. Il veut venir à Karachi mais dit qu'il craint que sa présence dérange l'alchimie qu'Asra et moi avons réussi à créer avec les autorités pakistanaises. J'ai pourtant bien l'impression qu'il pourrait nous être utile ici. Je lui dis : « Viens. Sois notre façade publique. Rencontre Musharraf et le ministre de l'Intérieur, fais la tournée des diplomates à Islamabad pour nous. »

Je continue à surveiller le téléphone de Danny.

Captain dit : « Tu sais, ce n'est peut-être pas de l'argent qu'ils voudront pour rançon. Ils exigeront peut-être un échange de prisonniers – Danny contre des prisonniers Al-Qaida détenus dans des prisons américaines ou à Guantánamo Bay. »

Une collègue du *Wall Street Journal* à Londres nous a fait suivre un e-mail intrigant d'Andrea Gerlin du *Philadelphia Inquirer*. Elle y a attaché, en document joint, un article d'un journal britannique, l'*Independent* du 24 janvier, faisant le portrait d'un personnage de l'ombre soupçonné d'avoir passé des fonds pour les attentats du 11 septembre. L'homme s'appelle Omar Saïd Cheik et c'est un Britannique aisé, autrefois étudiant de la London School of Economics, devenu militant islamiste. Apparemment, Omar, de sa base de Rawalpindi, aurait envoyé plus de cent mille dollars à Mohammed Atta, l'un des pirates de l'air du 9 septembre, peu avant les attaques du World Trade Center. Mais ce n'est pas la raison pour laquelle Andrea a communiqué cet article. Ce qu'elle trouve troublant, c'est que cet Omar a une spécialité particulière : il kidnappe des Occidentaux. L'article contient des extraits d'un journal intime dans lequel il explique de quelle façon il s'y est pris pour piéger quatre étudiants.

Omar Saïd Cheik est un nom que nous entendrons souvent dans les semaines à venir. Mais pour l'instant, rien ne semble le relier à la disparition de Danny. Cheik Moubarak Ali Shah Gilani, en revanche, semble de plus en plus suspect. Nous avons eu à plusieurs reprises son ami Khawaja au bout du fil, chaque fois toujours un peu plus vociférant et fou. Au cours de notre dernière conversation, il a prétendu que la mort du père de Gilani était due à la question (posée par la journaliste du *Boston Globe*) sur les liens entre Gilani et Richard Reid, l'homme à la chaussure piégée. Le vieil homme aurait soi-disant reçu une demande d'interview envoyée par la journaliste désireuse de l'interroger sur les liens de son fils avec les terroristes... et en serait mort de saisissement.

Khawaja a une voix extrêmement désagréable, et il hurle au téléphone. Mais Asra et moi sommes des modèles de self-control, appliquant la première règle de la pêche aux informations enseignée par Dost : ne rien révéler; et laisser l'autre parler. Nous lui demandons :

« Où est Gilani ?

– Je ne suis pas en contact avec lui », répond Khawaja, avant de se lancer dans une nouvelle diatribe.

Après plusieurs de ces appels, Captain décide de prendre les choses en main. Il s'empare du téléphone et va s'installer dans le salon. Il parle d'une voix douce mais insistante. Nous ne savons pas précisément ce qu'il dit à Khawaja, mais cela ne semble pas particulièrement aimable. Sans même qu'il élève la voix, nous percevons dans les mots de Captain toute la dureté dont il est capable.

Khawaja ne rappellera jamais. Et Gilani disparaît. La police l'a cherché dans des mosquées, des aéroports, toutes ses résidences connues (et il en a beaucoup). On l'a dit à Muzaffarabad, une ville du Penjab, à la frontière du Cachemire contrôlé par le Pakistan. Il n'y avait rien d'illogique à ce qu'il se trouve là-bas. Muzaffarabad est sur la route qu'empruntent les djihadis pour aller au Cachemire (où Gilani a une résidence de plus). Mais au moment où la police est arrivée chez lui, la maison avait été vidée, et le religieux s'était envolé, avec ses trois épouses (deux Afro-Américaines et une Pakistanaise).

Le téléphone portable de Captain ne cesse de sonner. Le père de Gilani a été trouvé.[...] Son fils a été appréhendé [...], on l'a trouvé à Rawalpindi. Gilani s'est évaporé, quelque part entre Lahore et Islamabad ...

Il y a de l'espoir.

Et il y a Captain. Où que je sois, il vient droit vers moi. Sans rien dire, il s'approche et, plongeant presque ses yeux dans les miens, il y cherche les doutes, espère la confiance. J'essaie de lui rendre quelque chose. Je réponds à son regard en mettant dans le mien toute la détermination dont je suis capable. « C'est toi qui me donnes de la force », me dit-il. Ainsi, nous nous protégeons l'un l'autre, liés comme nous sommes par un même défi.

Si l'espoir est notre arme la plus puissante, la peur est la plus grande menace que les terroristes brandissent contre nous. La peur paralyse, et je ne peux pas me permettre cela.

Mon père lisait et relisait inlassablement *Dune*, cette épopée de science-fiction écrite par Frank Herbert, comme si ç'avait été sa Bible. Herbert écrivit : « Je ne connaîtrai pas la peur, car la peur tue l'esprit. La peur est la petite mort qui conduit à l'oblitération totale. J'affronterai ma peur. Je lui permettrai de passer sur moi, au travers de moi. Et lorsqu'elle sera passée, je tournerai mon œil intérieur sur son chemin. Et là où elle sera passée, il n'y aura plus rien. Rien que moi [1]. »

Je sais que quel que soit le lieu où ils le détiennent, Danny fait précisément ce que je suis en train de faire : refuser de se laisser vaincre par la peur, la laisser passer au-dessus de lui.

Petit Embryon a été bien gentil jusqu'à présent. Il est resté tranquille, n'exerçant sur moi aucune pression supplémentaire. De temps en temps, je me glisse dans ma chambre à coucher pour jeter un coup d'œil sur *What to Expect When You're Expecting* (A quoi vous attendre quand vous attendez votre bébé). Ce n'est pas comme s'il y avait un chapitre intitulé « Ce que vous devez faire quand votre mari a été kidnappé », mais le livre préconise quand même de prendre beaucoup de repos, d'éviter le stress et de manger beaucoup de légumes verts. Je ne suis la règle dans aucun de ces trois domaines, mais je nourris mes forces grâce à un régime ininterrompu de poulet *biryani* et de *tchaï* épicé. Et je parle au bébé. Je lui dis : « Tu seras un battant, mon bébé, et nous allons triompher. » Je lui dis que j'ai confiance en lui. Je n'aurais jamais pensé auparavant que l'on puisse avoir confiance en un être qui n'est pas encore né, mais j'ai réellement confiance en mon bébé.

Randall Bennett a finalement décidé de venir nous voir en personne. « J'ai beaucoup travaillé, vous savez », dit-il, d'un ton légèrement défensif.

La première fois que je l'ai vu, le jour de la conférence Pakistan-FBI, il ne correspondait pas du tout à l'image que je m'étais forgée de lui en lui parlant au téléphone. Je l'ima-

1. Traduction de Michel Demuth, Paris, Robert Laffont, 1970. (*N.d.T.*)

ginais à mi-chemin entre le diplomate et le GI. Mais pour commencer, Randall porte une boucle d'oreille, un minuscule clou doré à l'oreille gauche. Il a des cheveux blonds tombant jusqu'aux épaules, tirés en arrière, et il est tout habillé de noir – jean noir et chemise noire, boutonnée jusqu'en haut. Il a peut-être la cinquantaine, mais il est dans une forme physique impressionnante. Comme je l'ai appris par la suite, il a été instructeur de tae kwon do, s'entraîne régulièrement avec un punching-ball dans son jardin, et fait aussi des poids et haltères au gymnase de la Marine. De plus, il est expert au lancer de couteau, un art auquel il s'entraîne en l'enseignant aux autres. Sa femme, Carolina, que Randall a rencontrée et qu'il a épousée quand il était en poste en Colombie, est, elle aussi, paraît-il, devenue excellente dans ce sport.

Nous conduisons Randall au premier étage dans notre petite pièce privée qui donne sur la véranda. Là nous pouvons parler sans que l'on nous entende. Il tire sous lui une chaise basse indienne en bois et y loge sa large charpente. Il écarte grand les jambes, place ses coudes en équilibre sur ses genoux, et tapote l'épais dossier qu'il tient entre ses grandes mains. « Dites-moi ce que vous savez », demande-t-il. Il est clair qu'il éprouve des sentiments mitigés à notre égard. Asra et moi décidons donc d'être à la hauteur de ce défi tacite en lui faisant un rapport convaincant et détaillé. Les yeux de Randall, d'un bleu perçant et bordés de cils fournis, vont d'Asra à moi et de moi vers Asra, nous observant attentivement. Il commence à prendre des notes. Apparemment, nous gagnons sa confiance, mieux encore, son respect. Nous le voyons peu à peu découvrir que nous lui sommes sympathiques. Par conséquent, nous le trouvons sympathique aussi.

Par la suite, il nous dira qu'il nous a jugées des « enquêteurs astucieux et hautement capables, à l'esprit agressif et même aventureux ». Il ajoute : « Vous m'avez fait penser à moi-même. » C'est l'un des compliments les plus inattendus qu'Asra et moi ayons jamais récolté.

Le dossier qu'a apporté Randall est étiqueté SENSIBLE MAIS NON CLASSIFIÉ. Il l'ouvre et nous fait partager les découvertes d'une journée et demie de recherches. Elles concernent pour la plupart Gilani et son groupe de djihadis, Jamaat al-Fuqra. A cela s'ajoute une interview qu'il a lui-même conduite du journaliste pakistanais Kamran Khan. Khan mène une intéressante double vie, à la fois reporter vedette du quotidien pakistanais de langue anglaise *The News*, et correspondant particulier du *Washington Post* pour le Pakistan.

S'il est vrai, comme le dit le vieil adage, que la grandeur d'un journaliste se mesure à l'excellence de ses sources, alors Khan est l'un des plus grands. Pour conserver ses relations privilégiées avec certains services d'ISI (les services secrets pakistanais), y compris ceux qui sympathisent avec l'idéologie des djihadis, Khan écrit souvent « pour » eux, plutôt que « sur » eux. La plupart des gens ferment les yeux sur cette forme de schizophrénie parce qu'ils ont besoin des informations qu'il leur fournit. Mais d'après moi, c'est un pacte à la Faust qu'il a fait, un marché avec le diable pour fouiller profondément dans le monde de la politique et des renseignements pakistanais. Et ceux qui prennent ce que dit Khan pour argent comptant vendent eux aussi un peu de leur intégrité, sinon leur âme entière.

Cela dit, si Khan sait où se trouve Danny, nous aimerions qu'il nous l'apprenne. Il dit qu'il ne le sait pas, mais avance que les « types à barbe » (c'est-à-dire les djihadis), comme Captain s'en était douté, détiennent Danny pour un échange. La raison pour laquelle ils ne se sont pas encore manifestés est qu'ils essaient de se rendre en lieu sûr, mais tout le bruit fait autour de cet enlèvement a rendu plus difficiles les déplacements à Karachi et dans les environs. Il y a des barrages et des vérifications d'identité partout, et il est impossible de s'enfuir. Cela prendra donc un certain temps. Il leur faudra trois jours, estime Khan, avant que les kidnappeurs se considèrent comme suffisamment cachés pour établir un contact.

Une phrase de Khan, dans le dossier de Randall, s'imprime dans ma tête : « Ils le considèrent sans doute comme un otage de grande valeur ; c'est-à-dire quelqu'un qu'ils voudront laisser en vie. »

Je n'ai jamais envisagé la possibilité que Danny puisse ne pas être vivant.

Randall commence à remballer ses dossiers. « Ok, les filles, bien travaillé ! annonce-t-il. Allez, je vous emmène au McDonald's ! »

Les filles ! Est-ce que c'est bien à nous qu'il s'adresse ? Je me tourne vers Asra dans l'espoir de trouver chez elle un peu d'indignation féminine partagée, mais sans même avoir besoin de la regarder, je sais déjà la bataille perdue d'avance. Sans le savoir, Randall a touché à l'essence même de l'américanisme d'Asra. La perspective d'un Big Mac est suffisante pour lui faire oublier toute éventuelle atteinte à notre dignité. Le rapport qu'entretient Asra avec ces hamburgers va bien au-delà de mes capacités de compréhension. Dès que quelque chose ne va pas, Asra se dirige vers les arches dorées. Quant à moi, je ne suis allée chez McDonald's qu'une seule fois, en Inde, où la chaîne a banni l'usage de la viande de bœuf. Danny avait commandé un McAloo tikka burger, à base de pommes de terre et de chou-fleur.

L'idée de quitter la maison m'est insupportable. Et si Danny revenait ? Et si je n'étais pas là pour l'accueillir ? Que lui dirais-je ? « *Sorry, darling*, j'étais au MacDo » ?

Randall reste sourd à mes réticences. Il insiste avec tant de gentillesse (« Vous avez besoin d'un peu d'air frais, fais-le pour ton fils ») que je n'ai pas le cœur de refuser. Nous montons dans son 4x4, aussi noir que ses vêtements. Mais le chauffeur refuse de démarrer tant que je n'aurai pas bouclé ma ceinture de sécurité. Quelle absurdité ! J'aimerais dire : « Nous avons dépassé le problème de la ceinture de sécurité sur le siège arrière ! » Mais le type est obstiné, et Randall prend la peine d'ajuster la ceinture sur mon ventre rebondi.

Quelle sensation étrange, de rouler de nouveau dans les rues agitées de Karachi ! J'ai l'impression d'être immatérielle, de flotter dans un temps où tout est en suspens. Avec surprise, je vois les gens vaquer à leurs occupations ordinaires. Mais je n'ai qu'une idée en tête : rentrer chez nous, retrouver Captain, et repartir à la recherche de Danny.

Le McDonald's de Karachi est aussi uniforme que tous les autres du monde, mais la galerie marchande dans laquelle il se trouve est étincelante de propreté. Les étalages sophistiqués brillent derrière les vitrines astiquées. C'est comme si quelqu'un avait voulu recréer le mode de vie occidental en laboratoire.

Asra craque pour le menu n° 1, la panoplie complète – Big Mac, frites et Coca-Cola s'étalent sur son plateau. Bientôt, nous sommes tous enveloppés dans une odeur de graisse frite et, grâce à Asra, je peux me contenter d'une petite salade sans paraître mal élevée. Randall mange peu, mais nous régale des chroniques de sa vie « sur le front » de Karachi. Il les enveloppe de mystère et évoque des gens importants sans prononcer leur nom. Il parle de terroristes sordides et de complots déjoués. Randall a échappé cent fois à la mort. Alors que tous ses prédécesseurs ont toujours eu hâte de quitter le Pakistan, il est là depuis cinq ans. Je n'ai encore jamais rencontré un homme au niveau de testostérone aussi élevé ; il ressemble à un mercenaire qui aurait choisi le bon côté de la loi. Voici quelques-unes des distinctions qu'il a reçues au cours des deux dernières années :

> 2000 : Prix annuel mondial de meilleur agent spécial de la sécurité diplomatique dans le monde.
>
> – Prix annuel mondial RSO de la Compagnie B des Marines américains.
>
> – Distingué par les Services secrets américains.
>
> 2001 : Prix pour contribution exceptionnelle à la Drug Enforcement Agency.
>
> – Lettre de reconnaissance du directeur du FBI (directeur Louis Freeh).
>
> – Distinction du corps des Marines américains.

Voilà, de toute évidence, un bon défenseur de la loi internationale.

Le Pakistanais qui suit Randall comme son ombre, Zahour, est venu avec nous. Il est d'une grandeur inhabituelle pour un Pakistanais. C'est aussi le plus beau de tous les hommes qui nous entourent, même si l'élégance et le charme sont loin de faire défaut à notre équipe de flics. Ses traits sont d'une grande finesse, son teint d'un beau brun cuivré, et sa posture est impeccable. Randall nous le présente comme un policier d'élite qu'il a lui-même entraîné. Lorsque Zahour s'éloigne pour faire des achats tandis que nous mangeons, Randall parle de lui comme d'un ami autant qu'un collègue. Je me souviens aussi de la façon dont Randall parlait de Tariq Jamil comme d'un frère, et du respect qu'il manifeste envers Captain. Cela me rassure de voir que tous ces hommes semblent le considérer comme un véritable ami.

Zahour étant revenu, au moment où nous quittons le centre commercial, nous nous engouffrons dans l'ascenseur vitré avec un groupe de jeunes étrangers, des étudiants probablement.

« D'où venez-vous ? questionne Randall.

– D'Australie, répond une jeune fille, et vous ?

– Moi ? Du Pakistan ! » répond Randall sans hésiter.

Sur les lèvres du discret Zahour se dessine un sourire complice.

Plus tard dans la soirée, Randall revient nous voir. Il porte maintenant quelque chose qui ressemble à une blouse de pope orthodoxe, fermée au ras du cou, et descendant jusqu'aux genoux. Il me faut un moment pour réaliser que c'est simplement une *kamiz* noire sans le pantalon *chalwar.* Avec son pantalon noir ordinaire, cela semble un peu bizarre. Ce n'est pas ce qu'on attendrait d'un officier de la sécurité régionale. Même s'il est en route pour une fête du vendredi soir dans un pays du tiers-monde.

Patiemment, obstinément, Asra interroge l'ordinateur de Danny, cherche de nouveaux indices et plus d'informations sur internet. Elle est la reine des abeilles dans cette ruche qu'elle a construit et dont elle a fait notre quartier général. Elle a constitué des dossiers méticuleux, étiquetés et datés, chacun avec les informations importantes soulignées. Avec autant de douceur qu'il en manifesterait à l'un de ses enfants, Captain lui apprend à se servir d'une perforatrice à deux trous de façon à ce que les perforations restent bien alignées. Au cours des deux semaines à venir, elle remplira plus de soixante dossiers, et il nous faudra installer des rayonnages supplémentaires pour les ranger tous.

Il y a quelque chose de très évident que nous avons été dans l'impossibilité de faire : prendre connaissance des e-mails qui parviennent à Danny sur son site au *WSJ*. Le bureau de New York a refusé de nous donner le mot de passe nécessaire pour accéder au réseau sécurisé de la compagnie. Mais ils ouvrent la boîte aux lettres électronique de Danny et, bien sûr, il y a un e-mail de Bashir. Ils nous le font suivre immédiatement. Asra lève les yeux, stupéfaite.

Le message est d'hier, vendredi.

> De : sima shabbir
> Envoyé : vendredi 25 janvier 2002, 4:56 AM
> A : Pearl, Danny
> Sujet :
>
> Cher Mr. Pearl, Comment s'est passée la rencontre avec le Cheik ?
> Écrivez-moi, je vous prie, pour me dire de quoi vous avez parlé. Je suis en voyage d'affaires à Lahore pour l'instant mais dès mon retour, j'irai voir le Cheik et je lui demanderai ce qu'il a pensé de vous. Restons en contact. Adaab, Bashir.

« Salopard, dit Asra. Il sait que Danny n'est jamais rentré. Je lui ai écrit la nuit de la disparition de Danny pour le lui dire.

– Il veut refaire surface parce que le nom de Gilani est exposé, et il veut faire croire qu'il n'a rien à se reprocher, dit Dost. Il veut couvrir ses arrières. » Captain me dit d'agir comme si je n'avais pas le moindre soupçon et je réponds avec politesse à Bashir. Que je hais.

> Date : Sam. 26 Jan 2002 22 :24 :23 – 0800 (PST)
> De : « mariane pearl »
> Sujet : DANNY PEARL. !
> A : nobadmashi@yahoo.com
>
> Cher M. Shabbir,
> Je suis Mariane, la femme de Danny Pearl. J'ai vu l'e-mail que vous venez d'envoyer à Danny mais je dois vous dire que je suis très inquiète à son sujet car il a disparu depuis mercredi dernier, le 23. J'apprécie l'intérêt que vous lui por-

tez et voudrais donc vous demander de m'aider. S'il vous plaît, contactez-moi dès que vous aurez pris connaissance de cet e-mail. Mon téléphone fixe : 021 586 20 76 et mon numéro de portable est 0300 856 80 13. Dans l'attente de votre réponse. Merci infiniment.

Mariane Pearl.

Captain tire lentement sur sa cigarette. Il se tourne vers Zahour. « Y a-t-il moyen d'établir d'où cela vient ? »

Zahour réfléchit un instant. « Oui, dit-il, mais nous avons besoin de connaître le premier expéditeur. C'est seulement à partir de là, explique-t-il, que l'on peut retrouver le numéro de téléphone auquel l'ordinateur était connecté.

Je comprends avec stupéfaction qu'il est possible de revenir à l'origine de presque tout – un appel téléphonique international, un e-mail... Je prends Captain à part. « Il faut que je te dise quelque chose : Danny est juif. »

Je lui explique que je ne l'ai dit à personne d'autre à Karachi, et que, à la fois pour la protection de Danny et celle de la famille Pearl, le *Wall Street Journal* s'est efforcé de maintenir Judea et Ruth Pearl hors de l'attention publique, et de convaincre les médias américains de ne pas mentionner les origines de Danny.

La peur de révéler la judéité de Danny n'est pas nouvelle, et comme l'écrivait plus tard dans un e-mail sa jeune sœur Michelle : « Ce n'est pas une paranoïa irrationnelle, c'est une paranoïa justifiée, c'est le bon sens. » Quand Danny se trouvait dans des pays comme l'Iran, par exemple, il ne parlait au téléphone qu'avec sa mère, parce que l'accent de son père était trop évidemment israélien. Quand Judea avait envoyé un e-mail développant son point de vue sioniste quelques jours après les attaques sur le World Trade Center, Michelle avait immédiatement renvoyé un e-mail reprochant à leur père d'envoyer un courrier pouvant mettre en danger Danny alors au Pakistan : « Il y a certaines précautions à prendre, parce que nous savons combien les racines de cette haine sont profondes. Et c'est tout ce que nous pouvons faire, depuis Los Angeles, à des milliers de kilomètres du Pakistan », écrivait-elle.

Captain connaît, lui aussi, la profondeur de cette haine. Sans révéler grand-chose de ce qu'il ressent en apprenant ce que je viens de lui dire, je vois qu'il n'en sous-estime pas les conséquences possibles : « D'accord, dit-il en hochant la tête. N'en parle à personne. »

La nuit du samedi ressemble aux nuits précédentes, sans rêves et agitée. Mais le lendemain matin qui suit est bien différent de tout ce que j'aurais pu imaginer.

Cela commence par Dost qui s'approche, l'édition matinale du *Jang* à la main. Dost, d'ordinaire si calme, est visiblement perturbé. La photo de Danny est en première page, enclose dans un fouillis de caractères ourdous. Cette photo m'est douloureusement familière. C'est celle que j'ai confiée au jeune homme quand la police a pour la première fois envahi la maison. Par quel infernal tour de passe-passe a-t-elle atterri en première page du *Jang* ?

Je questionne Dost :

« Qui était ce type qui m'a demandé une photo ?

– Renseignements militaires », répond-il. Il examine le texte, apparemment hésitant sur ce qu'il doit faire.

« Vous voulez savoir ce qu'ils disent ?

– Naturellement.

– Ils écrivent que Danny est soupçonné d'être un agent du Mossad et d'avoir également “ des liens ” avec RAW, les services secrets indiens. »

J'ai l'impression de recevoir un coup de poing dans l'estomac. Dans cette partie du monde, il est déjà suffisamment dangereux de désigner publiquement quelqu'un comme juif. Dire qu'il fait partie des services secrets israéliens, du Mossad honni, cela équivaut à signer son arrêt de mort. La colère est attisée non seulement par la tension entre pays arabes et Israël, mais par la croyance très répandue que le Mossad a soutenu l'Inde dans sa lutte contre le Pakistan au Cachemire.

Et j'ai donné moi-même la photo qui accompagne ce ramassis de mensonge. Je sens monter en moi une colère inextinguible. Je vomis tous ces esprits vils, ces flics, ces agents secrets, ces soi-disant journalistes. Mais à qui s'en prendre ? ISI, les services secrets pakistanais ? Mais qui, dans ISI ? Au royaume des agences de renseignement, le mensonge est la moindre des choses. Elles mentent tantôt pour vous protéger, tantôt pour vous faire du mal. En toutes circonstances, le mensonge fait partie du travail. C'est vrai dans tous les pays, sous tous les régimes, qu'il s'agisse de l'ISI au Pakistan, de RAW en Inde, du FSB en Russie ou de la CIA. J'aimerais tellement que l'on cesse de me mentir et qu'on me dise la vérité ! Je me précipite sur le téléphone et compose le seul numéro qui me vient à l'esprit. J'appelle le lieutenant général en retraite Moinuddin Haider, ministre de l'Intérieur. C'est du ministère de l'Intérieur que dépendent la police et les prisons, et la « régulation de l'entrée et de la sortie des étrangers ». Le ministre chapeaute également la Federal Investigation Agency (FIA), qui enquête sur la corruption et l'immigration. Je ne suis pas certaine que ce soit le service qu'il faille appeler, mais je pourrai au moins demander des explications ou faire un scandale. Il faut que je fasse quelque chose. Je suis sur le point d'exploser.

Le ministre Haider prend la communication, et je lui tombe dessus. A l'autre bout du fil, il demeure silencieux, n'émettant que quelques murmures sporadiques : « Nous faisons des recherches en ce sens. »

Je me noie dans ma propre impuissance.

Il me donne un rendez-vous pour plus tard dans la journée. Quand je raccroche, Captain me tapote doucement sur le bras et me prend à part. Il semble soulagé de voir que, si mauvaise qu'ait pu être la conversation avec Haider, elle n'ait pas été pire.

« Laisse-moi m'occuper de cela, dit-il. Je sais que tu as raison. Mais tu dois t'en remettre à moi. » Quand il est contrarié, sa mâchoire se contracte. Elle est très contractée maintenant. Il me fait promettre de n'appeler personne d'autre à ce sujet, puis quitte la maison en claquant la porte.

Cette indignation de Captain, je m'y accroche comme à un radeau.

Quand je me tourne vers Dost, je peux voir qu'il est à la recherche des mots justes. Je sais qu'il voudrait s'excuser pour son pays, que je sache que tous les Pakistanais « ne sont pas comme ça ». Il voudrait me parler des traîtres et des lâches, de ceux qui exercent une influence dans ce pays et des moyens qu'ils ont utilisés pour obtenir ce pouvoir. Je sais qu'il voudrait me demander de lui faire confiance, et à dire vrai, j'ai confiance en lui. Mais il ne dit rien de tout cela à voix haute et moi non plus. Nous restons simplement côte à côte, à regarder fixement le journal.

« Où est Danny ? Où est-il, mon petit ? »

L'année dernière, la mère de Danny, Ruth, a trouvé le journal qu'il tenait en dernière année d'école primaire, et elle en a recopié toutes les entrées. Je les lis comme une introduction à l'âme de mon mari. En réalité, Danny n'a guère changé depuis l'âge de dix ans ; j'en avais l'intuition, et ce journal le confirmait. Dans un vol au retour de Los Angeles il y a deux ans, nous le lisions ensemble, et j'avais vu Danny rire de ce jeune lui-même. Et j'avais espéré alors avoir conservé moi aussi un peu de la petite fille que j'avais été. Le journal de Danny est si attendrissant, si drôle et révélateur.

31 octobre 1973 – Je pense que, pour les enfants, l'amour c'est espérer que la personne que vous aimez vous aime.[...]

2 novembre – Je crois que Lisa Macey m'aime bien. Cela peut paraître idiot, mais c'est une pensée agréable. Pour cette raison, je me sens heureux.

13 avril – Je veux avoir une vie bien remplie, et je crois que j'y arriverai. J'aimerais devenir critique littéraire, mais ça ne paraît pas une contribution très significative à la société. (Le seul job qui y contribue, je suppose, est la politique, et je ne voudrais en faire pour rien au monde.)

10 mai – Lisa Macey est mignonne, mais elle a une personnalité bizarre. Doreen Brand est mignonne et elle a une bonne personnalité.

Et puis ce passage dont je préférerais ne pas me souvenir maintenant :

3 novembre – Pendant tout mon trajet en bus, j'ai eu peur d'être kidnappé. Je vais écrire un article, qui j'espère sera long, sur Nixon. Nous avons perdu contre les Apaches 2 à 0 mais ils étaient en première position.

Tous les enfants ont-ils peur d'être enlevés ? Est-ce que j'ai eu cette peur-là moi aussi ?

Je retourne dans ma chambre pour prier. Je récite *Nam Myoho Renge Kyo*. Je demande en pensée à Danny de ne pas avoir peur. Je suis avec lui, le bébé est avec lui, et tout ira bien.

Le téléphone sonne. C'est Bill Spindle. Il appelle pour dire que Jonathan Friedland m'envoie un e-mail qui émane peut-être de ceux qui ont enlevé Danny. Friedland est le chef du bureau du *Wall Street Journal* à Los Angeles. Nous avions déjeuné avec lui l'année dernière, et il nous avait parlé de sa difficulté à se réadapter à la vie aux États-Unis, après avoir été correspondant à l'étranger pendant des années. Il trouvait la vie ennuyeuse. Nous lui avions dit en plaisantant : « Ah ! Le micmac te manque ! »

L'e-mail avait plusieurs fois transité avant qu'on nous le fasse suivre. Il avait d'abord été envoyé à une heure du matin par quelqu'un ayant pris le nom de « kidnapperguy@hotmail.com », à trente et une personnes choisies du *Jang*, du *Washington Post*, du *New York Times* et d'autres publications internationales. Curieusement, aucune copie n'a été envoyée au *Wall Street Journal*. L'un des premiers à l'avoir reçu, le chef du bureau d'Asie du Sud-Est du *Washington Post*, Rajiv Chandrasekaran, l'avait fait suivre à Anne-Marie Squeo au *Journal*, accompagné d'un e-mail disant : « Est-ce que vous avez vu cela ? Est-ce lui sur les photos ? C'est absolument dingue. Dieu fasse que ce ne soit qu'un canular et qu'il soit libéré rapidement. »

Anne-Marie l'avait ensuite envoyé à plusieurs chefs de rubriques du *Journal* : « Les gars, je ne suis pas sûre qu'il s'agisse d'un canular. Je n'ai rencontré Danny que deux fois, mais cela ressemble bien au souvenir que j'ai de lui. »

Avec Asra, Captain et Dost se pressent autour de moi, et je clique sur le dossier joint. Je vois d'abord les photos, quatre photos. Danny, devant un rideau bleu, habillé comme il ne s'habillerait jamais – d'un étrange survêtement d'un bleu ciel et d'un rose criards. Il a les poignets enchaînés et ses lunettes ont disparu. Sur la première image, un homme en *chalwar kamiz* blanc agrippe Danny par la nuque et lui pousse la tête en avant, et de l'autre main place un revolver à quelques centimètres de sa tempe.

Les larmes me viennent aux yeux, mais j'y étais préparée. J'ai l'impression d'être un boxeur qui sait qu'il va être touché, qui tend tous ses muscles afin de ne pas s'écrouler quand le coup va l'atteindre ; prêt à rendre coup pour coup, non à penser mais à agir. Je me force à examiner l'image suivante, sur laquelle Danny tient un numéro de *Dawn* du 26 janvier.

« Ils ont mis la photo avec le revolver en premier pour une bonne raison, dit Dost à voix basse. Ils le font pour choquer et attirer l'attention. »

Je vois bien que tout le monde m'observe avec inquiétude. Je pense : « Ils s'attendent peut-être à ce que j'accouche ici et maintenant. » Au lieu de quoi, je commence à sourire, parce que sur l'une des photos suivantes Danny esquisse aussi un léger sourire. Puis, je le vois, sur un autre cliché, ses doigts forment le V de la victoire ; et sur le dernier, il fait à ses geôliers un doigt d'honneur. Il émane de lui un triomphe silencieux, ce genre de sentiment que l'on ressent lorsque, en dépit de tous les efforts pour vous faire taire, votre message passe malgré tout. J'avais raison : Danny a lutté contre sa peur. Il me dit qu'il n'est pas vaincu et que je ne dois pas l'être non plus.

J'étudie le texte qui accompagne les photos. Il est bizarre.

> Objet : Officier de la CIA américaine en détention.
>
> Le Mouvement national pour la restauration de la souveraineté pakistanaise a capturé l'agent de la CIA Daniel Pearl qui se fait passer pour un journaliste du *Wall Street Journal.*

Je me retourne vers Captain qui fixe l'écran par-dessus mon épaule, et lui demande : « Quel est que ce groupe ? Qui sont ces gens ? »

Captain secoue la tête : « Un groupe spécialement créé pour la circonstance. »

Je regarde de nouveau l'écran.

> Malheureusement, il est actuellement détenu dans des conditions très inhumaines, similaires, en fait, à celles des Pakistanais et ressortissants d'autres États souverains détenus à Cuba par l'armée américaine. Si les Américains améliorent les conditions de détention de nos compatriotes, nous améliorerons les conditions de détention de Mr Pearl et de tous les autres Américains que nous capturerons.
>
> Si l'Amérique veut la libération de Mr Pearl, tous les Pakistanais illégalement détenus par le FBI en Amérique sur la base de simples soupçons doivent avoir accès à des avocats et être autorisés à voir les membres de leur famille.
>
> Les prisonniers pakistanais à Cuba doivent être renvoyés au Pakistan et jugés par une cour pakistanaise. Après tout, le Pakistan était membre à part entière de la coalition contre la terreur et il mérite le droit de juger ses propres citoyens. Et renvoyer aussi au Pakistan l'ambassadeur d'Afghanistan Mullah Zaeef. S'il y a accusation contre lui, c'est au Gouvernement pakistanais d'en juger.

Mullah Abdul Salam Zaif est l'ancien ambassadeur des Talibans au Pakistan, et l'un des officiels Talibans les plus haut placés parmi ceux qui sont emprisonnés aux États-Unis.

Un autre message est attaché à celui-là. Il est en ourdou, et ceux qui parmi nous comprennent l'ourdou se penchent pour le traduire. Il ressemble beaucoup au message en anglais, à cette différence près qu'il formule une exigence supplémentaire : la livraison d'un chargement d'avions de combat F-16 achetés par le Pakistan aux États-Unis dans les années quatre-vingt, livraison suspendue après l'interdiction par le Congrès des ventes militaires au Pakistan en 1990. « Ces avions devraient êtres livrés au Pakistan ou l'argent remboursé avec 15 % d'intérêts. »

Je dis à Captain :

« Ces exigences sont impossibles à satisfaire, elles n'ont aucun sens. Ces gens ne veulent pas négocier avec nous. Ils veulent seulement faire pression sur Washington et Islamabad.

– En effet », acquiesce Captain.

Avec notre nouvelle imprimante, nous faisons des copies papier pour tout le monde et les faisons circuler.

« Je ne crois pas que ce soit Danny, dit Captain, en étudiant la sienne.

– Moi non plus », dit Asra.

Je les écoute à peine.

Randall s'est précipité chez nous, avec Zahour et plusieurs Américains que nous n'avions encore jamais vus. Deux agents du FBI s'asseyent et se mettent immédiatement au travail, se concentrant sur l'ordinateur, à la recherche d'indices. Ils étudient les adresses et cherchent l'IP (le Protocole internet). L'un des agents, Kevin, porte une salopette. Son allure n'a rien de particulièrement impressionnant, mais je me dis qu'il est peut-être un génie de l'électronique, comme Bill Gates.

Randall étudie nos exemplaires imprimés de l'e-mail. « C'est une photo truquée, dit-il avec assurance. Ce n'est pas Danny. Regardez l'angle de l'épaule, il ne correspond pas à l'orientation de la tête. Et les jambes sont trop longues. Regardez les épaules sur celle-ci. Et maintenant, comparez avec les épaules sur celle-là. »

Chaque petit détail – le type d'appareil utilisé, la marque de l'arme qui menace Danny, la façon dont les mots sont utilisés – est analysé, et chacun a sa théorie. Je laisse tout le monde développer la sienne, parce que je voudrais en trouver une convaincante. Mais pendant tout cela, je sais que c'est bien mon mari.

Au milieu du bavardage, j'entends Randall qui demande :

« Est-ce que tu reconnais l'alliance ?

– Oui, dis-je. Elle est un peu large pour son doigt. Elle a toujours été un peu large. »

Le silence se fait dans la pièce.

Maureen se met au travail. « Bon, envoyons les images à notre laboratoire d'Honolulu et voyons ce qu'ils en disent. »

Le département d'Honolulu est le bureau du FBI chargé des investigations sur le terrain dans cette partie du monde.

« Oui, dit Randall, et à Washington, et... »

Mais c'est stupide ! Il s'agit bien de Danny. Nous n'avons pas de temps à perdre, à attendre que des « experts », résidant dans d'autres zones horaires, authentifient ce que nous pouvons parfaitement voir.

Captain essaie de distraire mon attention : « Regarde, Danny te parle. Il sourit. Avec une arme pointée sur lui, Danny te sourit. »

Oui, je le vois.

« Il n'a pas l'air d'être très perturbé ou dans l'angoisse. »

Cela aussi je le vois.

Les photos de Danny accompagnant l'e-mail sont à présent étalées sur la table de la salle à manger, offertes à tous les regards. Cela a quelque chose d'obscène. Les gens se passent les photos autour de la table, comme si les reclasser dans un ordre différent pourrait révéler quelque chose de plus. Ils se frottent le menton, murmurent entre eux, marmonnent les poncifs habituels. L'équipe du FBI devient de plus en plus agitée ; je les entends égrener le nom de divers bureaux locaux, d'experts en cyber-crime, de Quantico et le Ciel sait quoi encore.

Je préfère observer Captain et Dost. Je sais à quoi ils pensent : il est temps de déjouer les kidnappeurs en anticipant. Que ferions-nous si nous étions à leur place ? Où pourrait-on cacher un étranger ? En imagination, ils entrent dans des mosquées, se faufilent dans les *madrassa* et dans les dédales des bidonvilles.

La sœur de Danny, Michelle, appelle de Californie.

« C'est une bonne nouvelle ! » dit-elle.

Je suis surprise par l'intonation joyeuse de sa voix.

« Comment cela ?

– Cela veut dire que Danny est vivant, Mariane ! »

Elle a tout à fait raison. Parce que, pas un instant je ne m'étais autorisée à penser qu'il était peut-être mort, je n'ai pas réalisé que c'est en effet la confirmation que mon mari est vivant.

Au milieu de toute cette confusion – le choc de l'article paru dans *Jang*, et celui de l'arrivée de l'e-mail –, Captain et Randall me rappellent que j'ai rendez-vous avec le général

Haider, ministre de l'Intérieur pakistanais. Je n'ai pas la moindre envie de m'y rendre, mais les deux hommes m'assurent que c'est important. De cela dépend la création d'une force d'investigation nationale qui étendra l'enquête sur l'enlèvement de Danny à tout le Pakistan. Pour que Randall et Captain puissent faire leur travail, la création d'un tel organisme est essentielle. Tous deux me demandent d'y aller comme une faveur personnelle.

Même si je redoute cette réunion, Asra et moi avons une raison supplémentaire de nous y rendre. Pour faire comprendre au ministre que, du point de vue américain, l'enlèvement de Danny est pris très au sérieux, nous avons élaboré un plan avec Paul E. Steiger, le directeur du *Journal*. Steiger, qui a parlé avec le secrétaire d'État américain Colin Powell, est censé m'appeler « par hasard » sur mon téléphone portable pendant notre rencontre avec Haider. Je pourrai ainsi passer le téléphone à Haider, et Steiger pourra « par hasard » lui faire part du contenu de sa conversation avec le secrétaire d'État.

La visite au bureau du ministre se transforme en délégation de *senior officers*, eux-mêmes accompagnés de leurs adjoints. Des policiers en civil arrivent par vagues, tous habillés avec un soin particulier. Par-dessus mon chemisier blanc, je jette l'écharpe favorite de Danny, de la taille d'un châle, qui vient du Cachemire ; Asra attrape un châle elle aussi. Devant la maison, un homme aux cheveux blancs et d'allure distinguée m'attend. C'est John Bauman, le consul général des États-Unis. Il nous invite à monter dans son véhicule et fait signe à Randall de se joindre à nous. Notre convoi s'ébranle. Plusieurs voitures de fonction nous suivent, mais à la queue de notre procession, je reconnais les Jeep asthmatiques qui ont monté la garde devant chez nous.

Le ministre Haider traverse lui aussi des moments difficiles. Quarante jours plus tôt, trois motards ont assassiné son frère, Ehtishamuddin Haider, alors qu'il prenait sa voiture pour rentrer chez lui, une fois terminé son travail dans une institution médicale charitable. Vingt-quatre heures plus tôt, le ministre Haider avait présidé un séminaire à Karachi intitulé : « Le terrorisme, nouveau défi pour le monde de l'Islam. » Danny avait rendu compte de son discours. Dans son article, il avait même cité cette phrase du ministre : « Qui voudrait placer les rênes du pays dans les mains d'illettrés n'ayant lu de toute leur vie que quelques *qaidas* [chapitres coraniques] ? »

Le ministre porte l'habit de deuil traditionnel, en soie. Je lui offre mes condoléances, il grogne des remerciements. Il est de mauvaise humeur. Les policiers s'alignent le long des murs, formant une tapisserie vivante jusqu'à couvrir complètement la surface de la pièce. Il n'y a que trois chaises dans la pièce. Je m'assieds à la droite du ministre et Kamal Shah, l'inspecteur général de Karachi, prend le siège à sa gauche.

Haider commence froidement mais cordialement. Il fait un bref compte rendu des investigations et pense qu'une force d'intervention nationale est pleinement justifiée. Il sait, dit-il, que même si l'enlèvement a bien eu lieu à Karachi, il a très probablement été conçu ailleurs. Mais il ne peut pas contenir sa vindicte très longtemps : « Trois mille journalistes présents pendant la guerre en Afghanistan, sans qu'un seul d'entre eux ne s'attire d'ennuis ! » lance-t-il, comme un reproche. Cette phrase devient son leitmotiv.

Je lui demande :

« Où voulez-vous en venir ?

– Qu'est-ce qu'il faisait, votre mari ? Quel besoin avait-il de rencontrer ces gens ? Ce n'est pas un travail de journaliste, ça ! »

Ma réponse est glaciale : « Tout dépend de ce qu'on appelle un journaliste. » Peut-être la pensée de la photo de Danny publiée dans le *Jang* empêche-t-elle Haider de poursuivre dans cette direction. Mais il en emprunte une autre, tout aussi risquée : l'Inde. Il accuse l'Inde d'avoir organisé l'enlèvement de Danny pour embarrasser le Pakistan.

La tension est telle que nos voix résonnent dans la pièce, malgré le nombre de personnes présentes. Comme si tous les autres n'osaient plus respirer. La plupart des hommes ont les bras croisés ou les mains nouées devant eux. D'où je suis assise, je remarque des rangées de jointures qui deviennent de plus en plus pâles.

Mon téléphone portable sonne et tout le monde pousse un soupir de soulagement. Avec dextérité, Asra s'en empare et s'isole dans l'entrée. Elle informe Steiger des accusations portées par le ministre, ce qui n'est pas inutile car, lorsqu'il a Steiger au téléphone, le ministre semble se calmer.

J'observe attentivement Haider. Il est là, l'un des principaux acteurs de la lutte contre le terrorisme dans ce pays – et l'une de ses victimes. Comment peut-il croire que Danny est un espion ? Ou que son enlèvement est un complot de l'Inde ? Qui peut bien lui avoir fourni de telles « informations » ? Et surtout, comment un homme apparemment intelligent peut-il croire des mensonges aussi évidents ?

Au moment où nous allons prendre congé, Asra n'y résiste plus. Elle tourne ses grands yeux noirs vers le ministre et d'une voix presque enfantine, lui demande : « Avec tout le respect que je vous dois, monsieur le Ministre, tiendriez-vous votre frère pour responsable de son propre meurtre, simplement parce qu'il roulait dans les rues de Karachi ? »

En sortant, nous entendons Haider, furieux, hurler à l'intention des policiers restés dans la pièce : « Et vous, qu'est-ce que vous fabriquez ? Pourquoi ne l'avez-vous pas encore trouvé ? Vous tous : *ramenez-moi ce journaliste !* »

Lorsqu'il nous reconduit à la maison, Randall nous réprimande pour notre manque de diplomatie et de self-control. Il n'est pas fier de notre conduite, mais il est assez fin pour sentir que la tempête couve en Asra et en moi. Il change donc rapidement de tactique.

« Vous devez prendre du repos », nous dit-il d'un ton devenu agréablement protecteur. Et il entreprend de nous expliquer en détail qu'une personne qui manque de sommeil ne peut pas rester rationnelle. Puis, à mon attention expresse, il ajoute : « Tu devrais savoir que de nombreuses substances chimiques circulent dans ton corps ! »

Je ne peux m'empêcher de sourire. Mais je m'attends quand même à une nouvelle nuit sans sommeil.

Asra s'efforce de m'aider. Avec des mains expertes, elle me masse la tête. Je ne me détends pas suffisamment pour pleurer (je donnerais tout pour pouvoir pleurer), mais je sombre dans un sommeil sans rêves, avec l'étrange impression de tomber dans un puits. Cette nuit-là, Asra s'allonge à côté de moi, et c'est à ce moment que débute l'habitude – qui se prolongera pendant les semaines à venir – de dormir côte à côte. Asra me protège et je protège Asra.

Deux femmes partageant le même lit ? Tout d'abord, aux hommes qui nous entourent, cela paraît étrange. Puis eux-mêmes finissent par y trouver un certain réconfort, parce qu'en pareille situation, tout le monde se sent seul – et personne ne devrait l'être.

Chapitre 7

Bussey, le responsable des pages internationales du *Wall Street Journal*, est au-dessus de l'Atlantique quand l'e-mail des kidnapeurs arrive. Le vol Swissair sur lequel il a quitté New York fait escale à Zurich, et il est dans le business lounge quand il se connecte pour lire ses messages. Il clique sur les images de Danny en captivité. Il reprend l'avion en direction de Dubaï, et attrape la première correspondance pour Karachi. Il arrive lundi vers 2 heures du matin, au moment où tous les chiens de l'enfer sont lâchés.

Le *Wall Street Journal* a fait appel au secrétaire d'État Colin Powell, qui a fait appel au président du Pakistan Pervez Musharraf, qui a assuré à Powell que le gouvernement pakistanais faisait tout pour retrouver Danny.

Des déclarations ont été rédigées et rendues publiques. Par exemple : « Mon nom est Paul Steiger et je suis le patron de Danny au *Wall Street Journal*. J'aimerais collaborer avec vous pour que Danny soit remis en liberté sain et sauf. [...] [Daniel Pearl] n'a jamais travaillé pour la CIA ou le gouvernement américain dans quelque capacité que ce soit. Danny Pearl n'est pas en mesure d'influer sur la politique du gouvernement des États-Unis ou du Pakistan. Moi non plus. C'est pourquoi j'aimerais vous demander de relâcher Danny afin qu'il puisse rentrer chez lui indemne et retrouver sa femme et son fils qui doit bientôt naître. »

La CIA, qui refuse toujours de divulguer l'appartenance

ou la non-appartenance à ses services, a officiellement et catégoriquement nié que Danny soit un espion.

Les médias internationaux, qui n'avaient jusqu'alors guère suivi l'affaire, sont mis en état d'alerte. Il ne m'était jamais venu à l'esprit que le *WSJ* puisse avoir un département des relations publiques, mais naturellement, il en a un. Et Steve Goldstein, principal porte-parole pour *Dow Jones* et le *WSJ*, a plongé dans la tourmente. Dans les vingt-quatre heures qui ont suivi l'e-mail avec les photos de Danny, les médias ont envoyé six cents appels téléphoniques et requêtes par e-mail au *WSJ*, sept cent cinquante le lendemain. Goldstein fait tout ce qu'il peut pour répondre à tout le monde : « Il y a un moment, dans une crise, où vous réalisez que vous êtes en pleine crise, me dira-t-il plus tard, lors de notre rencontre à Paris. C'était un de ces moments-là. » Il a travaillé un certain temps à Capitol Hill, et il faisait partie des instances dirigeantes de la NASA quand la navette spatiale *Challenger* a explosé. Il était chargé des relations avec la presse par le ministère de l'Intérieur quand l'*Exxon Valdez* s'est échoué, répandant onze millions de gallons de pétrole brut sur les côtes de l'Alaska. Il était au *Wall Street Journal* quand les attaques du 11 septembre n'ont manqué le *Journal* que de peu. « Mais je n'avais encore jamais vu, dans toute ma carrière, une telle frénésie médiatique. »

Je ne veux pas parler à la presse, je ne veux pas rencontrer Goldstein, tous les cadres du *Dow Jones*, ou les collègues angoissés de Danny. Je veux que tout passe par Bussey. Je ne sais pas du tout comment ce rédacteur en chef, qui a la réputation d'être parfois difficile, s'adaptera à notre drôle d'équipe, ici, à Zamzama Street, mais j'ai besoin de lui.

Captain regarde par la fenêtre : « CNN est en train de planter une caméra au beau milieu de la pelouse, la Fox est là, Al-Jazira aussi. Tous les médias sont ici. » Il est loin d'en être ravi. Je regarde par-dessus son épaule. Nous sommes totalement encerclés par un cordon de flics, puis un autre de caméras télé, coupés du monde extérieur.

L'inspecteur général adjoint, le patron de Captain, envoie un chauffeur de confiance pour aller chercher Bussey à l'avion. Dost lui ouvre la porte. « Je suis chargé d'aller chercher l'Américain à l'aéroport », dit le chauffeur. Dost éclate de rire. « Une minute », dit-il. Et il lui referme la porte au nez. « Captain, s'il vous plaît, est-ce que vous pourriez venir voir le chauffeur qu'on nous envoie pour John Bussey ? »

Les deux enquêteurs ouvrent la porte et jettent un coup d'œil sur le chauffeur interloqué. Maigre, la barbe non taillée, avec des yeux noirs perçants, on dirait qu'il vient tout juste de s'échapper d'une caverne d'Afghanistan. « Si nous envoyons ce gars-là, Bussey va faire demi-tour et prendre le premier avion pour rentrer chez lui », dit Captain. Un chauffeur bien rasé vient assurer la relève.

C'est un personnage intrigant, ce John Bussey. L'esprit vif, sûr de lui, quelquefois autoritaire. Il est assez jeune, la quarantaine, mais habitué à donner des ordres – à une équipe d'environ vingt-cinq reporters dans le monde entier, et au personnel des hôtels cinq étoiles qu'il fréquente. Je l'appelle Bussey le Boss. Danny le respecte, mais il est aussi furieux contre lui de temps en temps parce que le brillant Bussey peut aussi s'avérer difficile à joindre. Mais il a bon cœur, et quand ma mère était malade du cancer et que Danny et moi avions besoin de rester en France auprès d'elle, il s'est montré très compréhensif.

J'ai rencontré Bussey pour la première fois lorsque Danny m'a présenté avec enthousiasme à tous les membres du bureau de New York sans exception. En me tenant par la main, Danny m'a conduite d'un cubicule à l'autre sur trois étages différents. J'oubliai chaque nom dès que j'entendais le suivant, mais pour Danny, c'était sans importance.

« L'essentiel, c'est que tous mes amis puissent te voir. » Sa fierté me rendait infiniment heureuse, je n'aurais jamais cru que la fierté d'un homme puisse me rendre à ce point heureuse.

Lorsque j'ai rencontré Bussey de nouveau, c'était en Inde, au cours de l'un de ses voyages en Asie. J'ai aidé Danny à organiser pour son patron un ensemble de rencontres avec des personnalités indiennes intéressantes – une jeune productrice de séries télé, un auteur de romans épiques, un syndicaliste de gauche. Bussey était charmant et intelligent, et au bout de deux jours, il parlait comme s'il avait tout compris de l'Inde, de l'avenir qui lui était réservé, et du rôle qu'elle jouerait dans le processus de mondialisation. J'étais stupéfaite devant tant de rapidité et d'assurance. Au bout de plusieurs mois en Inde, je ne parvenais toujours pas à comprendre pourquoi, par exemple, certains de nos voisins marchaient pieds nus afin de ne pas écraser une fourmi, dans une ville où l'on mutilait des enfants pour les envoyer mendier.

Quand Bussey entre dans la maison, à Karachi, dans son costume de laine bleu fripé, il est prêt à se mettre au travail, même si c'est au beau milieu de la nuit, après un voyage de dix-neuf heures, et un décalage horaire de dix heures. Nous l'informons de la situation en détail. Pendant qu'il écoute, je le regarde digérer les informations. Peut-être la situation est-elle encore plus effrayante qu'il ne s'y attendait.

*

A New York, Steve Goldstein oppose une fin de non-recevoir aux chaînes de télévision et agences de presse, qui veulent toutes des copies de l'e-mail et des photos. « Non, leur dit-il. A dire vrai, ce ne serait pas opportun. » Ils font des pieds et des mains pour rencontrer les parents de Danny, et ses sœurs également. A Los Angeles, des camions de télévision et de radio se postent devant la maison des Pearl. Michelle me décrit la situation : « Ils sonnent ; nous faisons comme s'il n'y avait personne. Nous fermons les rideaux et nous nous cachons. Des reporters viennent à la porte d'entrée et braquent des projecteurs sur les fenêtres. Il y en a un qui frappe aux portes en tenant une pancarte qui dit : " Je suis de CBS. S'il vous plaît, ouvrez la porte, je veux seulement vous remettre ce message. " Et pourquoi ne pas, simplement, le glisser dans la boîte à lettres ? »

Michelle ne laisse pas ses parents répondre au téléphone, à cause de leur accent, et, avec sa diction américaine impeccable, elle enregistre un nouveau message sur le répondeur.

Elle ne mentionne même pas les prénoms de la famille – Judea, Ruth, Tamara, Michelle – parce qu'ils pourraient eux aussi constituer des indices. Comme le dit Michelle : « Nous n'existons pas – nous appartenons au domaine public. »

« Good Morning America », « The Today show », « CBS Morning News ». Diane Sawyer, Katie Couric, Connie Chung, Larry King et la BBC. Ils me veulent tous, moi, l'épouse. J'entends le nom de leurs émissions et j'imagine les assistants à la rédaction de l'info devant leur bureau, pressurés par leur direction pour m'avoir sur les ondes. Je connais la pression pour « nourrir le monstre » ; je l'ai déjà vécue. Je pense à la facilité avec laquelle on peut réduire notre histoire à un conte pour les chaumières : beau mari pris en otage et femme enceinte désespérée. Aucun de ces programmes ne saurait refléter la complexité de ce qui se passe ici, et même si la simplification de situations compliquées peut sembler inoffensive, elle ne l'est pas. Mon regard va de l'organigramme aux caméras sur Zamzama Street. Et j'ai envie de leur dire : « Oui, le monde dans lequel je suis en ce moment est irréel, mais dans quel monde êtes-vous vous-mêmes ? » Puis, je me trouve injuste. Peut-être est-ce simplement que je suis du mauvais côté de la caméra.

A New York, Steve Goldstein tente de fuir un instant ce vent de folie en allant au gymnase. Il essaie de perdre du poids. Tard dans la soirée, au beau milieu d'un exercice, son entraîneur personnel se penche sur un Goldstein en sueur : « Vous savez, Ann Curry, de « Today Show », aimerait vraiment avoir Mariane sur son programme. »

A Paris, des gens trouvent l'adresse de mon frère Satchi, l'être le plus gentil du monde. Il n'est pas préparé pour autant d'attention. Le magazine *People* appelle chez lui pour lui demander des photos de famille sur lesquelles nous sommes tous ensemble et heureux.

Goldstein interroge Bussey au téléphone : « Y a-t-il le moindre avantage à ce qu'elle aille pleurer sur une télévision nationale ? Ou donnera-t-elle seulement l'impression de supplier ? »

Si je devais paraître, je dirais aux kidnappeurs qu'ils ont enlevé la mauvaise personne. Que Danny n'est pas un espion mais quelqu'un qui s'efforce de réduire le malentendu croissant entre les civilisations. Il est un citoyen du monde, un amoureux des différences, un homme capable de les respecter toutes. Mais je ne suis pas sûre que ce soit le rôle que les avides fabricants de *news* veuillent me faire jouer. Bon sang, je ne suis même pas très sûre de ce que mes conseillers non officiels attendent de moi. Quand je finis par accorder quelques interviews, Steve Goldstein me rassure : « Rappelle-toi, la meilleure approche, c'est de dire que vous êtes seulement deux personnes qui essaient de faire leur métier. Tu es une professionnelle, une journaliste. » Simultanément, il conseille à John Bussey de s'assurer que je suscite bien la sympathie. Il faut que j'apparaisse clairement désespérée, et enceinte.

« C'est ça ! Et comment je m'y prends ? », demande Bussey.

Ma grossesse est devenue l'obsession générale. Le bébé est tout à la fois une nouvelle personne pour qui on s'inquiète, une consolation spirituelle et un outil de relations publiques. Asra m'a montré un de ses livres favoris, *The Muslim Marriage Guide* (« Le guide du mariage musulman ») par Ruqaiyyah Waris Maqsoud, un maître respecté de l'Islam qui vit en Angleterre. Dans un chapitre intitulé « Un bref abécédaire du mariage », j'ai trouvé une réflexion intéressante sur l'avortement. Selon l'auteur la plupart des islamistes admettent que le fœtus n'a pas d'âme jusqu'à la seizième semaine de la grossesse, moment à partir duquel il est « doté d'une âme » (*nafh al-ruh*).

Nafh al-ruh peut se traduire aussi par « âme vivante » ou « âme dans laquelle la vie a été insufflée ».

Maqsoud poursuivait : « C'est confirmé par le *hadith* [dire du prophète Mahomet] : [...] " Quarante nuits après le dépôt de la semence dans la matrice, Allah envoie l'ange et lui donne forme. Puis il crée son sens de l'ouie, de la vue, sa peau, sa chair, ses os. " [...] »

Je suis enceinte de presque six mois. Faire du mal au bébé que je porte est un crime contre l'Islam. Et faire du mal au père, c'est en faire au bébé.

Quand Goldstein parle à la presse pakistanaise et arabe, il s'efforce de glisser dans la conversation le *nafh al-ruh* aussi souvent que possible. « Vous savez, dit-il, elle porte un ange en elle. »

Tandis qu'il parcourt New York en tous sens, utilisant son téléphone portable et usant son Blackberry (genre de Palm Pilot), Steve Goldstein glane des conseils partout où il peut en trouver. « Il y a quantité de chauffeurs de taxi pakistanais à New York. Je leur demande : “ Qu'est-ce que vous pensez de cette affaire Daniel Pearl ? Si vous étiez là-bas, est-ce que vous regarderiez Al-Jazira ? ” Parce que je cherche un contact par Al-Jazira. Mais les chauffeurs de taxi me disent qu'Al-Jazira est une station arabe et que les Pakistanais ne se considèrent pas comme des Arabes. Par conséquent, ce n'est pas de ce côté-là que je trouverai de l'aide. »

Le père de Danny, Judea, essaie de convaincre le bureau de Colin Powell de faire une déclaration énergique à l'intention des kidnappeurs. Quelque chose du genre : « Les gens qui maintiennent actuellement Daniel Pearl en captivité devraient comprendre que tuer un journaliste innocent est considéré comme un acte de barbarie incompatible avec l'enseignement de l'Islam. »

Mais la déclaration faite par le Secrétaire d'État est formelle et manque de teneur.

Judea s'efforce fiévreusement de mobiliser des musulmans influents pour qu'ils appellent à la libération de Danny. Le leader de la Nation of Islam, Louis Farakhan, répond présent. Tout comme plusieurs éminents chefs religieux outre-mer, ainsi que l'émir du Qatar, qui connaît Danny et a beaucoup de sympathie pour lui. Le champion du monde des poids lourds, Mohammed Ali, musulman fervent et respecté dans le monde entier, accepte de faire une déclaration publique. Quelqu'un au *WSJ* suggère d'envoyer Ali dans la baie de Guantánamo. Pourquoi ? Pour qu'il puisse déclarer que les détenus sont traités de façon humaine. C'est une horrible idée, heureusement vite abandonnée.

On demande au champion du basket-ball Michael Jordan, qui n'est pas musulman mais également révéré partout dans le monde, de lancer un appel. Son agent refuse.

Quand la déclaration d'Ali arrive, nous nous rassemblons autour de la table à Karachi pour la lire. Elle est magnifique :

> AU NOM D'ALLAH, LE PLUS GRACIEUX,
> LE PLUS MISÉRICORDIEUX
>
> Je prie pour que ce message parvienne à ceux qui détiennent Daniel Pearl. En tant que musulman, je termine chaque prière par un vœu pour la paix et la compassion entre tous les êtres humains du monde. Au cours du plus récent conflit, trop de gens ont souffert, trop sont tombés victimes de l'injustice et de l'intolérance, beaucoup ont perdu l'espoir que les peuples puissent coexister en paix en tant que nations sans mépriser la culture, les traditions et les droits des autres. Mais, par la grâce d'Allah, je n'ai pas perdu cet espoir. Je crois qu'Allah tout-puissant nous guidera tous sur la voie de la justice et du pardon. Je n'ai pas perdu l'espoir qu'Il a de nous voir manifester de la compassion là où il n'y en a aucune, et d'accorder le pardon dans les circonstances les plus difficiles.
>
> Nous, musulmans, devons guider par l'exemple. Le même exemple qui nous a été donné il y a plus de mille quatre cents ans par le prophète Mahomet (la Paix et la Bénédiction d'Allah soient sur Lui). Daniel est un journaliste professionnel. Son travail consiste à faire entendre la voix de ceux qui voudraient être entendus par la communauté mondiale. Daniel ne devrait pas devenir une victime de plus du conflit en cours. J'en appelle à vous pour faire preuve à son égard de compassion et de gentillesse. Traitez-le comme vous aimeriez que tous les musulmans soient traités par les autres. Donnez l'espoir et la conviction qu'Allah nous guidera dans ces temps particulièrement difficiles. Ma prière la plus sincère est qu'il soit permis à Daniel Pearl de rentrer sain et sauf dans sa famille. Puissions-nous tous bénéficier de la miséricorde d'Allah.

« C'est formidable, dit Asra. Mais Cat Stevens serait encore mieux. »

Après son époque de *Tea for the Tillerman* dans les années soixante-dix, Cat Stevens est devenu un converti très célèbre à l'Islam. Maintenant, sous le nom de Youssouf Islam, il est très suivi en tant qu'éducateur et baladin musulman, avec des disques tels que *A Is for Allah*. Asra se souvient d'avoir entendu la femme de Khalid Khawaja chanter sur des disques de Youssouf Islam lorsqu'elle avait rendu visite à Khawaja à Islamabad. Bussey envoie un e-mail au *Journal*, son empire, suggérant d'enrôler Mr Islam.

Les parents de Danny reçoivent un appel téléphonique de *Yediot Ahronot*, un journal israélien, qui a décidé qu'il était temps de rompre l'embargo sur l'identité. Judea rappelle le reporter et s'efforce de souligner l'importance de conserver secrètes les origines de la famille, pour l'instant. Le reporter refuse de comprendre. « Et là je vois bien que mon père commence à perdre pied, dit Michelle. Je me suis mise à hurler, assez fort pour être entendue au bout du fil : " Ils vont le tuer ! Est-ce qu'il ne comprend pas ? Ils vont le tuer ! " » Pour l'instant, les médias israéliens restent silencieux.

Les tabloïds anglais font miroiter les dollars devant Steve Goldstein – commission d'intermédiaire – s'il peut leur arranger une interview avec moi. L'offre la plus élevée jusqu'à présent : vingt-cinq mille dollars. Et je serai payée moi aussi. Des extralucides appellent, avec des visions ; des prisonniers, avec des conseils pour s'évader. A travers tout le Pakistan, la police enfonce des portes, effectuant raid sur raid. Des chauffeurs sont extraits de leur voiture à des barrages routiers et fouillés.

Je commence à avoir des contractions, et nous faisons appeler un médecin du Sheraton. Quand j'ouvre le médicament censé ralentir le travail, je lis cet avertissement sur l'étiquette : « Aucune étude n'a été conduite sur des femmes enceintes. » Bien entendu !

La sœur aînée de Danny, Tamara, qui a fait des études d'homéopathie au Canada, pond deux ordonnances, une pour me conserver en bonne santé jusqu'à ce que l'on retrouve Danny, et l'autre pour le guérir lorsqu'il rentrera à la maison. Elle a appris où à Karachi je pouvais me procurer ces médicaments et nous envoie par e-mail les coordonnées d'un bon homéopathe local, appelé Younus Billoo (dont le seul nom me semble déjà doté de vertus thérapeutiques).

Asra confie la liste des médicaments à Imran, et l'envoie les chercher :

Aconite 1 m (pour la peur),
Arnica 1 m (pour les traumatismes, les chocs mentaux et physiques),
Cocculus 200 (pour le manque de sommeil),
Gelsemium 200 (pour la peur avec frissons ou l'épuisement),
Opium 200 (pour la peur avec la vision d'images répétitives),
Remède de secours, l'essence de fleurs de Bach, à faire infuser dans de l'eau.

Bussey se glisse dans ma chambre et subtilise mon exemplaire de *A quoi vous attendre quand vous attendez un bébé.* Il le lit de la première à la dernière ligne, puis me pose des questions-tests. Il est incollable sur les analyses d'urine et de sang, les besoins en protéines et en liquides. Quelqu'un lui a dit que les femmes enceintes doivent boire beaucoup d'eau, si bien qu'il me force à en boire des litres. Il ne partira pas tant qu'il ne m'aura pas vu littéralement submergée.

Charles Fleming, du bureau du *Journal* en France, retrouve celui qui s'appelait autrefois Cat Stevens. Fleming a été aidé par son neveu, Chris Martin, le chanteur vedette à la voix éthérée de Coldplay, un groupe cool britannique. Coldplay est justement en train d'enregistrer, dans les studios Parr Street à Liverpool, *A Rush of Blood to the Head.* Grâce à ses contacts dans le monde de la musique, Martin retrouve la trace du frère de Youssouf Islam, David Gordon, qui accepte de demander l'aide de son illustre frère.

Parlant au nom d'« un Musulman d'Occident », Youssouf Islam écrit :

> Le temps est venu de montrer au monde la compassion de l'Islam. Le prophète Mahomet, la paix soit sur Lui... nous a enseigné qu'un homme est monté au ciel pour avoir donné de l'eau à un chien assoiffé ; et qu'une femme a été en enfer pour avoir attaché un chat qui est mort de faim.
>
> Un message à l'intention de ceux qui détiennent le journaliste Danny Pearl : si la justice est votre but, alors, la cause de la justice ne gagnera rien au meurtre d'un homme innocent qui n'a d'autre arme que sa plume.

Ce sont des paroles sages et pleines de compassion. Mais nous devons trouver où ils cachent Danny.

Dans ce but, il y a maintenant quatre équipes distinctes qui travaillent simultanément. Comme un chef d'orchestre, Captain les dirige toutes. Il y a une équipe d'investigation classique, cherchant les pistes, coordonnant des raids à travers tout le Pakistan. Puis il y a l'équipe du cyber-crime, essayant de remonter vers les ordinateurs d'où les e-mails sont partis. Il y a le FBI, qui a établi une cellule de crise dans les bureaux de *Dow Jones* à South Brunswick dans le New Jersey, pour coordonner les décisions et suivre les événements au fur et à mesure qu'ils se produisent, 24 heures sur 24 et dans le monde entier. Et enfin, il y a l'équipe de Jamel Youssouf.

Quand le directeur du CPLC (Comité de liaison citoyens-police) Jamel Youssouf passe la porte de notre maison, la nuit où nous avons reçu l'e-mail avec les photos, il a tous les airs d'un sauveur. Petit et trapu, dans son costume trois pièces, il respire la confiance en lui. Dans la résolution des affaires d'enlèvement, le pourcentage de réussites de Jamel Youssouf est inégalé.

Il n'était pas en ville – à Islamabad, en voyage d'affaires – depuis l'enlèvement de Danny, le 23 janvier, et lorsqu'il arrive, nous savons à quel point nous avons besoin de lui. Sans perdre une minute, Captain lui tend l'e-mail des kidnappeurs. Un seul coup d'œil et Youssouf hoche la tête : « Ce sont des exigences totalement insensées ! » Si l'atmosphère informelle, presque familiale qui se dégage de notre équipe le surprend, il n'en laisse rien paraître. Il examine notre organigramme et sortant son Palm Pilot, enregistre les numéros de téléphone qui s'y trouvent. Nous lui demandons :

« Est-ce que vous pourrez nous aider ?

– Je m'y mets dès demain », promet-il.

Youssouf fait cela depuis maintenant treize ans. Il était, et demeure, un magnat de l'industrie textile. Dans les années quatre-vingt-dix, Karachi était devenue la capitale mondiale des enlèvements. Youssouf et ses collègues en étaient les cibles – 5 millions de roupies pour le rachat d'un homme d'affaires – sans que la police locale puisse être d'une aide quelconque. La communauté des affaires a donc été se plaindre auprès du gouverneur de la province de Sindh, et ce dernier leur a renvoyé la balle : « Au lieu de vous plaindre, pourquoi ne prenez-vous pas vous-mêmes les choses en main ! », leur a-t-il dit.

Youssouf, qui avait passé quatre ans dans les services de renseignement de l'armée, a décidé de relever le défi.

Le bruit court que Youssouf n'a pas exactement la main légère lorsqu'il tient un malfaiteur. En fait, on rapporte qu'il a tendance à utiliser les mêmes méthodes qu'eux, y compris l'enlèvement. Il est capable de kidnapper toute la famille d'un kidnappeur. Il n'éprouve aucun remords à l'égard de ces techniques. Car, comme il me le dira : « J'ai vu les larmes et la souffrance. »

> Nous avons interrogé mr D. Parl et avons conclu que contrairement à ce que nous pensions plus tôt il ne travaille pas pour la cia. En fait il travaille pour Mossaad. Par conséquent nous l'exécuterons dans les 24 heures si l'amrique ne satsfait pas nos exigences. »

Dans la matinée du 30 janvier, un nouvel e-mail nous est parvenu. Celui-là avec deux photos jointes, ne ressemblant que trop à celles que nous avons reçues deux jours plus tôt. Asra les imprime. Sur la première, un revolver est pointé sur la tempe de Danny, mais il a l'air de rire ; sur la seconde, on dirait qu'il a été pris au moment où il clignait des yeux. La photo est censée le montrer déprimé – et il a en effet l'air plus fatigué, plus soucieux – mais cela ressemble surtout à une mauvaise photo.

> Nous nous excusons auprès de sa famille pour l'inquiétude causée et nous lui enverrons des colis alimentaires comme l'amrique l'a fait pour les dommages collatéraux et a parachuté des colis de vivres sur des milliers de gens dont elle avait tué les mères, les pères, les épouses, les fils et les filles, les grands-parents et les petits enfants. Nous espérons que la famille de Mr Danny sera reconnaissante pour les paquets de nourriture que nous lui envoyons tout comme le public amrikain attendait la reconnaissance des afghans pour les colis de nourriture lancés sur eux par ses forces aériennes.

Quelle bande de malades !

Et le texte continue dans la même veine, évoquant la « mentalité d'esclave » du Pakistan à l'égard de « l'amrike » ; et « la machine de guerre amrikaine vengeresse ». Les auteurs réitèrent leurs exigences précédentes.

> Nous avertissons tous les journlistes amrikains au pakstan qu'il y en a beaucoup parmi eux espionant le pakstan sous couverture de journlist. Nous donnons donc 3 jours à tous les journlists amrikains pour quitter le pakstan. ceux qui resteront au-delà seront pris pour cibles.

Comment pouvons-nous contacter ces gens, les empêcher d'agir, leur parler ?

Bussey tient dans les mains une copie du deuxième e-mail. C'est interminable, empli d'exigences impossibles à satisfaire. C'est probablement le texte le plus tordu et apparemment incohérent que ce brillant rédacteur en chef ait jamais eu à lire. Mais en l'étudiant plus attentivement, on découvre qu'il est écrit par quelqu'un qui veut brouiller les pistes, qui veut nous faire croire qu'il est illettré alors que ce n'est pas le cas : celui qui l'a écrit s'est contenté de sauter une lettre ici, une majuscule là. Mais quant au contenu proprement dit, pour ceux d'entre nous qui sommes sur le terrain depuis un certain temps, il n'est malheureusement que trop familier. Le rédacteur du message a clairement repris mot pour mot les vociférations pseudo-politiques d'un de ces *mollahs* – de plus en plus nombreux – qui prêchent la haine plutôt que la religion.

Voilà où nous en sommes dans un monde où l'on ne parle pas pour communiquer mais pour dominer ; où l'ignorance garde les peuples en otage ; où ceux qui détiennent le pouvoir simplifient à outrance des questions complexes afin d'éviter qu'on leur en pose. Voilà pourquoi ces mêmes personnes haïssent les journalistes, ou du moins ceux qui rejettent les visions en noir et blanc du monde. Car, en explorant les zones grises, les journalistes peuvent apporter un nouvel éclairage sur des problèmes comme les relations israélo-palestiniennes, la politique étrangère des États-Unis, ou le fondamentalisme islamique. Nous avons les outils et les mots pour révéler la vérité. Nous croyons que nous pouvons changer le monde en changeant les préjugés que les uns nourrissent à l'encontre des autres. Nous pouvons même créer des liens, si ténus qu'ils puissent paraître, entre les peuples. Par conséquent, pour ceux qui fomentent la haine, nous sommes de tous les êtres les plus haïssables.

Je me souviens d'un réveillon de nouvel an, à Beyrouth, il y a quatre ans. Danny et moi avons passé une soirée merveilleuse avec des amis libanais, à manger, danser et rire. Et le lendemain, l'un de ces amis nous a emmenés dans un bar où nous avons commencé à parler politique. En découvrant que Danny était juif et que mon père l'était aussi, notre ami fut stupéfait. Il n'aurait jamais imaginé qu'un Juif puisse ressembler à Danny. Pendant tout le reste de la soirée, il a suivi Danny des yeux, incrédule. Il était en train de sortir avec un Juif, il avait des choses en commun avec lui, *et il le trouvait sympathique*. Un Juif ! A la fin de la soirée, il nous a déclaré qu'on lui avait appris à haïr des gens dont il ne savait rien. C'était aussi simple et aussi horriblement compliqué que cela.

Maintenant, c'est devenu évident pour nous tous : il faut faire connaître, au plus grand nombre possible de gens – au

Pakistan et dans le monde entier – qui Daniel Pearl est réellement. Afin qu'ils puissent juger par eux-mêmes de l'objectivité de ses reportages, nous offrons aux journaux pakistanais quelques-uns de ses articles pour qu'ils les publient. Steve Goldstein, qui a jusqu'alors tenu la plupart des médias à l'écart, change de cap. Sa nouvelle philosophie consiste à dire : « Dites-moi où, au Pakistan, les gens peuvent voir votre émission, et j'accepterai. » Autrement dit, il n'est d'aucune utilité qu'un public limité – disons, strictement américain – entende notre histoire; mais si vous êtes CNN, ou Fox ou la BBC, ou n'importe quelle autre chaîne vue ou écoutée au Pakistan, nous irons sur votre programme. Paul Steiger est invité à participer à quelques émissions, ainsi que Helene Cooper, une collègue du *Journal* et amie de longue date de Danny. Je suis invitée également.

Tout au long de l'épreuve, je n'ai jamais cessé de prendre des bains. J'ai pratiquement arrêté tout ce que d'ordinaire je considère comme essentiel à ma survie – lire, écouter de la musique –, mais pas de prendre des bains. Il est sans doute bien banal de dire que se plonger dans l'eau chaude donne l'impression de retourner dans le ventre de sa mère, de se sentir à l'abri et en sécurité, mais c'est bien le sentiment que j'éprouve. Avant de partir pour le Sheraton où je dois donner ma première interview, je m'enferme dans la salle de bains d'Asra au carrelage rose, déverse sous le jet la lotion de bain pour enfants – au puissant parfum synthétique de fraise –, et je me plonge dans la baignoire, bien décidée à rester immergée aussi longtemps que Bussey aura la patience de m'attendre.

Bussey est mon *coach*. Goldstein et Bussey ont travaillé dur pour cette interview, s'assurant de l'accord de CNN pour le contenu, et Bussey insiste pour me faire répéter le message que je veux délivrer aux kidnappeurs. Assis dans le salon, nous l'avons répété sans relâche. Bussey gribouillant sur un petit carnet, notant et soulignant les mots-clés. Est-il aussi pointilleux et méthodique dans tout ce qu'il fait dans la vie, ou lui a-t-on recommandé d'agir ainsi en haut lieu ?

Au moment voulu, Ben Wedeman, de CNN, me donnera le signal en disant : « Mrs Pearl... le groupe qui détient votre mari a donné un ultimatum de 24 heures... sinon, disent-ils, ils tueront votre mari Daniel. Y a-t-il un message que vous aimeriez faire parvenir à ce groupe ? » Bien entraînée, je répondrai aussitôt : « Oui, j'ai un message. Il y a trois points que j'aimerais préciser. En premier lieu, je voudrais leur rappeler que mon mari et moi sommes tous deux journalistes. Nous sommes deux personnes qui nous sommes rencontrées et qui nous sommes aimées parce que nous avons le même idéal... essayer de créer un dialogue entre les civilisations. »

J'ai l'impression de jouer un jeu mental avec un ennemi invisible. Ils ont la terreur comme argument de leur côté ; quant à moi, je n'ai d'autre pouvoir que celui de la persuasion. S'ils sont assoiffés de publicité, je pourrai peut-être tourner cette frénésie médiatique en notre faveur et les inciter à laisser Danny en vie.

Asra me suit partout avec l'attitude protectrice d'une mère. Son amour est grand, mais son sens de la mode épouvantable. « Non, dit-elle, tu es très bien comme ça. Tu n'as pas besoin de maquillage. Ne t'inquiète pas pour tes cheveux. Les bras nus sont parfaits. » J'essaie de faire bonne figure de toute façon, et avant que Bussey et moi quittions la maison, j'attrape le châle du Cachemire de Danny et me le jette sur les épaules. Je ressemble à l'un de ces Pachtouns que l'on voit à Peshawar, quand la température est fraîche et que les hommes déambulent enveloppés dans des couvertures. Dans le châle de Danny, je me sens comme blottie dans une coquille protectrice.

La voiture que la police a envoyée nous attend. Cette interview télévisée sera peut-être ce qui s'approchera le plus d'une négociation avec les ravisseurs. Bien conscients de cela eux aussi, Steve LeVine et Asra nous accompagnent solennellement jusqu'à la porte. Il fait nuit, et je n'ai pas consulté ma montre me semble-t-il depuis des jours. Je n'ai donc pas la moindre idée de l'heure, mais la nuit est d'une clarté étincelante et je peux facilement distinguer les principales constellations au firmament. Je cherche Cassiopée, et quand je l'ai trouvée, j'aspire une grande bouffée d'air et je monte dans la voiture.

L'ennui, c'est qu'elle ne démarre pas. « Formidable ! gromelle Bussey. Nous sommes dans la voiture borgne. » En effet, notre voiture n'a qu'un phare en état de marche. Et quand le chauffeur tourne la clé de contact, le véhicule, après un bref sursaut en avant, s'arrête. Quelques gardes nous poussent et le moteur se met enfin en marche. Deux véhicules nous suivent pour la protection ; aucun d'eux n'a de phares. Chaque voiture que nous croisons en route semble plus déglingué que le précédent. Bussey essaie d'en rire : « Ce n'est pas croyable ! » Puis il s'enfouit la tête dans les mains.

Quand la caméra de CNN tourne enfin, je fais les déclarations répétées avec Bussey, et je récite comme un perroquet les phrases suggérées par Captain et Dost, en qui j'ai plus confiance qu'en n'importe quel expert en communication. Je décris Danny comme quelqu'un dont la « religion est la Vérité », et dont la « mission » est de construire un « monde meilleur » en « donnant la parole à ceux dont la voix, autrement, ne serait pas entendue ».

Je dis à Ben Wedeman : « La raison pour laquelle nous nous trouvons au Pakistan aujourd'hui est que nous voulions mieux connaître les Pakistanais et écrire leur point de vue. » Mais, maintenant, je poursuis : « Le dialogue a été rompu. Je leur demande de reprendre le dialogue parce qu'ils brisent un dialogue qui existait. »

Je répète inlassablement que je suis enceinte et que je ne suis pas américaine. « Nous prendre en otages est une erreur totale. Cela ne fait qu'ajouter à la misère, voilà tout. Rien de bon ne peut sortir de cela. »

Je m'adresse aux kidnappeurs : « Que puis-je faire ? Personne ne m'a contactée. [...] J'ai lu les déclarations, je me suis efforcée de les lire, je crois, avec l'esprit ouvert, pour essayer de comprendre ce qu'elles disent – j'y arrive, je crois que j'y arrive –, mais c'est une déclaration générale et Danny est toute ma vie. J'ai besoin d'une indication de ce qu'ils veulent. Que dois-je faire ? Que puis-je faire concrètement ?

– Comment faites-vous face à tout cela ? me demande Wedeman.

– Je n'ai pas dormi depuis plus d'une semaine... mais je garde l'espoir. Je ne suis pas désespérée car si je cessais de croire en la possibilité d'établir un dialogue, je ne pourrais plus croire en quoi que ce soit. Je ne peux pas me le permettre. Je suis enceinte. »

Après coup, on m'a demandé : « Pourquoi n'as-tu pas pleuré ? » Le public américain aimerait que vous pleuriez. Il veut vous voir souffrir. Pourquoi ? Est-ce que manifester sa souffrance à la télévision la rend plus réelle ? J'étais furieuse. J'ai demandé à Bussey : « Est-ce que je suis censée fournir des émotions fortes à un téléspectateur américain amateur de tragédies vécues, tranquillement assis chez lui dans son fauteuil ? » En réalité, ce qui me rend furieuse, c'est que personne ne comprend qu'une réaction terrifiée est précisément ce que souhaitent les terroristes : ils *veulent* vous terroriser. Plus vous leur montrez votre terreur, plus vous les rendez heureux. Gagner leur sympathie en pleurnichant ? En réalité, il n'y a qu'une façon de s'opposer à eux : en manifestant la force qu'ils croient vous avoir ôtée.

Il y a encore autre chose : il se pourrait que Danny m'entende ; quelque part, peut-être est-il en train de regarder. Il faut que je lui montre que je vais bien, que le bébé va bien. Il faut quc ma force lui donne de la force. Je dois lui donner de l'espoir.

Même après une nuit entière passée face à l'écran, Zahour ne perd rien de sa prestance, ce qui lui confère un respect non formulé de la part de toute l'équipe. Les sourcils légèrement froncés, il promène ses mains sur le clavier de l'ordinateur comme un Arthur Rubinstein en train de jouer les scherzos de Chopin. Il recherche des adresses IP (Internet Protocol), une marque d'envoi qui pourrait lui donner des informations sur l'origine d'un message et son voyage dans le monde du Web avant qu'il atterrisse dans une boîte aux lettres électronique.

Pour cela, Zahour a besoin des en-têtes originaux des e-mails. Asra essaie de les retrouver. La tête me tourne tandis que l'on essaie de m'expliquer ce qu'est le cyber-crime. Je tente de garder mon calme lorsqu'ils m'expliquent de quelle façon ils pourraient trouver Danny ainsi, mais cela me semble totalement irréel, comme si je partais à la recherche de mon mari dans un jeu vidéo.

Je crains que la course-poursuite virtuelle de Zahour n'aboutisse dans le cyber-café d'un quartier quelconque de Karachi, autant dire au royaume de nulle part. Ces cafés ne servent rien à boire ni à manger. Ils ne vendent que la possibilité de voyager sans bouger. Le consommateur peut s'installer dans un petit cubicule où il dispose d'une intimité toute relative. Pour quelques roupies supplémentaires, il peut parfois obtenir la protection d'un rideau de tissu qu'il peut tirer. Dans un pays au taux d'analphabétisme record, l'internet est paradoxalement devenu la promesse des lendemains qui chantent. Il semblerait que quelques-uns des geôliers de Danny appartiennent à cette foule de types sans éducation mais pour qui les ordinateurs n'ont pas de secrets. Des gens qui peuvent à peine lire et écrire, mais qui connaissent Java Script et savent brouiller les pistes.

Par curiosité, Danny et moi avons visité plusieurs de ces cyber-cafés. J'ai eu l'impression que se rassemblaient là ceux qui rêvaient de l'Occident – et ceux qui le haïssaient. Sans parler de tous ceux, peut-être les plus nombreux, en quête de cyber-sexe.

Pas loin de chez nous, à Bombay, une salle de billard appelée Passionate vient d'investir dans l'internet et a changé son nom en Passionet. Cela nous fait rire chaque fois que nous passons devant.

Il y a huit nouveaux e-mails accrochés sur nos murs maintenant, pour la plupart des impostures, à notre avis. Tous plus ou moins sordides. Il y a de fortes chances, précise Dost, pour que la plupart des expéditeurs aient moins de vingt-cinq ans.

– Message originel –
De : “ al quida talaban ”
A :
Envoyé : Jeudi 31 janvier 2002, 3 h 50 du matin.
Sujet : tuer
je vais tuer l'anglais aujourd'hui je suis le chef d'al quida et nous avons kidnappé le journaliste anglais.

et nous allons abattre beaucoup d'avions des usa.

« C'est un malade », commente Bussey.

Asra note sur son carnet le commentaire d'un journaliste pakistanais qui nous a fait suivre un de ces e-mails : « Beaucoup de gens ici voudraient s'en sortir. Notre société est en dépression et toutes les autres voies sont fermées. Seule la voie de la violence reste ouverte. »

Paul Steiger fait une autre déclaration à l'intention des ravisseurs : « Le monde sait maintenant, et vous semblez savoir aussi, que Danny est un journaliste, ni plus ni moins. Les journalistes sont, par définition, des messagers professionnels. Danny peut devenir votre messager. Danny, une fois libéré, peut expliquer votre cause et vos croyances au monde entier. [...] Un Danny prisonnier ou tué ne peut pas parler pour vous, ni vous aider, vous ou votre cause. »

Bussey s'inquiète pour nous. Il craint que nous ne soyons pas en sécurité dans la maison, malgré les gardes dont l'omniprésence nous rend claustrophobes. La nuit, lorsque nous attendons que Captain et Randall rentrent de leurs raids et nous les racontent, Bussey quitte son ordinateur et ouvre brusquement la porte d'entrée pour compter le nombre de gardes présents. En général, après une heure du matin, c'est la peau de chagrin et il y a rarement plus de deux ou trois malheureux soldats passant la nuit devant un petit brasero où brûle un feu de charbon. Un soir où notre sécurité lui parut particulièrement pathétique, il a réveillé Imran à 3 heures du matin pour qu'il alerte en ourdou le chef de la sécurité et lui demande des renforts.

Chaque nuit, avant de retourner à l'hôtel Sheraton, Bussey s'assure que tous les verrous de la maison sont bien fermés. S'il ne l'a pas fait lui-même, il ne manque jamais à la dernière minute de se tourner vers Asra et moi et de nous signifier, avec les doigts de la main droite, le chiffre trois. Traduisez : « Les trois. Fermez bien les trois verrous. »

Bussey a deux disputes quotidiennes – avec le chef de la sécurité au sujet du nombre de gardes, et avec Asra et moi pour nous convaincre de nous installer au Sheraton. Nous lui disons pour le taquiner : « Oh, Bussey, tu es un maniaque de la sécurité ! » Il a déjà obtenu de Steve LeVine qu'il change de chambre à l'hôtel pour qu'ils soient au même étage. « Je ne sais pas très bien pourquoi, plaisante Steve. Il a dit que c'était pour des raisons de sécurité. »

Une lueur malicieuse s'allume dans l'œil de Bussey. « Eh bien quand Steve a appris qu'Asra et toi partagiez le même lit, il a voulu dormir dans mon lit aussi – et je lui ai dit : “ Il n'en est pas question ! ” »

« Ouais mon coco, ajoute-t-il. Des chambres au même étage dans le même hôtel. C'est la version masculine de l'intimité. »

A la fin de nos longues journées, vers 2 ou 3 heures du matin, Bussey et Steve retrouvent le salon du Sheraton au huitième étage, pour y boire une tasse de camomille, et passer systématiquement en revue les événements du jour. Bien que ce soit le dernier endroit où j'aimerais résider, pour cet Américain familier des bureaux qu'est Bussey, l'anonymat du lieu a quelque chose de rassurant. Et il ne cesse de vanter les avantages de l'hôtel avec les propos alléchants d'un représentant de commerce : « Avant tout, la sécurité ; le sauna ; l'hygiène. »

Ah oui, l'hygiène. Bussey n'est pas seulement un maniaque de la sécurité, il est aussi obsédé par les microbes. Nous l'appelons notre ministre de la Sécurité et de l'Hygiène. Un après-midi, il a échappé de peu à la crise d'apoplexie en voyant la petite Kashva assise sur le comptoir, les fesses nues, près de l'endroit où sa mère coupait des tomates, les tomates de notre déjeuner je dois l'admettre. Ses protestations paniquées ont effrayé l'enfant et sa mère. Ni l'une ni l'autre n'ont la moindre idée de ce qui lui pose problème. Nasrin a été promptement renvoyée à son balai et John commande des *chicken byriani* à l'hôtel Sheraton pour tous nos repas. Ni Asra ni moi n'avons le cœur de lui dire de quoi se nourrissent les poulets au Pakistan.

*

L'analyse des appels téléphoniques commence à donner des résultats. Hésitant tout d'abord à nous faire part de son travail, Jamel Youssouf partage maintenant avec nous ses découvertes et ses conclusions. Tous les soirs après minuit, son équipe imprime une charte qui synthétise les dernières trouvailles. C'est une charte qui ressemble à la nôtre mais en plus organisée, et à la place des noms, il y a des numéros de téléphone, car c'est de cette façon que procède le CLCP. Ils ont pris les trois numéros que nous connaissons – celui de Danny, de Bashir et de l'homme qui se fait appeler Imtiaz Siddique – et ils entreprennent l'analyse fastidieuse de chaque appel en provenance de l'un d'eux.

Ils sont à la recherche de schémas répétitifs. Si un numéro a été appelé plusieurs fois, surtout au cours d'une même journée, il devient suspect. La durée et l'heure à laquelle l'appel a été effectué sont également des facteurs révélateurs. L'équipe s'efforce de vérifier l'identité de chaque personne appelée – nom, sexe, âge, adresse. Ce n'est pas difficile à déterminer si le numéro appelé est une ligne fixe. Mais les téléphones portables sont difficiles à localiser, car la plupart des contrats sont établis sous de faux noms, ou simplement sous le nom d'amis, parce qu'il est difficile d'obtenir des téléphones ici. Même le contrat de Danny a été établi au nom de quelqu'un d'autre.

Au siège du CLCP, à quelques kilomètres de là, les bénévoles travaillent comme des ouvrières dans une fourmilière. Leur tâche est fastidieuse, certes, mais peut devenir extrêmement payante. En quelques jours, sur les sept mille appels émis à partir des trois portables, les bénévoles du CLCP en ont identifié soixante-treize qui pourraient appartenir aux ravisseurs de Danny ou leurs complices – ou constituer une première étape pour les trouver.

Par exemple, une maison à Lahore, régulièrement appelée à partir du portable de Bashir, se trouve appartenir à un revendeur de télévisions Sony. En mettant son téléphone sur écoute, la police est aiguillée vers un autre numéro, cette fois à Karachi. Ce qui les conduit vers une ligne fixe dans la ville de Multan où se trouvait à un moment donné un certain Hashim. Cet Hashim se révèle être quelqu'un que nous connaissons déjà sous un autre nom – Arif, le porte-parole des djihadis.

La police fait une descente dans cette maison. Ils y trouvent une famille en pleine « cérémonie de funérailles ». « Oh, le pauvre Hashim, disent-ils à la police, est mort en martyr en Afghanistan. » C'est très peu vraisemblable, puisqu'il était avec Danny il y a seulement quelques semaines et en route vers le Cachemire. La présence d'un corps dans le cercueil est donc peu probable mais la police ne vérifie pas. Ils continuent à chercher le porte-parole des djihadis. Ils effectuent un raid dans une maison de Rawalpindi fréquemment appelée à partir du portable d'Hashim. C'est celle d'un de ses amis, qui dit ne pas savoir où il se trouve mais qui, pour prouver sa bonne volonté, remet à la police une photo du porte-parole présent à un mariage, quelques années plus tôt, avant de devenir djihadi.

Sur cette photo, Hashim regarde fixement l'objectif. C'est un jeune homme à l'air lugubre, d'environ vingt-cinq ans, les cheveux courts et portant moustache. Il a passé un pull en V sur sa *chalwar kamiz*, et ses mains sont posées sur ses genoux. L'expression de son visage est effrayante. Il a l'air profondément malheureux, comme s'il savait depuis toujours que cette photo finirait un jour dans les mains d'une police détestée.

Le 31 janvier, un autre e-mail arrive. Celui-ci a été envoyé à CNN, à la BBC, à Fox News et à trois journaux pakistanais.

Ses expéditeurs rompent avec le schéma précédent ; nous pensons néanmoins qu'il émane du même groupe. On y lit :

> VOUS NE POUVEZ PAS NOUS TROMPER ET NOUS TROUVER. NOUS SOMMES AU FOND DES MERS, DANS LES COLLINES, LES CIMETIÈRES, PARTOUT. NOUS VOUS DONNONS 1 JOUR DE + SI L'AMÉRIQUE NE SATISFAIT PAS NOS DEMANDES NOUS TUERONS DANIEL. [...] NE CROYEZ PAS QUE CE SERA LA FIN. C'EST LE COMMENCEMENT ET C'EST UNE VÉRITABLE GUERRE CONTRE LES AMRIKAINS. LES AMRIKAINS CONNAÎTRONT LE GOÛT DE MOR ET DE DESTRUCTIONS QUE NOUS AVONS EU EN AFG ET PAK. INCHALLAH.

Le même jour, lors d'une conférence de presse du Département d'État à Washington, on pose la question à Colin Powell, dominant de toute sa haute taille son invité, le petit roi Abdullah de Jordanie : « Les ravisseurs de Daniel Pearl ont présenté des exigences aux États-Unis. Croyez-vous ces exigences telles qu'éventuellement les États-Unis puissent les satisfaire ? Et dans quelle mesure vous inquiétez-vous pour sa vie ? »

Powell répond : « En ce qui concerne Mr Pearl, nous sommes profondément inquiets pour sa sécurité et nous compatissons de tout cœur avec sa famille ... [mais les] exigences formulées par les ravisseurs sont de telle nature que nous ne pouvons en aucune façon les satisfaire, les prendre en considération ou négocier. »

« Ils disent toujours la même chose », me dit Bussey. Peut-être bien, mais nous avons l'impression que Powell vient juste de nous serrer la corde autour du cou. L'ultimatum a été prolongé de 24 heures – mais en échange de quoi ?

Nous nous débattons sans pouvoir nous raccrocher à rien. Nous nous enlisons lentement dans des sables mouvants.

Asra, John et Steve semblent hypnotisés par l'écran de leur ordinateur, mais je sais que ce n'est pas parce qu'ils ont des informations vitales à envoyer. Rien de ce qu'ils écrivent n'a tellement d'importance, mais l'urgence mécanique de leurs gestes, le cliquetis nerveux des claviers, leur silence, leur façon de ne pas se regarder – tout cela traduit l'anxiété la plus aiguë que nous ayons connue jusqu'à présent.

Il y a des moments où je peux dire que Bussey a pleuré. Il émerge avec les yeux rouges mais nous n'en parlons pas. Et nous ne parlons pas de ce qui de toute évidence le ronge. D'un côté, il éprouve une énorme admiration pour ce qu'il découvre dans la maison. Pour Danny. Pour notre détermination collective à trouver Danny. En même temps, il y a la culpabilité, pesante – celle de ne pas avoir toujours répondu rapidement à des appels de reporters ; celle de nous avoir envoyés au Pakistan et mandaté l'article sur Richard C. Reid-Gilani. Quand il est arrivé à Karachi, je l'ai pris à part et je lui ai dit : « Écoute, quels que soient tes sentiments, laisse-les de côté pour l'instant. Il sera toujours temps d'en parler plus tard. »

Depuis que Danny a disparu, j'ai l'impression d'être un pilier ambulant qui accourt au moindre signe de défaillance humaine. Je me suis donné pour tâche d'empêcher que notre équipe ne s'écroule. Je suis persuadée que la force mentale de notre maisonnée a le pouvoir de protéger la vie de Danny.

Mais cette fois je ne parviens pas à briser le silence qui menace de nous étouffer lentement. Je préfère me retirer. J'ai besoin d'être seule. Sous le regard consterné de mes amis qui ne m'ont encore jamais vue ainsi, je pars m'isoler au premier étage. Les murmures de leurs conversations inquiètes me suivent tandis que je gravis lourdement l'escalier.

A l'étage, le soldat qui fait les cents pas sur la véranda ne me voit pas. Je m'allonge sur ce même canapé où j'ai attendu Danny la nuit de son enlèvement. Dans la demi-obscurité, je ne fais absolument rien que fixer le plafond. En ne laissant pas ma peur et ma colère s'exprimer, j'ai l'impression d'être un de ces yogis indiens capables d'exploits absurdes comme ne pas respirer pendant des heures ou regarder pousser leurs ongles pendant des décennies.

On frappe à la porte. J'imagine que c'est Bussey qui m'apporte un énième verre d'eau. Mais quand la porte s'ouvre, c'est Randall, demandant poliment s'il peut rentrer.

Il est comme toujours habillé de noir (Bussey l'a surnommé « Aigle Noir »). Je ne vois rien d'autre que du tissu noir parce que je ne peux pas lever les yeux. Mais je me pousse quand même un peu pour lui faire de la place sur le canapé.

« Il ne faut pas croire qu'ils vont s'amuser une fois qu'on les aura attrapés », annonce-t-il, d'entrée.

Je ne dis rien. Il me demande : « Tu veux savoir quels moyens dissuasifs les autorités sont capables d'employer ? »

Je ne réponds rien, mais Randall poursuit quand même. Il me dit de quelle façon les malfaiteurs sont frappés et pendus par les pieds. Que la police utilise des bâtons de bois en prenant bien soin de ne pas laisser de marques sur le corps. Je demande à Randall s'il a jamais été torturé et il me dit qu'on l'a un jour presque noyé. Quelqu'un le tenait par les cheveux et lui a maintenu la tête sous l'eau si longtemps qu'il a bien cru que c'était fini pour lui. C'était en Colombie. En Irak il a été roué de coups plus d'une fois, et il me parle aussi de cela.

Tout à coup, je comprends que si Randall me décrit toutes ces techniques de torture, c'est dans le seul but de me remonter le moral. Ce sont les paroles de consolation les plus bizarres que j'aie jamais entendues, mais il le fait avec un tel bon cœur, avec une telle intimité, que je ne peux m'empêcher de sourire. Et ce sourire, si faible soit-il, que Randall m'arrache, semble lui faire vraiment plaisir.

« Tu n'as pas le droit de craquer, dit-il. Tout le monde le pourrait, mais pas toi. Ils ne t'auront pas. Tu es la femme la plus forte que j'aie jamais connue. »

Il lâche cela à la hâte, comme étonné de sa propre audace. Il doit y avoir quelque part un manuel du flic parfait interdisant de s'attacher aux « victimes ». Randall transgresse toutes les règles – peut-être bien pour la première fois – et il le fait pour me « sauver ».

« Bon, j'ai du boulot », dit-il en se levant. Et avant de franchir la porte, il m'adresse un clin d'œil signifiant clairement qu'il compte sur moi.

De mon côté, je prie pour pouvoir un jour raconter cette histoire à Danny.

J'ai repris ma position de momie allongée quand, à peine quelques minutes plus tard, c'est Captain qui pousse la porte. Cette fois, je n'en doute plus, c'est Bussey qui est à l'origine de ces visites. Captain s'empare d'une chaise et la place devant le lit. Je fais mine de m'asseoir mais il me fait signe de ne pas bouger. Je me demande si lui aussi va se lancer dans une description de la chambre aux supplices, mais il se met à me parler du Coran. Ou plus précisément de son interprétation personnelle de l'histoire de Moïse.

« C'est l'histoire d'un homme, commence Captain, un homme à la foi pure qui désire rencontrer Dieu. Il va à la mosquée s'enquérir auprès d'un prêtre sur la meilleure façon d'approcher Dieu.

« " La foi ! répond le religieux. Seule la foi te permettra d'accéder jusqu'à Lui. "

« Le croyant à la recherche de Dieu s'approche de la rivière et commence à prier. Et la pureté de son cœur est telle que les eaux s'écartent devant lui, et lui ouvrent le chemin qui conduit jusqu'à l'Éternel.

« Quand il revient, son désir exaucé, il rencontre de nouveau le prêtre et lui rapporte son expérience. Jaloux, le religieux décide de se rendre lui aussi au bord de la rivière. Il se met à prier. Mais rien ne se produit car il n'est pas vraiment un homme de foi sincère.

« Seule une détermination absolue a le pouvoir d'exaucer nos vœux », conclut Captain.

Il fait une pause, avant d'en venir à sa véritable conclu sion : « Toi et moi sommes capables d'écarter la rivière. »

Lorsque nous redescendons ensemble dans la salle à manger, le soulagement dans la maisonnée est tel que Bussey appelle le Sheraton et commande assez de *chicken biryani* pour nourrir toute la rue. Personne ne fait de commentaires ou ne s'enquiert de la nature des conversations que je viens d'avoir.

Je m'assieds devant l'ordinateur et j'emprunte les mots de Victor Hugo, l'un de mes écrivains favoris : « Quant au mode de prier, peu importe le nom, pourvu qu'il soit sincère. Tournez votre livre à l'envers et soyez à l'infini. »

Il faudra un jour que je les traduise pour Captain.

Puis je reprends les carnets de notes de Danny, rédigés en martien, à la recherche d'un mot, d'un numéro de téléphone ou d'une adresse e-mail capables de faire s'ouvrir la rivière.

Chapitre 8

Mes beaux-parents ont tenu à avoir une conversation avec Terry Anderson, le correspondant de l'Associated Press détenu en otage au Liban pendant sept ans – *sept ans !* – jusqu'à sa libération en 1991, à la fin de l'interminable guerre civile.

Les Pearl veulent tout savoir : comment Anderson a réussi à rester en vie, comment sa famille a fait face tout au long de sa captivité. Dans quelle forme était-il au moment de sa libération ? Ils lui demandent :

« A quoi pense notre fils ?

– A survivre, leur répond prosaïquement Anderson. Voilà à quoi on pense : à survivre. »

Il parle de désordres liés au stress post-traumatique, et leur donne le nom d'un spécialiste en Angleterre. « Je ne vous raconterai pas d'histoires, dit-il, c'est une situation très éprouvante. » Mais il ajoute : « Si Danny est sympathique et parvient à communiquer avec l'un de ceux qui le gardent en captivité, ce sera un avantage pour lui. »

S'il est sympathique ? « Tout le monde aime Danny, dit sa petite sœur Michelle. Personne ne voudrait lui faire de mal. Danny pourrait charmer n'importe quel être doté de la plus petite parcelle d'humanité. » Mes beaux-parents luttent contre leur folle angoisse en imaginant que Danny s'est acquis la sympathie de ceux qui l'ont capturé. Ils les voient assis, jouant ensemble aux échecs. « Peut-être au foot », suggère Judea.

Peut-être Danny écrit-il de la musique dans sa tête. Un jour, je lui ai demandé ce qu'il considérerait comme la plus grande réussite de sa vie. Je m'attendais à ce qu'il me réponde « écrire un roman-fleuve de neuf cents pages », ou « obtenir le prix Pulitzer deux fois de suite ». Au lieu de cela, il m'a dit : « J'aimerais écrire un hit, une de ces chansons que les gens ne peuvent pas s'empêcher de chanter quand ils sont heureux. » Ce qui se rapproche le plus de ce rêve est une chanson que Danny a écrite pour une amie qui était enceinte. La date prévue pour l'accouchement était dépassée, elle se sentait lourde et épuisée. Il a sorti sa mandoline et improvisé sur l'instant une chanson qui disait : « Sors de là, petit gars, sors de là, / Le monde n'est pas si mal que ça. »

Je veux bien admettre que ce n'est pas nécessairement le genre de chanson qui s'inscrira dans la tête des gens, mais elle me plaît. Et elle a été efficace. Le bébé a fini par sortir du ventre de sa mère.

Avant notre arrivée au Pakistan, Danny était bien parti pour devenir une vedette locale à Bombay. Nous nous étions liés d'amitié avec un chanteur du nom de Joe Alvarez qui avait un engagement régulier à l'Indigo, l'un des bars peu nombreux où l'on peut entendre de la musique occidentale *live*. Les musiciens de « Bollywood » s'y retrouvent pour des *jam sessions* lorsqu'ils sont fatigués de moudre des bandes sonores sirupeuses pour la très fructueuse industrie du film indien. Nous y allions, Danny avec son violon électrique, et nous nous installions à une table. Danny commandait un *screw-driver* et moi un *bloody mary*, et, de la scène, nous entendions Joe annoncer : « Et maintenant, mesdames et messieurs, j'ai le plaisir de vous présenter le meilleur violoniste de la région ... il nous vient d'Amérique... applaudissons chaleureusement... Daniel *Peuuuurl.* »

Midday, un quotidien de Bombay, a publié une photo de Danny improvisant sur *Sex Machine* de James Brown. Nous avons l'article encadré à la maison. J'ai oublié le nom de la plupart des groupes avec lesquels Danny a joué. Je me souviens de The Ottoman Empire, dont il a fait partie quand il travaillait au bureau du *Journal* à Atlanta, parce que dans les cinq cents CD de notre collection, il y a un disque qu'ils ont enregistré. Je me souviens aussi de Clamp, avec qui il jouait dans les années passées à Washington. Je viens d'apprendre que quelqu'un vient de faire une affiche « Recherché sain et sauf » annonçant un « Saving Daniel Pearl Bluegrass Show » (un concert de musique western pour la libération de Daniel Pearl) – deux soirées consécutives, à Madam's Organ, un bar de blues dans Adams Morgan, un quartier de Washington où le groupe avait l'habitude de jouer. Sur le poster, on lit : « Savez-vous que le reporter du *Wall Street Journal* Daniel Pearl est un joueur de violon Bluegrass accompli ?... Eh bien, ses amis musiciens s'en souviennent et veulent lui envoyer un message, à lui et à ceux qui le maintiennent en captivité... »

Quand le FBI pose à mes beaux-parents des questions « preuves qu'il est en vie » – autrement dit des questions dont seul Danny pourrait connaître les réponses –, ils proposent celle-ci : « Que veut-il pour son quarantième anniversaire ? » (Danny a cette théorie que quiconque est confronté à son quarantième anniversaire a désespérément besoin de – et mérite – quelque chose de vraiment merveilleux.) Réponse : une contrebasse. »

Jusqu'à son entrée au lycée, Danny rêvait de devenir violoniste classique. Il était entré dans le Valley Youth Orchestra à l'âge de neuf ans, et participait chaque été à des *music camps* (des colonies de vacances où les enfants reçoivent une instruction musicale). Il y a deux ans, j'ai eu l'occasion de l'entendre jouer dans un orchestre. Le Youth Orchestra avait organisé une réunion à Los Angeles. Ils ont joué du Tchaïkovski, des mouvements du *Lac des cygnes* et la Symphonie n° 4, la Farandole de *L'Arlésienne* de Bizet et le finale du *Rodeo* de Copland. En regardant Danny absorbé dans la musique, je m'efforçais de distinguer le son de son violon dans la masse instrumentale. Mais je ne crois pas y être arrivée.

Depuis qu'il a disparu, je n'ai pas touché aux objets qu'il a laissés, éparpillés dans notre chambre. Quand j'y jette un coup d'œil, ce qui me rassure le plus est sa mandoline. Avec ses autocollants qui dansent partout sur son étui, elle me dit : « Ne t'inquiète pas – je n'ai pas encore joué mon dernier morceau. » Sur l'une des étiquettes, deux moutons se font face au-dessus de la mention « *Fool's progress* ». Sur une autre, est écrit : « *Ahlan Wasahlan Abu Dabi* ». J'oublie toujours de demander à Danny ce que cela signifie.

Randall appelle.

« Alors, comment vont nos deux mignonnes ? demande-t-il à Bussey.

– Vous voulez dire nos deux femmes supérieurement intelligentes et éduquées, répond Bussey. *They're hanging in there.* » J'aime cette expression, *hanging in there*. En français on dirait, « elles s'accrochent, elles tiennent le coup ». J'ai reçu ma première carte postale aujourd'hui. Envoyée au consulat américain de Karachi, c'est une carte « *Hang in there* » Hallmark avec un marsupilami suspendu par la queue à un arbre. Cela me fait éclater de rire. La carte est envoyée par une vieille dame (cela se voit aux boucles appliquées de son écriture) de Peoria, dans l'Illinois. Bussey dit que c'est un euphémisme que d'appeler Peoria le « cœur de l'Amérique profonde ».

Des messages de soutien commencent à arriver de partout – des États-Unis, d'Afrique, de Hollande, de Cuba, du Japon, des Philippines, de Colombie. J'ai du mal à m'imaginer comment les gens ont pu se procurer mon adresse e-mail, mais beaucoup l'ont. Parfois, je lis ces messages aux autres. J'imagine que nous avons tous besoin de croire en l'existence d'un monde meilleur, loin d'ici.

« Nous tous à PETA (Personnes en faveur d'un traitement éthique des animaux) espérons que Daniel Pearl rentrera sain et sauf chez lui. » C'est l'un de nos messages préférés.

Je m'accroche, en dépit du fait que la police a trouvé Gilani et l'a arrêté ainsi que toute sa famille – hommes, femmes, enfants, vieillards, femmes enceintes, quiconque lui est relié, même de loin. Et après l'avoir interrogé, les policiers sont arrivés à la conclusion que Gilani ne sait pas où

Danny se trouve. Ils le laissent aller et tournent leur attention ailleurs.

Sans autre forme de procès ? Sans inquiéter celui dont on pensait qu'il tirait les ficelles en coulisses ?

« Ne t'inquiète pas, dit Captain en aspirant longuement la fumée. Nous nous approchons de la vérité. » Je le crois, une fois encore, comme toujours. Mais je peux voir aussi qu'il a les traits alourdis par la fatigue, et qu'il commence à flotter un peu dans ses vêtements, d'ordinaire d'une coupe si soignée.

Maintenant, au bout d'une semaine et demie d'épreuves, nous sommes tous épuisés. Après avoir enchaîné soixante-douze heures sans sommeil, Randall s'écroule, la tête sur son clavier, pendant qu'il écrit un rapport pour Washington. Quand il se réveille, il a un fichier rempli de J pendant des pages et des pages.

La femme de Captain nous rend visite – pour nous rencontrer je suppose, et pour venir voir son mari. C'est une femme jeune et belle, avec des cheveux noirs épais noués et glissés sous un *dupatta*, des yeux foncés brillants, et un sourire gracieux et doux. Elle est la cousine germaine de Captain – comme la plupart des mariages ici, le leur est un mariage arrangé. Quand Captain parle d'elle et de leurs trois enfants, il est clair qu'il aimerait pouvoir passer plus de temps avec eux et eux avec lui. Ce matin, la plus jeune de ses filles a refusé de prendre son petit déjeuner tant qu'il ne le lui donnerait pas lui-même.

Asra et moi nous efforçons de faire preuve de féminité et de gentillesse, et de l'accueillir comme une visiteuse de marque. Nous faisons du *tchai* et nous nous asseyons en croisant étroitement les jambes comme il se doit. Elle nous demande : « Vous croyez que ce sont des musulmans, ceux qui l'ont capturé ? » Ni Asra ni moi ne nous attendions à ce que ce soient les premiers mots qui sortent de sa bouche. Nous tentons de trouver une réponse appropriée, quelque chose comme : « Eh bien, vous savez, ce ne sont pas des musulmans honorables. Ce ne sont pas de *vrais* musulmans. » Percevant notre gêne, elle bifurque rapidement vers un terrain plus sûr. « Que pensez-vous du climat au Pakistan ? » Cette fois, nous serions bien en peine de lui répondre. Mais nous l'aimons bien quand même.

Elle a épousé un homme possédé par son métier. Elle ne penserait jamais à s'en plaindre et, de cela, je lui serai toujours reconnaissante. Captain explique pourquoi il est si désireux de retrouver Danny : « Je suis un être humain. Oui, je suis un policier, fils et petit-fils de policier. La plupart d'entre nous deviennent insensibles à la douleur, comme un chirurgien après sa première opération. Mais je n'ai jamais été comme cela. Je ne peux pas. Je veux, avant tout et plus que tout, rester humain. »

Captain se réjouit de me voir enceinte. J'ai d'abord trouvé cela gentil, bien qu'un peu étrange, jusqu'à ce qu'un soir, tard dans la nuit, il me parle de la fille qu'il a perdue, dans un accident de voiture, il y a quelques années. Elle avait sept ans, et c'était leur enfant unique à l'époque. Il lui a fallu longtemps pour s'en remettre, mais cela lui a appris la valeur d'une seule vie humaine. Voilà peut-être pourquoi j'ai une telle confiance en lui.

Captain souffre aussi sur un autre plan. « On ne peut tout de même pas enlever un correspondant international et le faire disparaître ! Daniel Pearl n'est pas un individu quelconque. Il représente le *Wall Street Journal*, il représente l'Amérique. Des gens m'ont demandé : “ Pourquoi faites-vous cela ? ” Vous savez pourquoi ? Par fierté pour mon pays. »

Son expression se fait soucieuse :

« Tu comprends ce que je veux dire ? »

Et je lui réponds :

« Oui. Danny représente l'Amérique et vous voudriez représenter ce que le Pakistan a de meilleur. »

Mais où est la fierté nationale des services secrets pakistanais, ISI ? Pourquoi ont-ils manifesté si peu d'intérêt pour l'enlèvement ? Il n'y a pratiquement pas un aspect de la vie politique sur lequel l'agence ne laisse sa marque ; on aurait pu penser que, ne serait-ce que pour les apparences, elle voudrait faire connaître sa présence. Nous prenons Jamel Youssouf à part et nous lui demandons pourquoi, à son avis, l'ISI ne s'est pas manifestée. Fier de sa capacité à mouvoir des montagnes, Youssouf sort son téléphone portable et appelle une sommité d'ISI. « Alors, lui demande-t-il, dans l'affaire Daniel Pearl, est-ce que vous faites quelque chose ? » Les yeux de Youssouf pétillent pendant que l'autre égrène une explication. « Si l'on trouve Danny, dit Youssouf, cela donnera une bonne image de notre pays. »

Il se tait de nouveau, pendant que l'homme lui répond, puis nous l'entendons dire : « Eh bien, je le connais personnellement, il est venu à mon bureau, *yar*... »

(*Yar* est l'équivalent pakistanais de *dude* pour la Californie, ou de *hombre* en espagnol, la marque d'une certaine familiarité.)

Le téléphone raccroché, Youssouf nous dit que l'ISI est bel et bien déjà venue ici même, le premier jour après la disparition de Danny, sans que nous le sachions. Mais, ajoute-t-il, quelqu'un va probablement vous contacter officiellement. En se dirigeant vers la porte, il nous prévient d'un air amusé : « Faites attention, ils mettent les téléphones sur écoute. »

A vrai dire, nous n'avons pas, *nous*, grand-chose à cacher.

L'homme qu'on nous envoie a entre trente-cinq et quarante ans, de taille moyenne, l'air renfermé. Il porte une chemise à carreaux, une veste marron et blanche, et des lunettes qui le font ressembler à un jeune employé de bureau.

« Comment vous appelez-vous ? lui demande Bussey avec un respect tout professionnel.

– Major.

– Et quel est votre grade ?

– Major.

– Je vois dit Bussey. Major Major. »

Major Major s'assoit sur le bord d'un fauteuil mais ne lâche pas un mot. Décidées à rester ouvertes néanmoins, Asra et moi lui faisons part des trouvailles consignées sur notre organigramme, tout en remarquant ses réactions réduites au minimum. Major Major sort de sa poche le plus petit carnet de notes que j'aie jamais vu, si incroyablement minuscule qu'il doit le placer au creux de la paume de sa main pour écrire quelque chose. Il note au maximum trois mots pendant tout notre exposé.

Quand il revient, quelques jours plus tard, Asra lui confie une tâche : nous fournir des informations sur deux personnes qui continuent à nous intriguer – Khalid Khawaja et Mansour Ejaz, l'homme d'affaires qui a mis Danny en contact avec Khawaja.

La fois suivante, Major Major porte toujours la même veste à carreaux. Il se retranche dans le même fauteuil et, silencieux comme une tombe, sort son carnet de notes lilliputien, puis nous regarde, d'un air légèrement ennuyé.

« Alors, qu'avez-vous trouvé ? » demande Asra.

Major Major jette les yeux sur son carnet mais ne prend pas la peine de l'ouvrir.

« Khawaja est un ancien officier de l'armée de l'air. Mansour Ejaz est un homme d'affaire pakistanais qui vit aux États-Unis. »

Major Major nous prend pour de totales idiotes.

« C'est tout ce que vous avez ? demande Asra.

– Le reste de nos rapports n'est pas encore arrivé.

– Et pourquoi, dans ce cas, ne décrochez-vous pas le téléphone pour vous informer ? » La voix d'Asra commence à friser un dangereux niveau d'intensité, mais Major Major a traversé d'autres tempêtes, du moins en est-il persuadé.

« Nous ne travaillons pas de cette manière », dit-il sur un ton qui semble vouloir dire « inutile de poursuivre dans cette direction ».

Ce n'est pas l'opinion d'Asra. « Avec tout le respect que je vous dois... » Elle se penche vers Major Major, toujours raide comme un balai. « ... *you people suck* ! »

Ce qui veut dire, en termes plus fleuris : « Les gens de votre sorte sont vraiment écœurants ! » Et mon amie quitte la pièce en coup de vent, comme emportée par l'ouragan de sa propre fureur. Incrédule, Major Major se tourne vers moi. « Elle est furieuse ? »

Je lui réponds : « Ça, vous pouvez le dire ! »

Sans ajouter un seul mot, Major Major se dirige vers la porte, mettant ainsi un terme à notre contact direct avec ISI.

Admettons. Si ce n'est pas Gilani, alors qui est-ce ? Qui a capturé Danny et pourquoi ?

Assise seule à la table du salon, je fixe l'organigramme qui recouvre maintenant tout le mur, sur cinq mètres de long et 2,50 mètres de haut. Au centre, entouré d'un cercle bleu, le nom de Danny. Et tout autour, un océan de rectangles – rouges pour les principaux suspects, bleus pour les sources et les contacts, et noirs... je ne sais plus très bien ce que le noir représente. Il faudra que je le demande à Asra. Il y a les dates clés, des numéros de téléphone, les sigles d'organisations terroristes et d'innombrables noms de code. Sous plusieurs noms, Asra a noté le nombre d'enfants qui leur est attribué – Oussama (21), Rabia (16), Mohammed (10) – et des flèches partent de ces cases pour relier un individu ou un groupe effrayant à un individu ou un groupe encore plus effrayant que l'autre. Cela ressemble un peu à un dessin tiré d'un livre d'enfants, dans lequel une mouche doit éviter une araignée dans un labyrinthe, et se trouve prise dans l'écheveau d'un parcours de plus en plus déroutant.

Jaïsh-e-Mohammed. Harkat-ul-Moudjahidin. Harkat-ul-Ansar. Lashkar-e-Jhangvi. Chacun de ces groupes pourrait être impliqué. Ils pourraient l'être tous. Tandis que j'observe les flèches qui relient les cases les unes aux autres, ce qui au premier abord semblait un fouillis inextricable devient soudain compact et cohérent. Il y a peu, j'ai lu un livre sur le terrorisme qui avertissait que nous étions confrontés à la « première insurrection véritablement planétaire ». Ici, sur mon mur, je la vois et elle a un nom : Al-Qaida. J'ai une conscience aiguë d'une vérité finale que beaucoup semblent vouloir éviter – Al-Qaida est derrière l'enlèvement de Danny. Jetant le même regard aveugle sur le monde, Al-Qaida s'attaque aux symboles : le World Trade

Center, et maintenant un journaliste juif américain. Ils étaient trois mille et il n'est qu'un seul homme. Mais c'est pourtant bien la même haine.

Comment décririez-vous le réseau international de cellules clandestines qui forment Al-Qaida ? Un monstre tentaculaire ? Une énorme amibe déstructurée n'adoptant une forme temporaire que pour frapper et terroriser, puis se désintégrant avant de recommencer ? D'un côté, la définition semble juste, mais elle ne décrit pas la brutale efficacité de l'opération. Al-Qaida est un gouvernement totalitaire qui règne sans frontières ni adresse fixe. En arabe, Al-Qaida signifie « la base ». Elle peut opérer de partout, et fonctionne méthodiquement sur plusieurs plans, idéologiques et militaires. Elle est capable de monter des alliances, d'en assurer le fonctionnement et de financer ses opérations. Mais elle n'offre aucun véritable idéal, aucune solution – si ce n'est, peut-être, un pitoyable retour à « la gloire » arabe du passé... Al-Qaida détruit pour détruire. Elle se nourrit de la frustration de ses militants et boit le sang des innocents.

Dehors, sous la véranda, j'interroge ceux en qui j'ai confiance. Mais à l'exception des deux reporters, Steve et Asra, personne ne veut admettre qu'Al-Qaida puisse être derrière tout cela.

Dans un pays où l'on est si prompt à voir partout des complots, les hypothèses sont nombreuses. Aveuglés par leur terrible fixation sur l'Inde, de nombreux Pakistanais sont convaincus que l'Inde est à l'origine de l'enlèvement. Au cours de sa conférence de presse quotidienne au Foreign Office d'Islamabad, le directeur général des relations publiques interservices, le général major Rashid Qureshi, déclare aux reporters, à propos de la disparition de Danny : « Tout ce que je peux dire, c'est qu'il y a un lien avec l'Inde. »

Le *Frontier Post* de Peshawar (le 30 janvier) écrit de même : « Des enquêteurs travaillant sur l'enlèvement d'un reporter américain à Karachi sont tombés sur des indices conduisant aux services secrets indiens, la RAW (Aile de recherche et d'analyses)... On craint que la RAW n'ait mis en scène l'incident pour ternir la réputation du Pakistan. »

Le 2 février, en visite officielle à Berlin, Abdul Sattar, le ministre pakistanais des Affaires étrangères, reprend à son compte des rapports-rumeurs de six appels donnés à partir du téléphone portable d'un des ravisseurs à des fonctionnaires de haut rang du gouvernement indien à New Delhi, après la capture de Danny.

Dans la matinée du 3 février, nous trouvons dans *The News* un étrange article sur Asra. Quand Bussey arrive, il prend son siège habituel, au bout de la table, jette un bref coup d'œil sur le titre et éclate de rire. « Intrigante... oui, lâche-t-il, il fallait un journaliste pakistanais pour trouver le qualificatif qui décrit le mieux Asra. »

QUESTIONS INTRIGANTES CONCERNANT UNE FEMME INDIENNE DANS L'AFFAIRE PEARL

> ISLAMABAD – Les agences de renseignement s'efforcent d'élucider plusieurs questions intrigantes concernant le séjour illégal d'une femme indienne musulmane, détentrice d'un passeport américain, Asra Q. Nomani, avec laquelle le reporter américain du *Wall Street Journal* Daniel Pearl vivait à Karachi. [...] Au cours des investigations liées à l'enlèvement de Pearl, les enquêteurs ont découvert que Mrs Nomani loue une maison ici à Karachi dans laquelle Pearl et elle vivaient. [...] Elle a été mariée à un citoyen pakistanais mais leur mariage a été rompu au bout de trois mois.

L'article poursuit en faisant état du loyer considérable (dans cette partie du monde) que paie Asra pour cette maison – « où Pearl et elle ont vécu ». Il reproduit presque intégralement sa demande de visa, et va jusqu'à donner une liste de ses adresses et numéros de téléphone – en Inde et à Brooklyn, New York, où elle résidait lorsqu'elle a fait sa demande de visa. Des articles ultérieurs incluront l'adresse et le numéro de téléphone de sa famille en Virginie de l'Ouest.

Un article du quotidien *Dawn* indique qu'Asra a été arrêtée et qu'elle est détenue par une agence de sécurité pour

« séjour non autorisé » au Pakistan – et pour son implication éventuelle dans le kidnapping. Interrogé précisément au sujet d'Asra au cours d'une conférence de presse, tout ce que le général major Qureshi dira aux journalistes est : « Plusieurs personnes sont actuellement interrogées, mais je ne peux pas donner plus de détails à ce sujet. »

Mais de quoi peut-il donc bien parler ?

Asra est comme un chat. Lorsqu'elle est triste ou blessée, elle cherche un coin et se met en boule. Ce qui lui fait le plus de peine n'est pas seulement le fait que les services de renseignement diffament son nom dans un pays qu'elle considère malgré tout comme le sien, ou que la plupart de ces articles sous-entendent que Danny et elle étaient amants. Ce qui l'amène à se recroqueviller sur elle-même, c'est que personne n'ait jugé bon de défendre son innocence. En essayant de la faire sourire, je lui cite ce que nous disions, enfants, en France, en réponse aux insultes dans la cour de récréation : « La bave du crapaud n'atteint pas les ailes de la blanche colombe. »

Je crains que mes mots ne lui soient que d'un maigre réconfort. Mais Asra sait que cela pourrait être plus grave. Nous sortons tout juste de pis encore.

Il y a quatre jours, le reporter à double casquette, Kamran Khan, a soulevé des questions au sujet de notre amie – et bien d'autres – dans l'édition du 30 janvier de *The News*. Fidèle à son procédé qui consiste à traiter l'affaire de deux façons différentes, selon qu'il s'adresse à des lecteurs pakistanais ou américains, il écrivait :

> Quelques officiels des renseignements pakistanais [...] cherchent de leur côté des réponses à la question de savoir pourquoi un reporter juif américain sortait de « ses limites » pour enquêter sur un groupe religieux pakistanais [*sic*]. Ces officiels [*sic*] se demandent également – et de façon plutôt bruyante – pourquoi Pearl a décidé d'introduire une journaliste indienne au Pakistan pour y être son assistante à plein temps, Ansa [*sic*] Nomani, une femme indienne musulmane détentrice d'un passeport américain, venue de Mumbay à Karachi avec Pearl [et] qui travaillait comme sa collaboratrice permanente dans le pays.

> Le même groupe d'officiels trouve également curieux que le reporter d'un journal américain basé à Mumbay veuille également établir une résidence régulière à Karachi.
>
> Un officiel pakistanais à la retraite a fait remarquer : « Un reporter juif installé en Inde travaillant pour un organe de presse à prédominance juive aurait dû être conscient du danger de se présenter à des groupes islamiques radicaux, et en particulier ceux qui ont été récemment écrasés par la puissance américaine. »

Le même jour Khan cosignait un éditorial avec Molly Moore sur la page A8 du *Washington Post* : « Le reporter US semble avoir été victime d'un piège sophistiqué ; la police pakistanaise décrit un plan de kidnapping avec de nombreuses fausses façades. » On n'y trouve plus la moindre mention de Juifs, d'organisations médiatiques juives, ou de mystérieuses femmes indiennes musulmanes.

Le lendemain, Khan et Moore cosignaient de nouveau un encadré dans le *Washington Post*, cette fois à la une : « Le reporter US kidnappé est menacé de mort. »

Canulars, impostures, mensonges. « Nous avons tué Mr Danny. Maintenant, Mr Bush peut trouver son corps dans les cimetières de Karachi. Nous l'avons jeté là. » Après avoir exploré près de quatre cents cimetières et avoir ratissé toute la nuit, la police sait qu'il n'y a pas de corps à trouver. Un appel parvient au consulat américain : « Deux millions de dollars, nous vous rendons Danny Pearl. » Elle est bien étrange cette soif que nous avons d'exigences concrètes... Oui, des dollars ! Une somme considérable de dollars ! Non, rien, ce n'est qu'une imposture de plus. « Je regrette. C'est moi qui ai envoyé l'e-mail avec l'ultimatum pour Daniel. Je vous en prie, pardonnez-moi ! » C'était un faux e-mail. Cela révèle que le dernier mail était aussi un faux.

Lequel ?...

Une tempête de corbeaux s'abat sur nous comme des créatures possédées, mêlés à d'autres oiseaux que nous ne parvenons pas à identifier. La cacophonie de leurs cris nous fait lever les yeux, un son de tonnerre. Je me faufile dehors avec Asra et Bussey pour observer. Les oiseaux semblent éviter de voler au-dessus de notre maison, mais se rassemblent tous au-dessus de la maison voisine, donnant l'impression que le ciel, ailleurs, est vide. Nous ne savons qu'en penser. Cela ressemble à un mauvais présage, ou au moins à un avertissement, mais nous ne pouvons nous résoudre à le dire. Asra, douce Asra, succombe à une technique de déni pitoyable : « Je parie que c'est un bon signe », dit-elle, mais sans grande conviction.

« J'ai l'impression d'être dans un film d'Alfred Hitchcock », dit Bussey et je vois bien qu'il est à la fois fasciné et mal à l'aise.

Des choses se passent pendant la nuit à mon insu. Bussey et Steve LeVine sont tirés de leur lit pour aller identifier le corps d'un jeune homme tué par balle et jeté d'une voiture en marche. Des millions d'Américains sont déjà persuadés que c'est le corps de Danny, parce que le reporter d'ABC News, Jeffrey Kofman, se fiant à ses sources policières de Karachi, a interrompu un match de basket-ball précédant le Super Bowl [1] pour annoncer le scoop.

Steve Goldstein m'a raconté par la suite ce qui s'est passé aux États-Unis quand la nouvelle est tombée, ou du moins ce qui s'est passé chez lui : « Un dimanche de Super Bowl. J'ai pensé : enfin, cela va être relativement calme. Le pays entier semblait prendre un jour de congé, et au lieu de recevoir sept cents appels le matin, nous n'en avions reçu qu'une centaine. »

Chaque année, l'associé de Goldstein, Bill, invite, pour un dîner de Super Bowl, les six mêmes personnes. Goldstein, qui n'était pas rentré chez lui depuis presque deux semaines, avait promis de rester à la maison et d'aller à ce dîner. « Puis Kofman prend l'antenne à 3 h 10 de l'après-midi. Très vite, les uns après les autres, CNN, NBC et CBS appellent pour demander confirmation, et dans les vingt minutes qui

1. Finale du championnat de football américain. *(N.d.T.)*

suivent, j'ai reçu plus de cent appels. Et je pense : “ Oh, non ! C'est pas possible ! C'est l'enfer ! Qu'est-ce que c'est que ce truc ? ” Alors j'appelle Bussey à son hôtel et je le réveille. Je lui dis : “ John, il faut absolument que tu te lèves. J'ai besoin de savoir la vérité. ” Il me dit : “ Non, non, Danny n'est pas mort. Je sais qu'il n'est pas mort. Je viens tout juste de parler à Captain. Ce n'est pas vrai. Je le saurais. ” Je lui dis : “ Je te répète seulement ce qu'ils ont annoncé. Ils n'interrompraient tout de même pas les programmes si ce n'était pas vrai. ” Alors il me dit : “ Donne-moi quelques minutes. ” Pour moi, c'est la panique. Bill a une cuisinière aux fourneaux qui l'aide à préparer le repas, et son téléphone commence à sonner comme s'il avait été décroché. Quand je le joins enfin, je lui dis : “ Bill, j'ai besoin de toi, radine-toi immédiatement. ” Il me répond : “ On est en train de faire les meringues ! ” Je lui dis : “ Je n'en ai rien à f... des meringues. Amène-toi ! ” »

Ensemble les deux hommes se débattent sous une avalanche de coups de téléphone. Puis John Bussey appelle.

« Ce n'est pas Danny, dit-il. C'est un étudiant iranien d'environ vingt et un ans qui porte un appareil orthodontique.

– Okay, mais j'ai besoin d'une seconde source, dit Goldstein.

– Mais je te l'affirme, Danny est vivant », dit Bussey.

Goldstein monte sur ses grands chevaux. « Je ne vais pas sur une télévision nationale affirmer que Danny est vivant si l'on doit découvrir ensuite que c'est faux. Alors passe-moi quelqu'un d'autre. »

Bussey va chercher Steve LeVine. « Danny est vivant », dit Steve. Et Goldstein est satisfait. ABC rétracte sa nouvelle, une heure après l'avoir annoncée.

Randall est le premier à identifier le corps. Captain et Dost le lui ont demandé parce qu'ils sentent qu'il n'est pas impossible que ce soit celui de Danny. « J'étais effondré », me dira Randall plus tard. Il se précipite à la clinique où le corps a été déposé. « En tournant autour, je commence à remarquer des différences, des éléments qui ne correspondent pas à Danny. Je vois un petit renflement sur la lèvre supérieure et demande qu'on la soulève. L'homme portait un appareil dentaire sur la mâchoire supérieure. Je n'ai jamais été aussi heureux de voir un mort, parce que ce n'était pas Danny. Un étrange conflit entre la joie et la mort. »

Quelle raison pourrait-on avoir de kidnapper Danny Pearl ? Serait-ce à cause de quelque chose qu'il a écrit ? Asra et moi passons au crible les articles que Danny a envoyés à Bashir, comme condition *sine qua non* de sa rencontre avec Gilani. Ce ne sont pas des sujets mineurs – les bureaux de JEM restés ouverts après l'interdiction du groupe ; la rumeur que Bashiruddin Mahmoud, le scientifique pakistanais spécialiste du nucléaire, aurait rencontré Oussama Ben Laden – et ce, alors qu'ISI (et certains disent même, la CIA) en était informée. Il y a là tout un ensemble de sujets susceptibles de rendre furieux bon nombre de gens, et parmi eux les chefs de l'ISI qui ont été exclus de l'agence en raison de leurs liens étroits avec les djihadis. Nous nous demandons s'il est vraiment possible d'être un jour un « ancien » chef de l'ISI. En même temps que Musharraf frappe les islamistes d'une main, il leur passe l'autre dans le dos, afin qu'ils continuent à se battre sur le front du Cachemire. Il est certain qu'il y a encore des officiels dans ISI qui, en raison de leurs contacts avec le monde des djihadis, savent qui a kidnappé Danny et où il se trouve. Mais personne ne veut nous suivre dans cette direction, et nous avons cessé de parler d'ISI avec Captain et d'autres dont le sort nous importe, pour leur propre sécurité.

Après un déjeuner de *chicken byriani*, Asra et moi nous retrouvons au premier étage, où un garde a été posté près de la véranda. Nous lui avons apporté une chaise un peu plus tôt, et maintenant, assommé par la chaleur, il s'est endormi, son fusil posé contre le mur. C'est parfait. Nous apprécions la possibilité d'être en tête à tête. Nous voulons parler du président Musharraf, dont la visite aux États-Unis est prévue dans moins d'une semaine, pour le 12 février.

Asra a une sorte de préjugé favorable pour Musharraf. Dans un article pour son journal en ligne Salon.com, sous le titre « J'ai un faible pour Musharraf », elle décrit un président dictatorial mais néanmoins progressiste. Le sous-titre est assez explicite : « Malgré ses chiens, ses cocktails, ses lunettes sans monture et ses costumes Armani, il est critiqué par les modernistes. » (Pour l' Islam, toucher un chien est considéré comme impur et vous interdit d'offrir des prières.) Asra faisait le portrait d'un homme « rassurant, compréhensif et fort ». Autant de points positifs mais je ne suis pas sûre que Musharraf éprouve une sympathie réciproque à l'égard d'Asra, ces jours-ci.

Sa visite à Washington sera la première que Musharraf effectuera en tant que président. Une hypothèse circule : Danny aurait été enlevé pour embarrasser Musharraf avant cette rencontre – pour entraîner son annulation, ou du moins en compromettre sérieusement l'agenda. Comme le dit Bussey : « Avec Danny prisonnier, Musharraf aura du mal à se concentrer sur l'industrie textile. »

Je ne doute pas que ceux qui ont kidnappé mon mari, quels qu'ils soient, veulent humilier Musharraf et le punir de sa collaboration avec les Américains. Mais je suis bien forcée d'admettre qu'il doit y avoir aussi d'autres raisons. Par exemple, je ne peux m'empêcher de penser que cela a quelque chose à voir avec l'ordinateur que le *Wall Street Journal* a livré à la CIA, il y a seulement quelques semaines.

Les faits sont les suivants. Un reporter du *Journal*, Alan Cullison, était en Afghanistan pour le quotidien lorsque son ordinateur a été endommagé. Il s'est mis à la recherche de pièces détachées pour le réparer. Il a trouvé un type qui lui proposait de lui vendre l'unité centrale d'un ordinateur et un portable pour quatre mille dollars. Cullison a marchandé jusqu'à mille cent dollars et il a fait l'acquisition d'un étonnant trésor d'informations. Finalement, on a découvert que l'unité centrale avait été utilisée par des petits chefs d'Al-Qaida à Kaboul pendant au moins quatre ans. Comme le fit remarquer Cullison : « C'était bourré de secrets d'Al-Qaida. »

Les deux ordinateurs avaient été pillés, dans un bureau d'Al-Qaida en novembre, après des bombardements qui avaient tué plusieurs opérateurs à proximité et avaient chassé les autres de cette région.

Le portable était utilisé par l'un des hommes tués lors du raid, Mohammed Atef, dirigeant de l'aile militaire d'Al-Qaida, et par un autre personnage clé d'Al-Qaida, le Dr Ayman Al-Zawahiri, considéré comme le principal stratège d'Oussama Ben Laden : les deux hommes étaient coresponsables des bombardements des ambassades américaines en 1998, à Dar es-Salam, en Tanzanie, et à Nairobi au Kenya. Il y avait environ mille sept cent cinquante documents en mémoire – lettres, rapports, dossiers vidéo et audio – « allant du meurtrier au banal », comme Cullison et son collègue Andrew Higgins l'écrivirent dans un article du 31 décembre 2001 pour le *Wall Street Journal.* Utilisant des traducteurs de l'arabe et des experts en informatique pour forcer les codes d'accès, en deux articles pour le *Journal*, les deux hommes donnèrent un avant-goût de ce qu'ils avaient réussi à récupérer.

Il y avait une lettre de deux hommes se faisant passer pour journalistes, sollicitant une « interview » du leader anti-Taliban Ahmed Shah Massoud – requête à laquelle Massoud fit l'erreur d'accéder, car, lors de cette rencontre, seulement deux jours avant les attaques sur le World Trade Center, les « journalistes » en faisant exploser une bombe, firent sauter Massoud et sautèrent avec lui.

Il y avait des dossiers terrifiants, signalant des efforts systématiques pour lancer un programme d'armes chimiques et biologiques, « sous le nom de code *al-Zabadi* », ce qui veut dire « lait caillé » en arabe, et une vidéo dans laquelle Oussama Ben Laden parlait, pendant vingt-trois minutes, entre autres choses de l'attaque du 11 septembre. Dans une autre vidéo intérieure : « ... des images télévisées d'Américains terrifiés fuyant le World Trade Center en flammes passent sur un fonds sonore d'imprécations moqueuses et de prières en arabe. »

Le plus stupéfiant, à mes yeux, était qu'on y trouvait notés les déplacements en Europe et au Moyen-Orient d'un exécutant d'Al-Qaida à la recherche de lieux symboles à bombarder. Le nom de code de ce terroriste était Abdul Ra'uff, et pendant plusieurs mois, ses voyages de reconnaissance l'avaient conduit à Londres, Amsterdam, Bruxelles, Tel-Aviv, en Égypte, en Turquie et au Pakistan. Quand les autorités eurent en main ces documents, les déplacements de ce terroriste leur étaient déjà bien connus. C'étaient précisément les voyages d'un terroriste qu'ils avaient déjà incarcéré : Richard C. Reid, l'homme aux semelles explosives.

Parce que l'ordinateur contenait des dossiers qui pourraient révéler de futures attaques ou d'autres questions « mettant des vies en jeu », pour reprendre les termes de Bussey, le *Journal* fit une démarche très inhabituelle : il le confia aux services secrets américains. Paul Steiger dit au *New York Times* : « D'un point de vue moral, nous aurions été catastrophés si nous avions conservé des informations qui auraient pu sauver la vie de nos soldats ou de civils. » Et des observateurs des médias, aussi pointilleux sur la déontologie que Bill Kovach, président du *Committee of Concerned Journalists*, cautionnèrent cette décision, la comparant à celle du *Times* et du *Washington Post* lorsqu'ils avaient accepté, à la demande du gouvernement des États-Unis, de publier les déclarations de l'Unabomber, cet homme qui envoya seize colis piégés à des universités américaines et à d'autres organismes pour protester contre la technologie.

Ce dont personne ne s'était soucié, toutefois, c'est que remettre cet ordinateur au gouvernement protégeait peut-être certaines personnes, mais pouvait en mettre d'autres en danger, risque encore aggravé par la publicité faite par le *Journal* autour de son geste. Nous étions à la pension « Chez Soi », à Islamabad, quand Danny lut en ligne ce qui s'était passé. J'étais plongée avec délices dans la lecture de l'autobiographie de Nelson Mandela, allongée sur le lit quand Danny a dit : « *Baby*, des ennuis en perspective. » Il fixait l'écran de son portable, visiblement perturbé. Quand Danny est contrarié, il reste silencieux et se concentre. Quand je suis en colère, je deviens plus bavarde. En ce jour de décembre, j'ai fait un vrai raffut. J'étais furieuse.

Quand vous êtes journalistes dans un pays comme le Pakistan, où vous perdez un temps fou à convaincre les gens que vous n'êtes pas des espions, cela ne vous aide guère quand l'entreprise pour laquelle vous travaillez annonce au monde entier qu'elle collabore avec la CIA.

*

5 février. A 8 h 57, la ligne fixe sonne dans la chambre à coucher et nous réveille, Asra et moi. Nous nous précipitons toutes les deux sur le téléphone, mais j'oublie que je suis enceinte et reste échouée sur le flanc gauche. Personne au bout du fil. Étaient-ce les ravisseurs voulant vérifier qui décroche le téléphone, moi ou la police ? Nous attendons que le téléphone sonne de nouveau. Généralement, les matins sont terribles et je reste éveillée, allongée dans mon lit, avec des pensées idiotes comme « Je ne bougerai plus tant que Danny ne sera pas revenu ». Aujourd'hui, bien que ni l'une ni l'autre ne voulions l'admettre, nous sommes convaincues que les kidnappeurs viennent d'appeler, et nous resterons allongées jusqu'à ce qu'ils rappellent.

Nous contemplons fixement le plafond quand le téléphone sonne de nouveau. 9 h 24 du matin. C'est Captain. Il ne dit pas bonjour. Seulement : « Je le tiens, je tiens toute sa famille. »

J'ai l'impression que je vais vomir, vomir *mes entrailles*, mais il ajoute : « Ils vont nous conduire à Danny. » Et je comprends que nous n'en sommes pas encore là. Quand même, c'est extraordinaire. La première bonne nouvelle depuis la disparition de Danny. Trois hommes sont entre les mains de la police et ils ont quelque chose à voir avec l'ordinateur d'où ont été envoyées les photos de Danny. Captain, Dost et Randall ont interrogé les suspects toute la nuit. « Ils sont mes invités », dit Captain.

Au départ, il y a eu le travail de Zahour. Ayant à grand-peine retracé l'origine des e-mails, il s'est retrouvé avec cinq connections pouvant conduire aux expéditeurs des photos scannées. Quatre conduisaient à des cyber-cafés dans divers quartiers de Karachi ; la cinquième, toutefois, conduisait à une ligne fixe. Dans l'idéal, Captain et ses hommes auraient pu demander à la compagnie téléphonique le nom de l'abonné, ou du moins celui de la personne qui payait les factures ; mais ils ont eu peur, en posant ouvertement ce genre de questions, de donner l'alerte. Ils ont préféré s'enquérir de « secteurs » auprès de la compagnie. A quel central cette ligne était reliée ?

On leur a indiqué le central, ils ont trouvé la ligne, et ils l'ont suivie physiquement, dans les rues de Karachi, quitte même à creuser dans l'asphalte ou à éventrer des murs lorsqu'il le fallait. Ils l'ont suivie jusqu'à ce qu'elle les conduise à son terme – ou plutôt ce qui était censé en être la fin. Le propriétaire d'une boutique d'ordinateurs avait été apparemment l'abonné initial de cette ligne fixe – mais ne l'était plus maintenant. Lorsque la police eut retrouvé sa trace – ou plus exactement retrouvé la prise de son téléphone –, il avait cédé sa ligne à quelqu'un d'autre, qui l'avait cédée à un autre, qui l'avait cédée à un autre encore. Après quatre rétrocessions depuis le premier abonné, le numéro de téléphone qu'avait trouvé Zahour conduisait maintenant à un serveur procurant l'accès internet par cable à quatre-vingts abonnés illégaux différents.

Quatre-vingts ! Pas étonnant que nous ayons du mal à trouver Danny. N'importe laquelle de ces quatre-vingts personnes pouvait être celle qui avait envoyé l'e-mail.

Les abonnés vivent tous dans un bâtiment ressemblant à une résidence universitaire. Beaucoup sont des étudiants et tous ont des ordinateurs branchés sur ce que le nouvel abonné à la ligne a baptisé « Speedy Network ». Zahour nous donne, à Asra et à moi, un cours accéléré de navigation sur le Web. Un serveur est essentiellement un *hub*, un ordinateur avec beaucoup de mémoire, de rapidité et d'espace de stockage. On pourrait le comparer à un bureau de poste, et l'ordinateur individuel à une boîte postale. Le courrier est acheminé par le serveur. Ce que les enquêteurs devaient déterminer, c'est qui était en ligne au moment précis où le premier ou le deuxième e-mail ont été envoyés, et qui utilisait comme opérateur Hotmail ou Yahoo !, comme le faisaient les kidnappeurs. Captain demande à son homme de confiance, Farrouq, de fouiller dans le serveur et de trouver ces informations vitales. Le problème est que, pour reprendre les mots de Captain : « Farrouq est un homme d'un grand courage, mais il ignore tout de l'informatique. » Il ne sait même pas ce que c'est qu'un serveur. Captain (qui venait tout juste de l'apprendre lui-même) a rapidement formé Farrouq. Des experts en informatique du FBI étaient disponibles également, prêts à apporter une assistance plus sophistiquée si nécessaire.

Pendant trois soirs consécutifs, les policiers ont cogné aux portes et exigé de vérifier chaque ordinateur. L'irritation des résidents allait croissant, et le résultat semblait de plus en plus aléatoire. Puis un homme plutôt jeune, aux allures de badaud ordinaire, s'est approché de Farrouq. « Je pourrais peut-être vous aider, a-t-il dit. J'ai un ordinateur. Il n'y a rien dans le mien, mais si vous voulez, je peux vous aider à inspecter les autres. » Il a dit s'appeler Fahad Nasim. Il était la connection n° 66.

« Il propose spontanément de nous aider, mais je ne sais trop pourquoi, il ne m'inspire pas confiance, me raconte Captain. Alors, je demande à Farrouq de le conduire à mon bureau. Je vais le bluffer. C'est la façon que nous avons, dans la police, de procéder avec les suspects. Je lui dis : " Okay, je vais examiner ton ordinateur et j'ai un programme qui permet, ici même et instantanément, de reconstituer les dossiers supprimés. Alors, inutile de mentir. " »

Une nano-seconde de panique dans les yeux de Fahad suffit à Captain et Farrouq pour savoir que Fahad est un suspect. « Le bluff a marché ! Il a marché ! Et je saute d'excitation, tu sais, parce que je suis certain que je vais retrouver Danny vivant aujourd'hui même. »

Et Captain ajoute : « Prie pour moi. Je t'ai déjà dit cela plus tôt, mais dans pas longtemps, je vais passer cette porte et Danny sera derrière moi. Et je veux voir ce sourire sur ton visage quand tu le reverras pour la première fois. Ce n'est pas Danny que je regarderai, ce sera ton visage à toi. »

Il appelle son patron et lui dit : « Le mystère est résolu. J'ai la première personne. Je pars trouver la deuxième. »

Pendant ce temps, le FBI a récupéré deux e-mails supprimés dans l'ordinateur de Fahad. L'un est en ourdou, l'autre en anglais et, en documents attachés, il y a les photos de Danny. Treize jours se sont écoulés depuis la disparition de Danny et la tension est telle que Fahad n'essaie pas de jouer au plus malin. Menotté, il les conduira dans le quartier que son cousin fréquente, puisque le deuxième homme s'avère être son cousin, un dénommé Suleiman.

Randall se joint immédiatement à Captain et ils se préparent à faire une descente. « Je veux que ce soit parfait. Je veux prendre cet homme par surprise », dit Captain. Suleiman ne tarde pas à apparaître, marchant tranquillement sur un semblant de trottoir. Au moment où il tourne au coin de la rue, une voiture banalisée s'arrête à sa hauteur. Deux hommes en sortent, l'empoignent et le jettent dans le véhicule. Un policier lui plaque le visage au plancher en le tenant par les cheveux, et dans un crissement de pneus, la voiture fait demi-tour et disparaît aussi vite que possible du voisinage. Tout est fini en quelques secondes.

Captain est sur les nerfs. Il m'expliquera, par la suite :

« Nous voulions, tu sais, des réponses rapides. » Il veut agir vite, avant que l'on ne s'aperçoive de la disparition des cousins, avant qu'un signal ou un message codé quelconque ne risque de mettre la vie de Danny en danger. « Mais les hommes ne voulaient pas parler... alors, nous les avons fait parler. »

Il est plus de minuit. Deux heures plus tard, la police connaît le nom et l'adresse d'un troisième complice. Il s'appelle Adil. « Appelle-le », ordonne Captain à Suleiman.

Une voix endormie et irritée répond au téléphone. Ce n'est pas Adil mais un membre de sa famille. « Il n'habite plus ici », grogne l'homme avant de raccrocher. Captain ne sait trop si cet homme a dit vrai, ou s'il exprimait seulement sa colère d'avoir été réveillé en pleine nuit. Et si Adil n'est pas chez lui, est-il avec Danny ?

« Appelle Adil sur son portable », ordonne Captain à Suleiman. Cela fonctionne. Cette fois, la voix ensommeillée qui répond est celle d'Adil.

Suleiman répète mot pour mot ce que Captain lui a demandé de dire.

« J'ai quelque chose de très urgent à te dire, maintenant. C'est très important.

– Pas question, répond Adil. Retrouvons-nous demain matin, même lieu même heure. » Et il raccroche.

Captain arrache le portable des mains de Suleiman et appelle le siège de la compagnie de portables, en demandant à quel secteur géographique (ou cellule) le portable d'Adil est rattaché. Leurs ordinateurs enregistrent automatiquement la faiblesse ou la force des signaux, afin de faire passer les signaux d'une tour à une autre si besoin est. Si le fournisseur de portables peut dire à Captain quelle tour transmet jusqu'au téléphone d'Adil, nous saurons dans quel secteur ou cellule Adil se trouve. Cela couvre un rayon d'environ trois kilomètres. C'est une étendue assez considérable, mais suffisamment limitée pour indiquer si Adil se trouve ou non dans la maison familiale.

Mais la compagnie téléphonique prend son temps pour fournir l'information. Une heure passe, une autre demi-heure... et Captain explose. Il ordonne à ses hommes de se rendre à la compagnie, d'enfoncer la porte et pistolet au poing de poser de nouveau la question : « *Quelle cellule ? Quel secteur ?* Il nous faut la réponse, immédiatement. »

Au moment où Captain arrive dans les bureaux, il est clair que le représentant de la compagnie n'est pas content.

« Pourquoi me faites-vous une chose pareille ? demande-t-il à Captain.

– C'est notre pays. Et si je ne fais pas cela, le journaliste meurt. C'est ce que vous voulez ? »

Captain obtient ce qu'il veut.

Quand Adil est arrêté, il est au lit. Les mêmes questions lui sont posées, les mêmes méthodes utilisées lorsqu'il refuse d'y répondre. Quand il finit par parler, il devient évident que, comme Fahad et Suleiman, Adil ne sait pas où se trouve Danny.

C'est à ce moment-là que Captain commence à avoir peur. L'enlèvement a été beaucoup mieux planifié qu'il ne le soupçonnait. Ceux qui l'ont organisé, quels qu'ils soient, savent ce qu'ils font. Le premier homme connaît le deuxième, et le deuxième connaît le troisième mais pas le quatrième. Malgré tout, le troisième a un quatrième nom à offrir : Omar Saïd Cheik.

Omar Cheik. C'est cet ancien élève de la London School of Economics devenu militant islamique dont il était question dans l'article de l'*Independant*. L'homme qui a télégraphié cent mille dollars à Mohammed Atta ; le militant qui a déjà fait de la prison pour avoir kidnappé des Occidentaux.

Une maison est mise sur écoute depuis des jours parce que le Comité de liaison citoyens-police de Jamel Youssouf a découvert que Bashir l'avait souvent appelée avant l'enlèvement du 23 janvier. Rien n'est sorti de ces écoutes, mais la chance sourit à Captain pour la seconde fois dans la nuit quand un de ses lieutenants suggère que le propriétaire de la maison est peut-être de la famille d'Omar. Les morceaux du puzzle s'assemblent instantanément dans la tête de Captain, et en un instant il découvre quelque chose d'énorme : Bashir, l'homme qui a attiré Danny dans le piège, n'est en réalité personne d'autre qu'Omar Cheik.

Furieux de n'avoir pas appris plus tôt le nom des propriétaires de la maison, Captain met sur pied une unité spéciale de police lourdement armée. Ils foncent vers cette résidence, détruisent la porte d'entrée et fouillent toutes les pièces. Il est quatre heures du matin. Ils en rassemblent sans ménagement tous les habitants et sont surpris de se trouver face à face avec un vieil homme à l'air innocent et une famille d'apparence tout à fait honorable, tous de fervents musulmans. C'est la maison et la famille de la tante d'Omar. Sous les regards mi-apeurés mi-furieux de la famille, les policiers fouillent toutes les pièces à la recherche d'indices prouvant qu'Omar a bien utilisé cet appartement pour organiser le kidnapping de Danny.

Il reste moins de deux heures avant l'aube et l'heure de la prière. Bientôt la nouvelle des raids et des arrestations courra les rues. Sur une impulsion, Captain appelle un de ses officiers posté à Lahore, où se trouve la résidence du père d'Omar. « Allez à cette maison, dit Captain à l'officier, mais ne faites rien tant que je ne vous en aurai pas donné le signal. »

En se postant devant la maison du père d'Omar, le policier peut entendre le téléphone sonner à l'intérieur. Du domicile de la tante d'Omar, à Karachi, Captain appelle le père d'Omar et lui demande calmement le numéro du téléphone portable de son fils. Le père le lui donne. Puis, sous l'œil attentif de la tante et de toute sa famille, Captain appelle alors Omar – qui, s'imagine-t-il, est avec Danny. « Ma main ne tremblait pas, me dira-t-il plus tard dans la matinée, mais je la sentais devenir de plus en plus moite, elle collait à l'appareil. »

C'est Omar qui lui répond.

« Je suis l'officier enquêteur, lui dit Captain. Je sais ce que vous avez fait, je le sais très précisément. La partie, pour vous, est terminée. Si vous ne me croyez pas, consultez l'indicateur d'appel. »

Captain s'est servi pour cet appel du portable d'Adil. Il place le téléphone près de la bouche d'Adil qui s'identifie d'une voix étouffée. C'est ensuite à la tante de parler, aux cousins et à tous les membres de la famille.

« Tu viens d'unc famille respectable, dit Captain, ne les humilie pas ! »

Omar reste muet. Puis, brusquement, il dit : « Je ne sais pas », et raccroche.

Captain n'est pas inquiet. Pourquoi arrêter toute la famille ? (La tante a confié qu'elle avait « toujours eu peur » de son neveu.)

« Monnaie d'échange, répond Dost de façon laconique.

– Dieu merci, nous sommes le seul service au Pakistan à livrer dans les 24 heures ! » dit encore Captain.

Il est persuadé qu'il ne faudra pas longtemps avant qu'Omar soit arrêté.

Asra cherche fébrilement sur Google ce que l'on peut y trouver sur Omar, et elle imprime sa photo. Au début de

2000, cette photo était dans tous les journaux, quand Omar a été libéré des prisons indiennes en compagnie de trois autres militants pakistanais, en échange de plus de cent soixante-dix-huit personnes dont le jet d'Indian Airlines avait été détourné en provenance de Katmandou, au Népal. Omar était en prison depuis 1994, accusé d'enlèvement. Un des autres militants libérés au cours de l'échange était Massoud Azhar, l'ancien dirigeant d'Harkat-ul-Moudjahidin qui avait ensuite fondé Jaïsh-e-Mohammed. Danny a écrit sur lui de Bahawalpur. Omar passe pour un disciple d'Azhar.

Asra colle la photo d'Omar sur notre organigramme mural, à côté de l'esquisse faite de « Bashir » sur la base des descriptions données par Asif-le-Fixer à la police. Asif avait doté Omar d'une moustache et de lèvres plus fines, mais sans aucun doute, il s'agit bien du même homme. Omar ne ressemble pas du tout aux autres djihadis. On le prendrait plus facilement pour un premier de la classe que pour un soldat de la terreur. Mais à y regarder de plus près, le regard fixe qu'il renvoie est dénué de toute expression humaine.

Lorsque le consul américain John Bauman vient nous rejoindre, notre excitation est à son comble. Pressentant l'imminence d'un heureux dénouement, nous nous permettons des spéculations idiotes. Notre aventure se change en un film hollywoodien. Le casting de Winona Rider dans le rôle d'Asra est approuvé à l'unanimité. Bussey sera joué par James Wood, Randall par Steven Seagal. Bauman se prête au jeu de bonne grâce.

« Ce sera un *remake* des *Intouchables*, dit-il. Et parce qu'il porte le même genre de veste, Dost sera notre Elliot Ness.

Asra a commencé à rassembler nos documents. Tout à coup, nous ressentons un besoin urgent de partir d'ici. Prendre Danny et filer. On envoie Imran acheter des valises au marché de Vinnah Road. Steve LeVine retourne en toute hâte au Sheraton chercher la bouteille de Wild Turkey qu'il a mise de côté pour Danny. Nous la cachons dans la pièce du dernier étage pour ne pas offenser nos amis musulmans. Je préviens Bussey que, enceinte ou pas, j'en boirai une gorgée quand Danny arrivera.

Randall et Captain passent à la maison avant de retourner dans la cellule où les trois suspects sont détenus. « Tout bravaches qu'ils sont, dit Randall en s'éclaircissant la gorge, questionnés par des professionnels, ils nous procureront les informations voulues. » Puis, jetant un regard vers moi, il cesse de jouer les durs, et ajoute : « Je hais ces salopards ! »

« Le président Musharraf va appeler Azhar. » Captain a les yeux écarquillés de sommeil. Il parle dans une sorte de morse. Mais nous pouvons facilement remplir les pointillés. Deux mois après les attaques du World Trade Center, Massoud Azhar, considéré comme potentiellement dangereux, a été placé en résidence surveillée. Maintenant, Musharraf appelle Azhar pour qu'Azhar puisse appeler son disciple Omar et lui dire de libérer Danny. C'est d'une éclatante simplicité ou d'une absurdité totale selon le point de vue que l'on adopte. Tandis qu'Azhar était placé sous surveillance, le dangereux Omar demeurait libre comme l'air. Quelqu'un l'a protégé. Quelque part, entre les politiciens corrompus et les imposteurs religieux, Omar a trouvé un abri où se nicher.

Chapitre 9

Nous essayons de tuer le temps. Ou plutôt, d'oublier que le temps nous tue. J'ai étudié toutes les irrégularités du mur en face de la chaise à bascule sur laquelle je m'assois. La maison a été repeinte récemment, mais sous la couche de peinture, on devine quelques craquelures ainsi que quelques trous, à l'endroit où étaient accrochés des tableaux. Je reste là trop longtemps, immobile, les mains croisées sur ce que j'imagine être la tête de notre enfant. Les secondes peinent à se changer en minutes, et les heures en demi-journées. On pourrait croire que c'est la nuit que viennent les cauchemars, mais non. Ils arrivent quand je prends soudain conscience de ce qui se passe et me dis : « Est-ce que je vais m'en sortir ? Est-ce que je peux vivre encore un jour comme celui-ci sans m'écrouler ? » J'ai l'impression d'être comme ces prisonniers qui marquent les jours d'une croix. Chaque croix sur leur simulacre de calendrier est déjà une victoire en soi.

Omar Saïd Cheik est en fuite avec sa femme et son fils nouveau-né. Pour autant que nous le sachions, il pourrait être dans les régions tribales maintenant, autrement dit dans un *no man's land*. Cette ceinture montagneuse de trois cents miles entre l'Afghanistan et le Pakistan abrite des tribus qui se considèrent comme hors d'atteinte de la loi. C'est une région interdite à la plupart des Pakistanais et même les militaires l'évitent. Le territoire est donc depuis toujours un havre pour les trafiquants d'armes et les contrebandiers.

Actuellement, il constitue un refuge naturel pour Al-Qaida et les Talibans qui s'y faufilent, à l'insu des deux pays.

Danny et moi avons interviewé un jour un chef tribal qui s'était aventuré hors de son domaine pendant la saison de la chasse. A l'époque, le gouvernement pakistanais s'efforçait de convaincre les régions tribales de cesser d'abriter des Talibans.

Nous sommes allés le voir dans une maison que le clan utilisait comme pavillon de chasse. Une douzaine d'hommes environ, tous en burnous bistre, et tous dotés de l'accessoire indispensable, une AK-47, étaient assis en tailleur sur le sol d'une pièce vide. Le chef portait un turban blanc. Quand nous lui avons demandé s'il avait la moindre intention d'obéir à Musharraf, il a paru amusé par la question, comme si nous avions dit une bonne plaisanterie. Il a appelé un serviteur et lui a fait apporter un énorme cake couronné de crème fraîche et de sucre glacé. Avec son propre couteau, il en a coupé un petit morceau pour lui-même et l'a mangé, en souriant et en hochant la tête. Il a partagé le reste entre Danny et moi. Toute la tribu nous contemplait, pendant que nous nous efforcions laborieusement d'ingurgiter les énormes portions. Pas un mot n'a été échangé jusqu'à ce que nos assiettes soient vides. Puis, le chef, qui semblait s'être pris d'affection pour nous, nous a invités « sous sa protection armée uniquement », à venir lui rendre visite dans la région tribale. Est-ce là-bas qu'Omar s'est enfui ?

Ce soir, Bussey et Steve ne sont pas pressés de rentrer au Sheraton. Nous avons tous du mal à accepter que cette nuit encore n'apportera pas plus de nouvelles de Danny que les précédentes. Quand Bussey n'est pas rivé à son ordinateur, il est plongé dans l'une de ces tâches administratives qu'il affectionne, et il a commencé à reprendre contact avec ses correspondants étrangers. De plus en plus souvent, il se faufile dans le jardin pour donner des coups de téléphone. Il se croit discret, mais il est obligé de parler fort pour être entendu, si bien que nous pouvons suivre ses conversations quand le son s'infiltre dans la cuisine par le climatiseur.

Notre propension à rire ensemble faiblit. Chacun évite soigneusement de trop parler, de peur que certains mots ne sonnent faux. Mais nous craignons aussi, en parlant trop peu, que le silence créé par nos doutes ne devienne trop lourd. Asra erre dans son propre espace mental, concentrée sur ce qui la préoccupe. Notre quartier général est impressionnant. Les dossiers sont étiquetés, tous les événements classés par ordre chronologique. Nous avons des notes sur tout – le sujet de nos discussions, les progrès de l'enquête, qui a été impliqué et à quel degré... Tout a été noté dans ces cahiers... chaque repas que nous avons pris, chaque son que nous avons entendu, chaque espoir que nous avons caressé.

Les raids se sont intensifiés. La police pakistanaise et le FBI recherchent conjointement tout groupe fondamentaliste auquel Omar serait lié, dans l'espoir que quelqu'un sache où Danny est détenu. Captain conduit les principaux raids lui-même, utilisant des voitures privées et habillé en civil, le plus souvent en jeans. (« Mon Dieu ! s'exclame Bussey, admiratif et incrédule, Captain est élégant même quand il part en expédition à deux heures du matin ! ») Randall, habillé à la mode Ninja, tout en noir, est sur le siège avant avec Captain, mais celui-ci insiste pour que Randall reste à bonne distance de l'action. « Je ne veux pas créer d'ennuis supplémentaires au Pakistan, lui dit Captain. S'il y a fusillade et que vous êtes touché, il y aura des gros titres dans toute la presse. Alors, venez dans ma voiture, observez, mais c'est tout. »

Quarante-cinq personnes sont en détention, y compris toute la famille d'Omar, à l'exception d'une tante dont la police espère qu'elle pourra le convaincre de se rendre. La détention de la famille est l'élément d'un marché : rends-toi, Omar, et on te donnera un oncle, deux cousins et ton grand-père. Qu'on nous rende Danny et tout le monde pourra rentrer chez soi.

« Ils kidnappent, nous kidnappons, résume Dost en ne plaisantant qu'à moitié. C'est culturel. Un musulman ne veut pas être le déshonneur de sa famille. » Ah, toujours ce code d'honneur ! Dost nous assure que la famille d'Omar n'est pas maltraitée. « Mais, fait remarquer Steve, il n'en va pas de même pour les complices d'Omar. »

En tant que journaliste, Steve est en proie à un dilemme moral.

« S'il y a sévices physiques, je ne demande pas à le savoir, dit-il. Mais si je le sais, alors il est de mon devoir de l'écrire.

– Dans ce cas, ne vous occupez pas de tout ça », lui dit Dost, qui semble ne pas très bien voir où est le problème.

Moi, aussi surprenant que cela puisse paraître, je ne me préoccupe guère des aspects éthiques de la situation. J'ai plutôt l'impression que c'est nous qui sommes soumis à la torture ici.

Dans le *Think Pad* de Danny, je découvre quelques éléments concernant Omar Saïd Cheik. Quand on avait découvert qu'Omar avait peut-être fait parvenir cent mille dollars à Mohammed Atta, Danny avait demandé à son assistant en Inde de rassembler et de lui envoyer par e-mail plus d'informations sur Omar. Les dossiers qui en résultèrent sont maigres. En les lisant, Omar me donne plutôt l'impression d'être un raté. « Non, me répond Randall, ce n'est pas un raté, c'est un psychopathe. »

*

Tout le monde m'a prise pour une folle. Je suis allée à l'hôtel Sheraton pour une interview de la BBC et j'ai dit aux terroristes, j'ai dit au monde entier : « Ne faites pas de mal à un homme innocent, parce que vous ne ferez qu'ajouter un malheur au malheur. Se servir de Daniel comme d'un symbole, et tout ce qui s'ensuit, c'est totalement faux, c'est une erreur totale [...]. Si quelqu'un doit donner sa vie pour le sauver, alors, c'est moi. Je vous en prie, rentrez en contact avec moi. Je suis prête. »

Bussey n'a pas aimé cela mais il n'a pas eu la maladresse de m'affronter directement. Il a préféré laisser le FBI s'en charger. Ils sont furieux. Bob Dinsmore a téléphoné. Il fait partie de l'équipe des négociateurs du FBI. « J'aimerais, euh, faire quelques observations sur ce que nous avons vu, a-t-il dit à Asra. Nous aimerions réduire autant que possible la communication directe avec Mariane et vous. Apparemment, Mariane a fait une déclaration et a demandé aux ravisseurs de la contacter. Des personnes mal intentionnées pourraient se servir de cela. Ce n'est qu'une suggestion, mais peut-être pourriez-vous envisager de rester un peu plus en coulisse. Nous aimerions que la personne qu'ils appellent soit Paul Steiger. »

Steiger s'efforce de remplacer mon message à chaud, par un autre plus mesuré. Dans une lettre que le *Wall Street Journal* envoie à toutes les agences de presse du monde, il écrit :

> Je sais que le Mouvement national pour la restauration de la souveraineté au Pakistan est très sérieux et veut se faire connaître. Pour cette raison, il est très important que vous répondiez à ce message. Je n'ai pas eu de vos nouvelles depuis plusieurs jours et veux entamer un dialogue qui fera part de vos préoccupations et permettra la libération de Danny sain et sauf. Depuis votre dernier e-mail, j'en ai reçu plusieurs émanant de personnes qui prétendent détenir Danny. En raison de ces affirmations, il m'est devenu difficile de savoir si je communique avec ceux qui le détiennent réellement [...]. De plus, ces nombreux messages, qui ont été rendus publics, vous détournent de vos objectifs sérieux [...]. Je vous suggère d'utiliser l'adresse e-mail ou le numéro de téléphone de l'un des deux amis de Danny qui ont été garçons d'honneur à son mariage. Cette ligne de communication me prouverait que Danny est bien avec vous et nous permettrait un contact de personne à personne. Dans l'espoir de communiquer bientôt avec vous.

Tout le monde se comporte comme si mon intervention à la BBC obéissait à une impulsion suicidaire. Tout le monde sauf Steve Goldstein. Après tant de retenue dans mes apparitions télévisées précédentes, il est soulagé par cette explosion d'émotion. « Oh, pas de doute, le FBI est horrifié, mais pour moi, je trouve que c'était plutôt bien joué. »

En vérité, je ne suis pas suicidaire. C'est seulement que les pensées qui me passent par la tête sont probablement trop intimes, dramatiques et radicales pour que je puisse les partager. Je ferais mieux de les garder pour moi pour l'instant, de rester devant mon autel bouddhique au premier étage, et de pratiquer. Par la prière, je peux entrer en contact avec Danny instantanément. Je sais ce qu'il ressent. Oui, quelque chose est en train de lui arriver qui ne m'arrive pas à moi, mais nous sommes tous deux en captivité.

Dans la soirée du samedi 9, nous recevons un nouvel e-mail. Il dit que Danny a été tué, que son corps a été placé dans un sac de toile, près de la zone industrielle de Karachi. Tout le monde est à peu près certain qu'il s'agit d'une nouvelle imposture. Ou du moins, c'est ce que nous nous répétons les uns aux autres – oh, absolument, pas question, cela ne peut être que cela. Néanmoins, la police fouille cette vaste zone et trouve un corps. Ce n'est pas celui de Danny – le meurtre résulte apparemment d'un conflit familial pour des questions d'argent – mais la coïncidence semble stupéfiante et sinistre. (L'e-mail dit qu'il y a un cadavre dans un sac, et on en trouve un, bel et bien.) Puis, l'un des enquêteurs de Tariq Jamil nous dit sans s'émouvoir qu'il n'est pas rare de trouver des cadavres dans des sacs, dans la zone industrielle – en moyenne deux à trois par semaine.

Captain passe à la maison, portant un sac d'écolier, une sacoche élimée en toile vert kaki, avec des traces de Magic Marker et deux fermetures Eclair. « Nous avons saisi ceci, dit-il en balançant la sacoche sur le canapé. » A l'intérieur, pas de manuels scolaires ou de cahiers, mais quelques feuilles de papier pliées en quatre, la photo d'un jeune homme à peine assez âgé pour porter la barbe qu'il essaie de laisser pousser, un passeport pakistanais, et une lettre avec un cœur maladroitement dessiné sur l'enveloppe. Le propriétaire du sac est au poste de police pour « comportement suspect ». J'ouvre le passeport : ni visa ni tampons. L'une des feuilles pliées se trouve être une lettre du consulat des États-Unis refusant au garçon son entrée sur le territoire américain. L'autre est un document prouvant qu'il a étudié l'informatique dans un institut privé de Karachi.

Je mets quelques secondes à identifier ce qui figure sur les autres feuilles. Ce sont des dessins détaillés d'avions commerciaux. Le premier offre une sorte de coupe latérale indiquant la position des réserves de kérosène et celle des moteurs. Le second montre l'intérieur de l'avion, le cockpit, et précise la dimension des allées. L'enveloppe avec un cœur contient une déclaration d'amour pour une jeune fille dont le nom n'est pas précisé. Dans son meilleur anglais, le jeune homme barbu lui promet une fidélité éternelle.

Captain dit qu'il a l'intention de garder le jeune apprenti terroriste en prison pendant quelques jours. « Juste assez longtemps pour que sa passion refroidisse un peu. »

Captain vient nous voir tous les jours, et chaque jour, c'est le même rituel : avant de saluer quiconque, il va vers moi et me regarde droit dans les yeux. Il veut voir si je tiens le coup. Il veut s'assurer que j'ai toujours confiance en lui. Son leitmotiv est : « Si je pensais que Danny est mort, je ne ferais pas tant d'efforts pour le retrouver. » C'est logique et je le crois.

Dost, pour sa part, se bat contre les angoisses de sa mère. Elle n'a pas confiance en lui. Elle est venue nous rendre visite, il y a quelques jours, accompagnée d'une des cousines germaines de son fils qu'elle souhaiterait qu'il épouse. Elle en est venue à penser que si son beau garçon n'est jamais à la maison, c'est peut-être qu'il est secrètement dans les bras d'une autre femme. Ce n'est pas le cas. Dost est bel et bien occupé 24 heures sur 24 par son travail de policier. Mais il est vrai que ce bel homme, courageux et s'exprimant souvent de façon poétique, est empêtré dans un imbroglio sentimental digne de la tragédie classique. Il est secrètement amoureux d'une autre femme, amour que sa mère n'approuverait jamais.

Il est entouré d'hommes qui, comme Captain, ont trouvé satisfaction et bonheur authentiques dans leur mariage arrangé. Mais il a vu d'autres mariages de ce genre finir en catastrophes, et se demande s'il est possible de faire taire le chant passionné de son cœur. Dans nos rares moments de détente, Asra et moi jouons le rôle de conseillères conjugales. Nous plaidons pour la liberté de choix et pour le mariage d'amour. Asra, la Pasionaria, plaide pour la libération avec tant de véhémence qu'il est surprenant que Dost ne prenne pas la fuite en courant. Mais tandis que nous sommes assis autour de la table de la salle à manger, analysant sa vie, ses amours et son avenir, nous vivons des moments de pure amitié. C'est comme si nous nous connaissions depuis très longtemps, ou peut-être le temps n'a-t-il rien à voir là-dedans. Nous sommes amis et jamais nous ne nous trahirions intentionnellement.

Il y a maintenant deux photos d'Omar Saïd Cheik sur notre organigramme. Sur l'une, il est barbu, maigre et blessé, sur un lit d'hôpital en Inde, en convalescence après un échange de coups de feu avec l'armée indienne. L'autre le montre sortant d'une voiture le jour de son mariage. Habillé de blanc et portant un collier de fleurs, il ne sourit pas. Quand je me suis mariée, je ne pouvais pas m'arrêter de sourire. J'ai souri pendant les trois jours que la fête a duré. J'en avais mal aux joues, mais ce sourire ne pouvait pas me quitter. J'examine la photo d'Omar d'un peu plus près. Je ne cesse de chercher dans ses traits ce qui pourrait trahir le terroriste. Mais en réalité, à la barbe près, il ressemble aux gosses avec qui j'ai grandi. Je pense : « Il ne manquait plus que cela ! Des terroristes qui n'ont plus l'air de terroristes. »

A l'aide d'articles de presse et de bribes d'informations envoyées par nos collègues journalistes, j'essaie de reconstituer le portrait de cet homme. A l'âge de vingt-sept ans, Omar est déjà une sorte de légende vivante. En 2001, un quotidien indien le sacrait « Principal collaborateur d'Oussama Ben Laden ». Ce qui est, sans nul doute, une exagération, mais révèle bien l'aura qui l'entoure.

Son éducation – il a essentiellement grandi en Angleterre – contribue grandement à sa réputation. Fils d'un riche propriétaire d'usine textile né au Pakistan, il a fréquenté les meilleures écoles en Angleterre et au Pakistan, une combinaison – la richesse et l'éducation – qui fait d'Omar le modèle d'une nouvelle génération de terroristes mondialisés, ayant des liens étroits à la fois avec le monde du fondamentalisme musulman et avec l'Occident.

Son engagement dans le djihad islamique remonte à 1993, quand il s'est engagé pour partir en Bosnie, en se joignant à une mission organisée par The Convoy of Mercy, une association caritative dont le siège est en Grande-Bretagne. Omar est tombé malade en Croatie et n'est jamais allé jusqu'en Bosnie, mais ce voyage lui a tracé la route pour l'avenir. Dans un journal qu'il tenait, en avril 1993, il écrivait :

> « Rencontre des moudjahidin en route pour la Bosnie qui recommandent de s'entraîner en Afghanitan tout d'abord. De retour en Angleterre, avec une lettre de recommandation d'Abdul Rauf pour Harkat-ul-Moudjahidin. J'essaye de reprendre les études pour préparer les examens. [...] Ne peux pas rester en place. Vais au bureau d'Harkat-ul-Moudjahidin, à Lahore. »

Le jeune rebelle avait trouvé sa cause. Ceux qui l'ont connu enfant disent qu'ils ne comprennent pas où ni quand il a pris le mauvais tournant. Sa vraie nature semble une surprise pour tout le monde – volontaire mais instable, assoiffé de l'approbation des autres ; bon en mathématiques, excellent joueur d'échecs et fou de bras de fer après avoir vu *Bras de fer*, un film de Sylvester Stallone. Il est décrit successivement comme mesuré dans ses propos, intelligent, agité, brillant, susceptible, colérique et manipulateur. Un enquêteur indien qui l'avait interrogé a déclaré au *New York Times* : « Il étudiait la façon de penser des gens... Il observait votre mode de fonctionnement et cherchait un moyen de vous manipuler. »

Ayant rejoint Harkat-ul-Ansar, passé un an à s'entraîner en Afghanistan, il est officiellement entré en guerre sainte. Omar avait vingt et un an, et avait choisi sa spécialité : kidnapper des étrangers – des Occidentaux –, ce qui pouvait être utile au djihad soit pour récolter de l'argent en exigeant des rançons, soit pour se procurer des otages en vue d'échanges de prisonniers. Avec son accent anglais impeccable et ses bonnes manières, Omar avait toutes les qualités requises.

Le journal qu'il a tenu par la suite en prison a été mis sur Internet. L'écriture est régulière, et plutôt enfantine dans son application. Certains mots sont barrés avec soin, comme dans une lettre écrite par un enfant de dix ans. A propos de sa première mission, Omar écrivit :

> Shah Saab m'a donné mes prochaines instructions. Je devais me rendre dans des lieux touristiques à Delhi et voir si je pouvais me lier d'amitié avec des touristes. Notre rencontre suivante devait avoir lieu à la mosquée Jamia. D'emblée, je trouvais cette question d'amitié pratiquement irréalisable. Comment peut-on aller vers un étranger et brusquement devenir son ami ? Surtout quand il a une femme avec lui, ou une douzaine de marchands ambulants qui l'interpellent. Lorsque nous nous sommes vus à la mosquée Jamia, j'ai dit à Shah Saab que la seule façon d'agir était du style « on leur saute dessus et on les embarque ». Mais il m'a vivement conseillé d'essayer encore.

Le cas échéant, Omar trouva une cible – un touriste israélien de presque deux mètres. Un Israélien ! Omar était si excité qu'il a réveillé son Shah Saab au beau milieu de la nuit pour le lui dire. La seule réponse qu'il obtint fut : « Espèce d'idiot ! Tu veux nous faire tous tuer ? Ramène-le immédiatement à son hôtel et reviens dans la matinée ! »

En 1994, Omar a enlevé quatre campeurs, trois Britanniques et un Américain, dans le but de les échanger contre des militants islamistes détenus dans des prisons indiennes. Il a enchaîné ses victimes au sol et les a menacées de décapitation si le gouvernement refusait de collaborer. L'une des victimes s'est souvenu qu'Omar riait en proférant ces menaces. Avant qu'un échange puisse avoir lieu, la police fut informée, les otages libérés, sains et saufs, et après une fusillade et un procès, Omar fut jeté dans une prison indienne.

En 1999, la nuit du réveillon de Noël, alors qu'Omar était dans sa cinquième année d'incarcération, des pirates de l'air détournèrent le vol IC-814 d'Indian Airlines, parti de Katmandou au Népal à destination de New Delhi. Se servant des mêmes horrifiantes techniques d'intimidation qui seraient utilisées dans les avions du 11 septembre, les pirates ont coupé la gorge à un passager et l'ont laissé mourir en perdant son sang sous les yeux de ses compagnons de voyage. Ils ont dirigé l'avion sur Kandahar, en Afghanistan, et c'est là que, huit jours plus tard, ils ont échangé les cent soixante-dix-huit passagers contre trois militants emprisonnés en Inde – parmi eux, Omar Saïd Cheik et Massoud Azhar, le fondateur de Jaïsh-e-Mohammed.

Azhar tint prudemment sa langue tant qu'il fut en prison. « Il est contraire aux principes de notre religion de passer un marché mettant en jeu la vie d'innocents », aurait-il dit à l'un de ses geôliers. Mais de retour dans son fief à Karachi, il retrouva toute son éloquence guerrière : « Ne m'acclamez pas, dit-il aux foules enflammées. Ne me félicitez pas de ma libération. Ne fabriquez pas de slogans en mon honneur. Au contraire, offrez-moi des colliers de vieilles chaussures, et noircissez-moi le visage, parce que l'Inde n'est toujours pas détruite. » Et voilà maintenant que nous prions pour que ce même homme parvienne à convaincre Omar de libérer Danny.

Quant à Omar, il a tout simplement disparu, évaporé. Aucun fichier pakistanais ne porte la moindre mention de son retour au Pakistan, après sa libération en Afghanistan. Des agents de renseignement indiens déclarent l'avoir aperçu à plusieurs reprises au Pakistan, notamment dans une librairie d'Islamabad.

Je ne cesse de me demander comment les kidnappeurs ont réussi à faire entrer Danny dans leur voiture. C'est un homme si prudent. Est-ce qu'ils l'ont menacé avec une arme ? Frappé ? Captain ne se préoccupe pas de cet aspect des choses autant que moi. « Mariane, me dit-il avec patience, Omar Cheik est un expert. C'est Danny qui est kidnappé pour la première fois. Omar Cheik, lui, a déjà fait cela des dizaines de fois. Il y a une différence. Omar Cheik a eu le temps d'apprendre de ses erreurs. C'est un expert dans son domaine. Après cela, crois-tu que Danny se laissera kidnapper de nouveau ? Non, non, certainement pas. »

« On ne voit bien qu'avec le cœur. L'essentiel est invisible pour les yeux. »

C'est ce que dit le renard au Petit Prince dans le récit de Saint-Exupéry. Asra est revenue avec le livre, acheté à la librairie Paramount, au centre de Karachi, et il est ouvert sur ses genoux, lorsque je la trouve recroquevillée dans un coin du canapé, enveloppée presque de la tête aux pieds dans un châle gris. Le livre est ouvert mais elle ne le lit pas. Je pense : « C'est son bon à rien d'amoureux qui lui manque. » Elle fixe, bizarrement, d'un regard vide, un point sans intérêt sur le mur d'en face. Mon amie, d'ordinaire si animée, ressemble à une poupée de chiffon – affalée, avec de gros boutons noirs à la place des yeux.

Cela me frappe tout à coup : Asra est en train de s'effondrer. Ce regard – elle a l'air de quelqu'un qui perd la boule. Nous ne pouvons pas nous permettre une dépression nerveuse maintenant. Je lui demande :

« Je sais que c'est injuste, tu as bien le droit d'être déprimée, mais ce n'est pas le moment. Que se passe-t-il ? Tu as peur ? Tu es épuisée ? Tu as tes règles ?

– Non.

– Non quoi ?

– Non, je n'ai pas mes règles. J'ai trois semaines de retard. »

Brusquement je réalise que c'est assez fou pour être vrai. Comme on dit que cela se passe au moment de la mort, je vois tout défiler comme un film devant mes yeux : Danny, le *Journal*, l'Amoureux, Merve et Blink, les accusations portées contre Asra, Morgantown, la vie d'une mère célibataire.

Je lui dis : « Si tu es enceinte, il faut que tu gardes l'enfant. » Je ne sais pas pourquoi je lui dis cela. Je n'ai absolument aucun droit d'être aussi affirmative puisque ce n'est pas moi qui assumerai les conséquences d'une telle décision, et puisque les perspectives d'avenir semblent si incertaines. Mais j'en suis convaincue pourtant.

Asra et moi établissons rapidement un calendrier sommaire, essayant de tracer un diagramme avec la date de ses derniers rapports avec l'Amoureux, ses dates d'ovulation et de gestation. Mais nous avons l'esprit trop embrumé par l'angoisse et la fatigue et nous n'y parvenons pas.

Toutefois, maintenant que cette éventualité a été envisagée, nous avons besoin d'en avoir le cœur net. Il est plus de minuit, mais à Karachi, il y a une pharmacie ouverte toute la nuit. Asra explique donc au garde que nous devons nous y rendre immédiatement. Il est pour le moins hésitant, mais quand Asra commence à lui parler en ourdou d'hormones et d'autres choses du même ordre, il capitule nerveusement. J'ai l'impression de ne pas avoir quitté la maison depuis une éternité et une partie de moi donnerait tout pour aller respirer l'air au-delà de ces grilles. Mais je ne peux pas sortir. Asra s'éloigne donc, accompagnée par deux soldats en armes, dans une Jeep déglinguée transformée par magie en carrosse.

A la pharmacie, les soldats refusent obstinément de laisser Asra faire ses emplettes en privé, et elle se voit contrainte de choisir parmi les tests de grossesse, sous leurs yeux heureusement pudiquement détournés. Elle en ramène un à Zamzama Street, et nous avons notre réponse.

Cela cadre bien avec la vie bizarre qui est devenue la nôtre : pour un peu, cela semblerait *presque* logique. Presque remarquable, une note douce. Asra Q. Nomani, soupçonnée d'être une espionne indienne, a trouvé le moyen de se faire féconder par un homme à qui elle n'adresse plus la parole, dans un pays où les rapports sexuels hors mariage sont passibles de coups de fouet et de lapidation jusqu'à ce que mort s'ensuive. Maintenant, toutes les femmes de la maison, y compris Nasrin, attendent un enfant. Je dis à Bussey : « Asra est une si bonne amie qu'elle a même pensé à faire un copain pour mon bébé. » Nous n'avons pas de mal à convaincre Bussey que cette grossesse est une bonne nouvelle. Il se réjouit sincèrement pour Asra, et se présente le lendemain matin avec des brownies au chocolat. A vrai dire, je suis heureuse de savoir que notre fils aura quelqu'un avec qui échanger des récits de vie aventureuse *in utero*.

Nous apprenons beaucoup de choses sur les premiers jours de l'enlèvement. Par exemple, que les trois hommes arrêtés le 5 février ont été recrutés par Omar seulement quelques jours avant le kidnapping de Danny le 23 janvier. Suleiman a été pêché le 21 janvier ; son cousin Fahad, l'homme à l'ordinateur, a embarqué le 22 ; Omar Cheik avait conçu ses pièges pour Danny pendant des semaines. Il ne lui manquait plus que des mulets locaux pour les faire fonctionner.

Les militants djihadis ont des listes de candidats potentiels pour le travail de djihad. Les *madrassas* du Pakistan, dont le nombre est estimé à quarante mille, sont pleines de ces jeunes gens disponibles – incapables d'écrire leur propre nom mais capables de réciter dans leur sommeil des chapitres entiers du livre saint, et convaincus que l'Amérique est « le point de convergence du mal ».

J'ai un jour accompagné Danny pour visiter la *madrassa* de Jaïsh-e-Mohammed, dans une banlieue de Karachi. Bien que ma tête soit couverte, j'ai dû rester cachée dans la voiture. Les murs de la *madrassa* étaient criblés de slogans ; des détritus s'étalaient partout. En regardant subrepticement, j'ai vu des jeunes hommes – des gosses en réalité, pieds nus et portant des *chalwar kamiz* sales – entrer dans la *madrassa*. J'avais l'impression de les voir entrer dans une usine de lavage de cerveau. J'ai pris quelques notes sur mon carnet de reportage, mais le mot écrit et souligné le plus souvent est EFFRAYANT.

Quand il y avait encore en Afghanistan des camps d'entraînement soutenus par les Talibans, quelques « étudiants » étaient choisis pour des programmes d'entraînement de quarante jours au cours desquels on leur apprenait à terroriser, torturer et tuer. L'entraînement ne coûtait que vingt dollars environ par personne, cinquante dollars s'il incluait le maniement des armes. Tout en apprenant la technique terroriste, ils apprenaient aussi à ne jamais remettre en question l'organisation qui prendrait le contrôle total de leur vie. Lorsqu'ils n'étaient pas sur les champs de bataille du Cachemire ou de l'Afghanistan, ils étaient renvoyés dans leurs foyers pour s'y comporter comme des « hommes de bien », pour gagner le respect de leur communauté en se montrant de « bons musulmans » – pour se protéger les uns les autres, forger de nouveaux liens et détecter de nouvelles recrues.

Tel était le monde des trois hommes arrêtés le 5 février.

Syed Suleiman était entré dans le djihad en octobre 1998. « Je voulais aller au Cachemire, mais des responsables d'Harkat-ul Moudjahidin m'ont envoyé en Afghanistan. » Il l'a dit dans sa déposition, traduite en anglais par des assesseurs du tribunal. Là, après plusieurs mois sur le front de Bagram, il reçut une balle de mitrailleuse dans l'abdomen et fut rapatrié au Pakistan. Il subit une trentaine d'opérations dans divers hôpitaux et marche encore en boitant sérieusement. Il n'avait rencontré Omar que deux fois au cours des deux dernières années, toujours dans les bureaux de Jaïsh-e-Mohammed, mais tous les djihadis connaissaient Omar Cheik de réputation. Comme Adil l'expliqua dans sa déposition : « Omar est un grand moudjahidin, il était venu après sa libération d'Inde. J'avais beaucoup de respect pour lui. »

Un jour de janvier, Suleiman a eu la surprise de recevoir un coup de fil d'Omar. « Je viens à Karachi. Puis-je t'y rencontrer ? » a demandé Omar.

« Je lui ai répondu : “ Vous pouvez venir, je vous rencontrerai demain. ” Le lendemain, il m'a appris au téléphone : “ J'arrive d'Islamabad en avion, peux-tu venir me chercher à l'aéroport ? Disposes-tu d'un moyen de transport ? ” J'ai répondu : “ Non, je n'ai pas de véhicule mais si vous le désirez, je peux vous y rejoindre en taxi. ” »

Omar atterrit sur le terminal des lignes intérieures, à l'aéroport de Karachi, le lendemain, 21 janvier. Il était debout dans la salle d'attente avec un homme qu'il a présenté sous le nom de Nahim quand Suleiman est arrivé. « Nous avons un travail à effectuer », a dit Omar à Suleiman. Mais d'abord Omar et Nahim avaient besoin de « se rafraîchir ». Suleiman les a donc conduits au domicile de son oncle. De là, ils sont allés au Student Byriani House, un restaurant bon marché où Omar s'est entretenu « en secret » avec une nouvelle personne. Omar a mené son groupe, de plus en plus nombreux, augmenté maintenant de la personne secrète, dans un ensemble de maisons d'habitation appelé la Muhammad Ali Society, où ils ont cherché le bungalow N-D 17. Une maison de deux étages avec une pelouse à l'entrée, dont on apprit par la suite que c'était celle de la tante paternelle d'Omar.

Le lendemain matin, 22 janvier – à peu près au même moment où Danny et moi quittions Islamabad pour Karachi et faisions nos adieux à la bande du « Chez soi » –, Omar appela de nouveau Suleiman, qui s'apprêtait à partir au marché avec son cousin Fahad. Il leur demanda de passer le voir en chemin, au domicile de sa tante. Quand ils arrivèrent, Omar leur dit à tous deux : « J'avais un travail pour vous tout à l'heure, mais j'ai dû le confier à quelqu'un d'autre. Si j'ai autre chose à vous faire faire, je vous appellerai. Maintenant, vous pouvez aller au marché. »

Deux heures plus tard, Omar a appelé Suleiman sur son portable. « Achète-moi un appareil Polaroïd », lui a-t-il demandé.

Suleiman a objecté qu'il ne savait même pas où il était possible d'en trouver un. Omar lui a répondu : « Rien de plus simple, cela s'achète au marché, au département électronique. »

Et c'est ce que firent Fahad et Suleiman.

Après voir interrogé les deux hommes, Captain a obtenu encore plus de détails :

« Suleiman a appâté Fahad en lui tenant le bon vieux discours – “ Dieu t'a choisi pour rendre service à l'Islam ”. Et il s'est laisssé avoir. Et parce qu'il était un expert, donnant des cours d'informatique dans un institut, il a pensé qu'il ne pourrait pas se faire prendre. D'ailleurs, il s'en est fallu de peu. »

Suleiman a témoigné :

« Après avoir terminé mon travail, accompagné par Fahad, je suis allé à Sadder [un quartier de Karachi] où j'ai acheté un appareil photo Polaroïd pour mille cinq cents roupies avec deux cartouches pour cet appareil, puis nous sommes allés à D/17 [le bungalow de la tante d'Omar] pour apporter l'appareil à Omar Cheik. Deux hommes de plus étaient présents à ce moment-là, l'un était Quasim et le second Adil que j'avais déjà rencontré une fois auparavant. »

Omar, Adil, Suleiman, Fahad, et ce nouvel homme nommé Quasim, ont fait la prière ensemble. Après quoi, Omar a tendu à Suleiman et à Fahad des textes en deux langues. Il leur a dit qu'il demanderait bientôt aux cousins de les envoyer par e-mail à la fois dans le pays et à l'étranger, mais qu'ils devaient d'abord attendre « quelque chose d'autre » qu'ils enverraient en document joint. Il fut encore demandé aux cousins d'attendre « deux amis » pour leur apprendre à se servir du Polaroïd. Il fallut deux heures aux “ amis ” pour arriver. Suleiman reconnut l'un d'eux comme le jeune qu'il avait vu au restaurant Student Byriani House.

La déposition de Fahad Nasim apportait encore quelques précisions au récit de Suleiman. Quand il a été présenté à Omar par son cousin, ce dernier lui a dit : « C'est l'homme qui a été libéré en Inde en même temps que Molana Massoud Azhar et qui est arrivé par avion. » Quand Fahad apprit à Omar qu'il était programmateur informatique, Omar s'est exclamé : « Dieu m'a entendu ! Je cherchais la bonne personne et je l'ai trouvée. » Omar a posé des questions à Fahad : est-ce qu'on pouvait envoyer un film par e-mail ? Non ? Trop volumineux ? Et des photographies ? Des négatifs ? Non ? Mais des polaroïds, oui, c'était possible ?

« Pendant ce temps-là, poursuit Fahad dans sa déposition, un homme avec une grande barbe nous a rejoints dans la pièce où nous nous trouvions. [C'était Adil.] Il s'est assis. Quatre ou cinq minutes plus tard, un autre homme est entré. Il s'appelait Quasim. Puis Adil a fait “ *Imamat* ” [l'appel à la prière] et nous avons tous offert “ *Zuhar* ” [la prière du début d'après-midi] derrière lui. Après quoi, Omar a dit : “ Maintenant, il faut que vous alliez m'acheter un appareil photo. ” »

Fahad a été conduit au Stock Exchange Building à Karachi, ou une monnaie étrangère a été changée – il ne sait pas laquelle – en roupies pakistanaises, avec lesquelles ils ont acheté le Polaroïd. On a demandé à Fahad d'examiner la notice qui l'accompagnait et d'apprendre à s'en servir.

Quand les textes des e-mails lui ont été donnés, Fahad a demandé à Omar de quoi il s'agissait. Omar lui a répondu : « Essentiellement : Daniel Pearl est un agent juif et américain qui travaille contre les musulmans. Si tu m'aides dans cette tâche, Dieu tout-puissant te récompensera car c'est une immense mission. Et même toi, tu peux participer à cette grande tâche simplement en envoyant un e-mail. » Quand Fahad a demandé quel serait le sort de Danny, Omar lui a répondu : « Fais ce que je te demande de faire et rien de plus. Et ne pose plus de questions, cela ne peut que t'attirer des problèmes. »

Omar a quitté Karachi pour Lahore dans la soirée du 23, au moment où Danny se rendait à son rendez-vous au Village Restaurant. Le lendemain, Fahad a été convoqué dans un hôtel appelé Nau Bahar. On lui a demandé d'acheter un scanner et de l'apporter avec lui. En déposant le scanner, Fahad a été témoin d'un autre relais dans cet interminable processus de relais : un homme qu'il n'avait jamais vu est entré à l'hôtel, a tendu une enveloppe à un autre homme encore, qui a emmené l'enveloppe dans les toilettes, apparemment pour en vérifier le contenu.

Le 26 janvier, Fahad a été conduit dans un cyber-café, on lui a tendu une disquette souple et ordonné d'envoyer les messages et leurs documents joints à une liste de destinataires. L'ordinateur de l'internet café se révélant trop lent, ils ont donc essayé un autre café, et cette fois, cela a fonctionné.

(Plus j'en apprends sur le processus de l'enlèvement, plus mon cœur se serre. Tant de personnes auraient pu l'empêcher, le faire dérailler, laisser échapper une bribe d'information cruciale. Cet homme secret, cet autre homme inconnu... l'homme à l'aéroport... l'homme dans les toilettes de l'hôtel...)

Au bout de quelques jours, tout le processus d'envoi d'e-mail s'est répété avec deux nouvelles photos. Mais avant que Fahad et Suleiman envoient le second e-mail, Omar a appelé et leur a demandé d'introduire un changement dans le texte qui suit la phrase clé : « Nous avons interrogé M. D. Parl et nous sommes arrivés à la conclusion que contrairement à ce que nous pensions plus tôt il ne travaille pas pour la cia. »

A l'origine, ce qui suivait était :

« ... par conséquent nous allons le relâcher. » Mais Omar voulait ceci : « ... en fait, il travaille pour le mossaad. par conséquen nous l'exécuterons dans les 24 heures si amreeka ne rplit pas nos exigences. »

Les cousins obéirent aux ordres d'Omar, mais Fahad prit un raccourci, et « bien qu'on m'ait demandé de ne pas le faire », il envoya l'e-mail de chez lui, du logement universitaire où Captain vint par la suite l'arrêter.

Avec l'envoi du second e-mail prit fin la participation de Fahad, l'expert informatique des kidnappeurs. Quand le moment vint pour Fahad de signer sa déposition au tribunal, il ne savait apparemment pas comment signer son nom, il l'a donc signée de l'empreinte de son pouce.

Une autre déposition :

« Nom de l'accusé : Cheik Mohammed Adil. »

Non seulement Adil est policier, mais il appartient à la même branche des renseignements que Dost. Les ressemblances s'arrêtent là car, malgré ses dix ans de service dans la police, Adil n'est guère monté en grade. En 1999, il a pris un congé sans solde de deux ans pour devenir moudjahidin. Harkat-ul-Moudjahidin l'a envoyé à Kandahar, en Afghanistan, puis au Cachemire. C'est pendant son entraînement de terroriste en Afghanistan qu'Adil a rencontré Omar sur la ligne de front de Bagram.

Adil a eu à Karachi la même expérience que Suleiman – a rencontré Omar ici en compagnie d'un barbu inconnu ; l'a vu là avec quelques inconnus barbus de plus. Le 22 janvier, Omar a conduit Adil à une réunion sous Baloch Bridge, un pont du quartier appelé Delhi Colony. Deux hommes attendaient dans une Corolla blanche l'arrivée d'Omar. L'homme assis à la place du passager est sorti de voiture pour qu'Omar puisse s'asseoir. A ce moment-là, on a demandé à Adil d'aller prier à la mosquée Sabil Wali, dans le quartier de Grumandar. Un des hommes lui a dit : « Nous nous retrouverons là-bas. »

Adil est donc parti et a offert ses prières. Puis les deux hommes dans la Corolla blanche maintenant parquée devant la mosquée lui ont tendu une enveloppe. Il a rejoint Suleiman et Fahad, et remis l'enveloppe à Suleiman. C'était la deuxième fois en deux jours qu'il effectuait une livraison, mais désormais, il insista sur ce point dans sa déposition, il avait de sérieuses réserves. « J'ai ouvert les deux enveloppes et j'ai trouvé qu'elles contenaient les photos du journaliste américain. Avant cela, je n'avais pas connaissance d'avoir été amené à nuire au journaliste américain Daniel Pearl par les techniques habiles d'Omar Saïd Cheik. En réalité, Omar Saïd Cheik m'a laissé dans l'ignorance et m'a utilisé pour son mauvais dessein sans que j'en aie connaissance, alors que j'éprouvais le plus grand respect pour lui dans mon cœur. Je ne suis pas content de la façon d'agir d'Omar Cheik. Je pense que ce n'est pas juste et ma conscience s'y oppose, et il est malhonnête de la part d'Omar de m'avoir utilisé pour ses mauvais desseins. »

Le Coran est très clair sur ce point. Il est mauvais de faire du mal à un innocent. J'ose demander si Adil pourrait sauver Danny au nom du Coran.

« Tssst..., raille Captain. Adil a été entraîné en Afghanistan. C'est un terroriste fondamentaliste.

– Ses problèmes de conscience ne vont pas très loin ? »

Captain hausse les épaules et allume une autre cigarette.

Un homme rond d'allure joviale est apparu à la maison un matin, avec un sac à provisions contenant des épices, un tablier de travail et un livre de recettes de cuisine internationales. C'est Youssouf, le chef cuisinier vedette de John Bauman. Le consul américain, d'une grande délicatesse, a pensé qu'il était temps pour nous de manger autre chose que le *chicken byriani* de l'hôtel Sheraton. Il nous a donc « prêté » Youssouf pour la durée de notre séjour. Malgré sa moustache à la Einstein qui lui donne l'air du grand-père idéal, Youssouf n'est pas spécialement à la fête. Venir nous faire la cuisine constitue pour lui un sacrifice majeur. Il se présente néanmoins avec fierté. Il a étudié la gastronomie à Londres et à Paris ; c'est un homme qui ne fait la cuisine que pour les grands de ce monde, ou du moins, de son monde.

N'ayant pleinement pris la mesure ni de la personnalité ni de l'excellence de celui qui nous est envoyé, Asra et moi nous sommes contentées de lui désigner d'un vague signe de tête la direction de la cuisine. Après un état des lieux minutieux, ouvrant placards et tiroirs d'un air consterné, Youssouf-le-cuisinier s'emploie à remplumer la cuisine, achetant toute une panoplie de casseroles et de poêles, de couteaux à pain, à poisson, à dessert.

Avec de profonds soupirs, il prépare une nourriture princière dans l'indifférence générale. Puis vient l'heure de se mettre à table, et notre équipe, harassée de fatigue, trouve une table entièrement dressée. Les couverts sont disposés à la mode européenne, fourchette à gauche, couteau à droite. Des serviettes d'un blanc immaculé sont pliées en forme d'accordéon dans nos verres. Nous dînons d'une soupe de concombre à la menthe, d'une dinde farcie et d'un gâteau au citron et à la cardamome. Léchant les plaies de sa dignité blessée, Youssouf-le-cuisinier accepte nos compliments de bonne grâce et avec un brin de hauteur.

Un jour, nous avons failli perdre notre chef. Il a voulu nous surprendre avec un crabe à la sauce blanche, mais le plat a une apparence si étrange que personne, Steve excepté, n'a le courage d'y toucher. J'ai une bonne excuse : je suis enceinte. Asra, également ; Bussey est trop obsédé par l'hygiène pour même s'approcher de la chose. Ecœuré par tant d'ingratitude, nous avons cru que Youssouf allait se mettre à pleurer. Pour tenter de l'apaiser, Steve s'est resservi deux fois. Et Bussey lui rappelle avec gentillesse avec quelle maestria il est parvenu jusqu'à présent à satisfaire deux Juifs (Bussey et Steve), une musulmane (Asra), une bouddhiste (moi) et un chrétien (Youssouf lui-même). Cela semble redorer quelque peu le blason terni du chef.

Youssouf est un chrétien extrêmement fervent, appartenant à la minorité chrétienne qui constitue 13 % de la population du Pakistan. Il parle sans arrêt de Dieu en cuisinant. Il lui adresse constamment des prières. Il prie pour que nous retrouvions Danny.

*

Tout à coup, c'est la nouvelle. Omar Cheik s'est livré de lui-même à la police près du village du Penjab où son père est né. La tante, propriétaire de la maison dans laquelle il a préparé le kidnapping, l'a bel et bien convaincu de se rendre et on est parti de Lahore le chercher. Il rentre à Karachi, menotté et un sac sur la tête. « Danny est vivant », dit-il à Captain. Mais il ne veut ou ne peut pas dire où mon mari se trouve.

Pour alléger mes frustrations, Captain fait de son mieux pour me tenir informée de ce qui se passe au centre de police où ont lieu les interrogations. Même dans une cellule aux murs moisis et ravagés par l'humidité, la saleté et les rats, Omar semble conserver son autorité. Les gardiens de la prison n'osent pas l'approcher, de peur qu'il ne les accuse de mauvais traitements et ne les désigne pour des représailles. Bien qu'il n'ait pourtant rien d'un grand prêcheur, Omar a invoqué Allah et les a menacés. Captain refuse de se laisser intimider. Il me dit : « Pour moi, cet homme est un ennemi... Je dis à Omar : “ Nous verrons bien si toi et ton organisation pourrez faire quelque chose. En attendant, pour moi, tu n'es qu'un criminel ordinaire et tu seras traité comme tel. ” Pas de différence. Pas de facilités particulières. Pas de respect. »

Omar prétend qu'il a kidnappé Danny « pour donner une leçon à l'Amérique ». « A tort ou à raison, dit-il, je l'ai fait parce que je pense que le Pakistan ne devrait pas servir les besoins de l'Amérique. »

Je propose de parler à Omar, mais Captain se hâte de me dire : « Laisse-nous nous en charger. Nous allons nous occuper de lui. Nous sommes prêts. »

Je lui réponds aussitôt : « Moi aussi. » Et je suis heureuse de voir que, d'un hochement de tête, Captain me signifie qu'il n'en doute pas.

Captain explique qu'il y a plusieurs stades dans toute investigation. Au commencement, « quand vous recherchez un criminel, vous ressentez de la haine pour lui. Et chaque jour la haine – ou plutôt la *colère* – grandit et devient plus personnelle ».

Captain le sait parfaitement : « Il n'est pas digne d'un officier de police de se comporter avec une attitude de vengeance, de *colère* ou de haine. » Il reconnaît l'importance de « surmonter la haine et d'y résister ». Mais il sait aussi que les policiers sont des êtres humains. « Dans les films, à la télévision, on voit parfois la police pourchasser un criminel dans une voiture à toute allure – la poursuite se prolonge pendant des kilomètres et des kilomètres, et il dépasse le 110, le 120, et puis tout d'un coup ils le forcent à s'arrêter. Vous savez ce que les policiers font à ce moment-là ? Ils n'ont qu'une idée en tête. Le sortir de sa voiture et le tabasser. »

Captain ajoute : « Mais, une fois que le policier l'a arrêté et incarcéré, et que deux ou trois jours se sont écoulés, est-ce que le policier est toujours en colère ? Non. Il s'est calmé. Il sait qu'il a attrapé le criminel et que le criminel va rester son invité peut-être aussi longtemps qu'il sera en vie. Alors vient le stade où vous mettez vraiment le criminel à l'épreuve. »

Quelle heureuse coïncidence qu'Omar ait refait surface juste à temps pour la visite tant attendue de Musharraf à la Maison Blanche ! Il aurait été gênant pour le président pakistanais de n'avoir aucune bonne nouvelle à donner à Bush ou à la presse américaine. Il dit aux reporters que, sur la base des déclarations d'Omar Cheik, il a « de bonnes raisons de croire » que Danny est vivant. Et, comme si cela voulait dire quelque chose : « Nous sommes aussi près qu'on peut l'être d'obtenir sa libération. » Malgré tout, Musharraf ne peut pas s'empêcher d'exprimer ses soupçons. Danny a été, selon lui, « *overintrusive* (exagérément inquisiteur) en allant se jeter au beau milieu de ces extrémistes ».

Il dit aussi : « Des choses pareilles sont à prévoir. »

Je pense : « Oh ! Nous voilà devenus des dommages collatéraux ! »

Il sera difficile de faire craquer Omar. Selon John Bauman, « c'est un jeune homme endurci et froid ». Et Captain ajoute : « C'est un de ces terroristes capables de conduire les autres au suicide. »

Des équipes américaines et pakistanaises se relaient pour passer la nuit avec lui, le gardant éveillé avec des seaux d'eau froide.

Pour moi, j'ai l'impression d'être un Yo-Yo, j'en suis malade, mais Captain n'en démord pas : « Il n'existe pas d'instrument pour sonder le cœur d'un être humain et savoir s'il vous dit la vérité ou s'il ment. Mais quand vous êtes un policier expérimenté, vous développez la capacité de saisir les pensées, les expressions, et les attitudes du corps. Sans le vouloir, les policiers deviennent des psychologues. Ce qu'ils savent, ils ne l'ont pas appris dans les livres mais par l'expérience. Et ils savent comment, au bout de trois ou quatre jours, on peut connaître les faiblesses d'une personne et les exploiter. »

Un léger sourire de fierté adoucit les rides soucieuses sur le visage de Captain : « Ce type, par exemple, a une faiblesse pour son fils. Alors c'est quelque chose dont je vais me servir. Je vais lui parler de son fils, lui demander quel âge il a, s'il ressemble à son père ou à sa mère, ce genre de choses. Des choses banales, sans le moindre rapport avec l'affaire. Mais en le mettant un peu plus à l'aise, je le conduis là où je veux le mener. Il va peut-être se mettre à pleurer parce que son enfant lui manque... A ce moment-là, la plupart des gens ne mentent plus. Ou encore, nous parlons de sa religion. Cela aussi peut être utile. Quand vous êtes face à Dieu, que vous priez et vous engagez à être une bonne personne, vous ne pouvez pas dire de mensonge au même moment. Quand vous êtes face à Dieu, vous avez cette sorte de peur, “ Il sait ce que je fais ”, n'est-ce pas ? »

Pendant des jours, Captain a parlé à Omar de son fils, de sa famille, de la religion, entrecoupant tout cela de questions sur l'enlèvement, sur les enlèvements du passé et sur ses activités de djihadi. Pendant tout ce temps, il a tout noté soigneusement. Omar a été parfait – c'est-à-dire cohérent dans ses déclarations et les informations qu'il voulait bien divulguer. A plusieurs reprises, des spécialistes l'ont mis à l'épreuve des détecteurs de mensonge. Psychopathe au sang-froid qu'il est, Omar a passé ces tests sans broncher. Mais au bout de trois ou quatre jours, épuisé, il s'est relâché et Captain l'a pris en flagrant délit de mensonge. Captain a joué la surprise.

« Je lui ai dit : “ Je te croyais un bon musulman – mais tu es un menteur. Comment pourrais-je croire ce que tu me dis ? Je ne te crois plus. Tu n'es qu'un vulgaire menteur.

– Non, je ne suis pas un menteur. Montrez-moi en quoi j'ai menti. ” Alors, je le lui ai prouvé. »

Omar est resté silencieux pendant quelques minutes, puis il a demandé s'il pouvait faire sa prière. Captain lui a dit : « Pourquoi pas ? » Captain poursuit : « Il a dit : “ J'ai besoin du Coran. ” Je lui ai donné le Coran. Et je lui ai retiré les menottes et les fers qu'il avait aux pieds. Je lui ai même permis de prendre un bain et de changer de vêtements. Il a fait sa prière. Il a récité le Coran. Puis il a crié pour qu'on m'appelle. De sa cellule, il a crié : “ Dites à l'officier que je veux le voir immédiatement ! ” »

Captain a refusé, il a préféré faire venir Omar dans son bureau. « Je l'ai mis à l'aise, l'ai fait asseoir sur une chaise et lui ai offert une tasse de thé. Je lui ai demandé : “ Vous voulez me dire quelque chose ? ”. »

Omar a dit à Captain qu'effectivement, il avait menti par le passé, mais que désormais, il dirait la vérité. Il a donné à Captain quelques éléments d'information, des détails vitaux, quelques pseudonymes, quelques dates. Et il a révélé à Captain ceci : il était en prison depuis le 5 février.

Le 5 février. Précisément la nuit où Captain avait arrêté Fahad, qui l'avait conduit à Suleiman, qui l'avait conduit à Adil. La nuit où Captain avait retrouvé la trace d'Omar et l'avait appelé depuis le portable d'Adil, de la maison de la tante d'Omar. Cette nuit où nous pensions qu'Omar avait fui la loi et s'était échappé, impossible à retrouver, injoignable, dans les régions tribales.

Mais ce n'était pas ce qu'il avait fait. Il s'était livré au brigadier Ejaz Shah, actuellement gouverneur du Penjab, la région d'où est originaire le père d'Omar, le riche industriel du textile. Et le brigadier Shah, ancien officier d'ISI (les services secrets pakistanais), manifestant ainsi un superbe mépris de la loi, de la justice, du président Musharraf, pour ne rien dire de l'Amérique entière et de moi, a conservé l'arrestation d'Omar secrète. Du 5 au 12 février.

Captain n'en savait rien. Le FBI non plus – n'est-ce pas ?

Est-ce que l'ISI le savait ? Nécessairement. Mais ont-ils permis à Omar de rester en détention parce qu'ils voulaient obtenir de lui des informations ? Y a-t-il des informations qu'ils ne *voulaient pas* voir révélées ? Ont-ils passé une sorte de marché avec lui – « va en prison pour un certain temps, et nous te libérerons plus tard » ? Ou prenaient-ils simplement tout leur temps pour effacer des traces pouvant mener jusqu'à eux ?

Captain essaie de dissimuler sa profonde colère et sa tristesse, mais il n'y parvient pas. Il souffre pour moi, pour l'impossibilité dans laquelle on l'a mis d'établir la vérité mais aussi pour son pays. Par-dessus tout Captain est un patriote pakistanais. Néanmoins, il y a des limites à ce dont il peut parler ouvertement, et j'ai bien compris et respecte le fait qu'il ne puisse pas parler d'ISI avec moi. « Mariane, me dit-il, si tu me demandes qui a détenu Omar et pour quelle raison on l'a conservé, je n'en sais rien. C'est la pure vérité. Je n'en ai pas la moindre idée. »

Ici, sur la véranda, avec de mauvaises connections internet volées aux voisins, je m'efforce de remettre en place les pièces du puzzle avec ce dont nous sommes certains. Il m'a fallu admettre – nous avons tous dû admettre – que même si nous avons pris au début Omar pour cible, en réalité il n'est qu'un maillon d'une chaîne complexe. Il excelle peut-être dans son travail malfaisant, mais en définitive, il n'est qu'un instrument, un outil. Mais de qui ? Il est devenu clair qu'Omar ne sait pas où se trouve Danny. Cela n'a jamais été son rôle. Il était l'appât ; les autres sont les ravisseurs. Omar a donné le nom d'un intermédiaire, l'homme qui a eu des contacts à la fois avec la cellule d'Omar et l'équipe des ravisseurs. C'est un début. Mais qui planifie le tout ? Qui tire les ficelles ?

Je m'interroge sur certains points. Par exemple : qui a dit à Omar que Danny était juif ? Qui avait cette information à donner ?

Les informations s'accumulent, trouvées sur internet. Je suis stupéfaite de voir tout ce qui est déjà connu d'Omar et de ses liens à la fois avec Al-Qaida et ISI. Je lis que l'ambassade américaine à Islamabad a demandé au gouvernement pakistanais de lui livrer Omar le 21 janvier – deux jours *avant* le kidnapping de Danny. La raison officielle de cette requête des États-Unis était que le kidnapping de 1994 comprenait un citoyen américain. Mais il me semble clair que les autorités américaines voulaient suivre une piste autrement inquiétante. Je lis un article d'octobre 2001 affirmant qu'un rapport du FBI établissait des « liens probables » entre Omar Saïd Cheik et le directeur de l'ISI à l'époque, le lieutenant général Mahmoud Ahmed. On y lisait l'allégation que c'était Ahmed qui avait donné l'ordre à Omar de télégraphier les cent mille dollars à Mohammed Atta.

Je lis aussi que c'est la publicité autour de cette découverte qui a conduit au limogeage d'Ahmed de la direction de l'ISI par le président Musharraf le 7 octobre 2001.

Ainsi, Omar aurait travaillé à la fois pour le chef de l'ISI et pour Al-Qaida. Il s'est rendu à un autre officier de l'ISI qui l'a conservé en détention pendant une semaine, jusqu'à la veille de la rencontre des présidents Musharraf et Bush. Juste à temps pour que Musharraf, devant Bush et la presse américaine, en annonçant l'« arrestation » d'Omar Cheik, déclare : « Nous sommes aussi près que possible d'obtenir sa libération. »

Des questions rebondissent dans ma tête comme des balles de ping-pong devenues folles. La distinction entre le bien et le mal, les organisations gouvernementales et les organisations terroristes font bien plus que s'estomper. Elles semblent ne plus être que les deux faces de la même pièce.

Musharraf savait-il que Danny était arrêté ? Est-il possible qu'il ne l'ait pas su ? La CIA (sa position dans cette affaire reste un mystère) ne le savait pas ? Qui, des anciens amis d'Omar dans l'ISI, est impliqué, et à quel degré ? Qu'en est-il du brigadier Abdullah, reponsable de la cellule Cachemire de l'ISI, avant son limogeage par Musharraf au cours des récentes purges de l'organisation ? Est-il impliqué aussi ? Travaille-t-il pour Oussama Ben Laden ? Qu'a-t-on promis à Omar en échange de son arrestation ?

Après plusieurs jours d'interrogation, Omar est conduit au tribunal où il se vante d'avoir effectué le kidnapping « de sa propre initiative ». Mais il stupéfie tout le monde en modifiant une partie de sa version des faits. Maintenant, il déclare : « Pour autant que je sache, il est mort. »

Quand on lui demande ce qui l'amène à croire cela, Omar parle de phrases codées que les ravisseurs ont employées entre eux. Il dit que le 5 février, il a appelé ses associés pour leur dire de relâcher Danny :

« Conduisez le malade chez le docteur. » Mais il était trop tard. Il prétend qu'on lui a répondu : « Papa est décédé. Nous avons fait le scanner, et terminé les rayons X, et *post mortem*. »

« Quel malade mental ! » nous répétons-nous les uns aux autres. Quel menteur ! Ce sont tous des malades et des menteurs. Il n'y a pas plus de raisons de croire cette déclaration-là que les précédentes.

Malgré tout, je ne peux plus respirer.

Chapitre 10

C'est comme si un épais brouillard s'était abattu sur la maison et l'avait envahie. Nous traversons les pièces sur la pointe des pieds, perdus dans nos propres préoccupations. Personne ne sait quelle direction prendre et moins encore que faire ou que penser. Les raids de nuit se poursuivent, mais alors que cette maison était à un moment donné jour et nuit pleine de monde, elle reste maintenant silencieuse pendant des heures, à donner envie de crier. John Bauman fait à Bussey et Steve un rapport quotidien. Captain vient régulièrement voir comment je m'en sors, mais s'il y a de l'action, elle a lieu hors d'ici. Je passe la plupart du temps devant mon autel bouddhique, à prier. Cette maison est le dernier endroit où Danny et moi avons été ensemble. Il me semble presque inconcevable de la quitter.

C'est pourtant ce que Bussey voudrait que je fasse. Il insiste désespérément pour que je me concentre sur ma grossesse plutôt que sur Danny. Il décrète : « Pour la santé du bébé, tu as besoin d'exercice. »

Il organise donc pour Asra et moi une promenade dans Zamzama Park, à deux pâtés de maisons des grilles de notre ensemble de résidences. Il n'y a pas de trottoir et nous devons marcher en file indienne sur le bord de la route, avec deux gardes armés devant nous et deux derrière. Nous avons l'air de prisonniers que l'on transfère d'un lieu à l'autre. En chemin, nous longeons une *madrassa* devant laquelle un vieil homme crie après des élèves qui le provoquent et se moquent de lui. L'un de nos policiers s'arrête pour intervenir, mais quelque chose le retient et nous continuons tous à avancer. Quand nous arrivons à Zamzama Park, nos gardes ne sont pas autorisés à y pénétrer avec leurs armes, et le parc – d'un dessin élégant conçu par la fille de Musharraf – empeste à cause des égouts avoisinants.

J'ai un étourdissement. Ils me ramènent à la maison.

Bussey et Steve pensent que les massages du Sheraton nous feraient du bien. A peine sommes-nous entrés dans l'hôtel que le responsable de la sécurité se précipite vers nous et s'écrie : « Mes tripes me disent qu'il est vivant ! »

Comme si je me souciais de ce que ses tripes lui disent. Je repars aussitôt vers la voiture et me voici de retour à la maison.

Cela paraît inconcevable, mais les heures semblent encore plus longues. Je ne m'autorise toujours pas à pleurer, mais je me sens comme un barrage prêt à être emporté par le flot des larmes que j'ai contenues. Pour me donner des forces, je fais appel à tous les souvenirs réconfortants. Je pense à des difficultés que Danny et moi avons rencontrées, à sa façon pragmatique d'aborder les problèmes. Je repense à un livre que j'adorais à vingt ans, *La Solitude du coureur de fond*, qui décrit une course d'endurance et l'interminable monologue intérieur qui permet au coureur de poursuivre l'épreuve.

Asra et moi sommes allongées sur le canapé de son bureau quand mon portable sonne. Nous nous en sommes servis il y a une semaine pour envoyer à Danny un texto : « *We love you Danny.* »

Asra baisse les yeux sur le petit écran brillant du téléphone portable. Elle lit « Danny ». Elle répond :

« Hello ?

– Passez-moi la femme de Daniel Pearl », dit une voix brusque en ourdou.

En ourdou, les gens ont tendance à parler sur deux tons. L'un est obséquieux, l'autre brutal. Il s'agit du second.

« Je veux lui parler.

– Okay, dit Asra avec prudence, consciente du fait que l'interlocuteur a un lien avec les kidnappeurs. Je vais vous la passer, mais je vous préviens, elle ne parle pas ourdou. »

L'homme qui est au téléphone se tourne apparemment vers quelqu'un d'autre. « Elle ne parle pas ourdou », dit-il. Et il raccroche.

« Oh, mon Dieu, qu'est-ce que j'ai fait ? Ils ont raccroché ! s'écrie Asra, avec une pointe d'hystérie dans la voix.

– Tais-toi, lui dis-je, laisse-moi réfléchir. »

Quand nous racontons la chose à Randall : « Non, non, dit-il, tout va bien, c'est parfait. Ils établissaient une sorte de contact. » On dirait que ce que nous lui apprenons est à ses yeux comme une petite lueur dans cette obscurité de plus en plus profonde. Il est difficile de comprendre son point de vue. Rien de tout cela n'a le moindre sens. Si Danny est toujours vivant, pourquoi n'y a-t-il pas eu de nouvel e-mail, de nouvelles exigences ? Et si Danny est mort, pourquoi ses meurtriers ne s'en vantent-ils pas ?

Captain vient me voir pour me dire que son assistant a reçu lui aussi un appel émanant du portable de Danny. Celui qui appelait a juré que les kidnappeurs tueraient l'assistant, son épouse et ses trois enfants. Puis il a raccroché. Maintenant, le mystérieux appel semble moins énigmatique. Ceux qui parlaient en ourdou n'appelaient pas pour établir un contact mais pour proférer des menaces.

21 février. Je suis assise devant mon autel bouddhique. Asra est à côté de moi, désemparée parce que l'ex-Amoureux n'est pas venu pour l'une de leurs querelles rituelles, après avoir pourtant dit qu'il passerait vers 21 heures. Déprimée, elle descend dans le living-room pour dire à Steve à quel point les hommes la déçoivent quand Bussey entre dans la pièce, frénétique, s'arrachant l'écouteur du portable de l'oreille et l'enfouissant dans sa poche.

« Nous devons y aller ! » dit-il à Steve, sur un ton beaucoup trop rapide.

Steve essaie d'objecter qu'Asra a besoin qu'on s'occupe d'elle, mais Bussey se contente de répéter « cela ne peut pas attendre » et ils partent.

Quelque chose ne va pas. Je le sens bien. Quand j'arrive en bas de l'escalier, Asra me décrit leur départ en catastrophe. « C'est vraiment dégoûtant – pourquoi sont-ils partis sans nous ? »

Je dis à Asra : « Appelle-les, appelle-les tous ! » Asra essaie tous les numéros des portables qu'elle connaît mais personne ne répond. Finalement, elle parvient à joindre Randall. Elle est agressive avec lui : « Eh bien, que se passe-t-il ? Vous ne pouvez pas nous laisser en dehors du coup ! »

Il lui hurle dans le récepteur : « Vous voulez que je lui dise ça au téléphone ? » Et il raccroche. Me dire quoi ? Mes mains tremblent à tel point que je ne parviens même pas à nouer les lacets de mes boots de djihadi.

Je dis à Asra : « Sortons d'ici. » Je ne sais où aller – au consulat ? – mais il faut que j'aille retrouver les hommes. Asra est en train de faire le numéro d'Eurocar pour qu'ils nous envoient un moyen de transport, quand ils apparaissent à la porte. Bussey d'abord, puis Captain, Dost, John Bauman, Steve, Randall, et un homme que je ne connais pas. Il est tard, et sur fond de nuit noire, ils ont tous un air spectral. Le visage de Bussey est d'une blancheur mortelle, cireux. Ils rentrent dans le living-room.

C'est Bussey qui parle le premier : « Il n'a pas réussi à s'en sortir, dit-il. Ils ont des preuves. »

Je le pousse de côté. J'ai besoin de voir Captain, dont le visage a pris une affreuse teinte jaune brun. Il y a comme une étrange voile sur ses yeux d'ordinaire d'un noir brillant.

« Mariane, je suis désolé, dit-il, je n'ai pas ramené ton Danny à la maison. » Je pose ma tête sur son épaule, et nous restons ainsi un instant. Quand je lève les yeux, il pleure.

« Je ne suis qu'un être humain, me dira-t-il plus tard. Je ne pouvais contenir ma peine. Je savais ce que tu attendais de moi. Je t'avais promis cela. Et j'ai été incapable de tenir parole. »

Je laisse aller Captain, et, en passant près du groupe figé, je leur dis : « Je veux rester seule. » Et je m'en vais vers ma chambre à coucher. Je claque la porte et, de toutes mes forces, je me mets à hurler. Je n'ai encore jamais crié de cette façon de toute ma vie. Je sens bien que je crie, mais le son qui sort de moi est comme quelque chose d'étranger, comme si j'étais en train de me vider. Quelque chose, j'imagine, comme le cri d'un animal lorsque la mâchoire métallique du piège se referme sur sa jambe.

Asra s'accroupit devant ma porte, en récitant une prière musulmane pour ma protection.

Je vais dans la salle de bains et me frappe la tête contre les murs. J'entends des voix dans le couloir, des murmures affolés, se demandant ce qu'ils peuvent faire. Ils m'étouffent, je suffoque. J'ouvre brutalement la porte : « *Arrêtez tout ce cirque !* »

Et puis l'idée me vient : pourquoi les croirais-je ? Je ne pense pas que cela soit vrai. Ce n'est pas possible. Je tire Captain vers le canapé et m'assieds à côté de lui.

« Comment savez-vous qu'il est mort ?

– Il y a une vidéo. »

Ah ! les films, c'est quelque chose que je connais bien, j'en fabrique. Alors je lui dis :

« Oh, Captain, c'était donc ça ? Ne vous inquiétez pas. C'est vraiment facile de faire croire à un meurtre. C'est un montage !

– Mariane, me dit-il, Danny est mort. » Sa voix est douloureuse, rocailleuse, comme s'il devait extirper péniblement chaque syllabe du plus profond de lui. « Maintenant c'est à toi, c'est ton devoir de poursuivre sa mission. »

Qu'est-ce que c'est que ce ton sévère, tout d'un coup ? Je le regarde fixement, incapable de comprendre ce qu'il veut dire.

« Mariane, tu dois accepter le fait qu'il est mort. »

Je résiste, alors Captain le répète, encore et encore : « Accepte-le, il est mort. Il faut l'accepter. » Il veut absolument me faire céder. Alors cette fois, c'est à John Bauman que je m'adresse.

« Qu'est-ce qui vous rend si certains qu'il soit mort ?

– Ils avaient un couteau, et ils s'en sont servis de telle façon que... qu'il n'y a aucun doute... »

Je le provoque :

« Que voulez-vous dire, il n'y a aucun doute ?

– Il a été décapité. »

Ils pleurent tous, tous sans exception, toute la fichue équipe au grand complet. Ils pleurent comme des hommes. Pas de sanglots ni de larmes le long des joues. Mais leurs yeux nagent dans leurs visages bouleversés. Je ne sais pas très bien si c'est à cause de moi qu'ils pleurent – parce que je refuse d'admettre que j'ai perdu mon mari d'une façon que personne n'a le courage de me décrire – ou s'ils pleurent en pensant à Danny et à ce qu'il a dû subir.

« Vous avez tous vu cette vidéo ? » J'étudie leur visage et connais la réponse sans même qu'ils me la donnent.

Asra s'enflamme.

« Montrez-la-moi. Je veux la voir !

– Arrête, Asra ! »

Elle se comporte comme si elle avait été privée de quelque chose. Je ne veux pas la voir et je ne la laisserai pas voir non plus.

Captain me tient solidement par les épaules. Nous tremblons tous les deux. Très lentement, il commence à me décrire ce qui est arrivé à Danny.

« Qui est ce type que je n'ai jamais vu ? demande Asra à Randall en lui désignant l'homme étrange assis dans le living-room.

– Un médecin pour Mariane.

– Faites-le partir. Pas d'étrangers pour l'instant », dit-elle.

Plus tard, je suis assise sur le rebord du canapé la tête haute, droite comme un I, comme si j'entrais dans les starting-blocks avant le départ d'une course. Bussey s'assied à côté de moi. Il est toujours pâle comme un linge, mais je suis contente qu'il soit là.

Je lui dis :

« Je ne sais pas ce que je vais faire.

– Tu ne devrais rien précipiter. Y aller pas à pas, petit à petit. »

Mais ce n'est pas ce que je veux dire. Il faut que je décide si je veux ou non aller rejoindre Danny là où il est. Mais comment expliquer une chose pareille à un John Bussey ?

« C'est comme Roméo et Juliette, lui dis-je. On ne peut pas les séparer. Autrement, il n'y aurait plus de Shakespeare. »

Silence.

Je décide d'être plus directe. Je lui dis : « Je n'ai plus peur de rien. Pas même de mourir. »

Les yeux de Bussey s'écarquillent encore un peu plus. Ma mort est bien la dernière chose dont il ait besoin.

J'ai l'étrange impression d'être deux personnes. L'une observe la conversation, tandis que l'autre parle. Tout est anormal, et en particulier ce calme extrême qui s'est emparé de moi. J'essaye d'expliquer à Bussey que si je décide de mourir, ce sera sans amertume. Plutôt comme on tire sa révérence à la vie, comme un acteur qui, ayant fini de dire son texte, s'incline et se retire. Je tente d'expliquer à Bussey qu'une telle décision n'a rien à voir avec lui, qu'elle n'appartient qu'à moi. Je choisirai soit de vivre soit de mourir, mais je ne resterai pas entre les deux, pour traverser la vie comme un fantôme.

« Crois-tu que tu retrouveras Danny de cette façon ? » demande Bussey.

Mon esprit passe en revue toutes les théories possibles sur la vie après la mort. C'est comme si cette question métaphysique était devenue soudain aussi concrète que l'air que je respire. Le bouddhisme enseigne que la vie est un cycle éternel, sans commencement ni fin. Je me souviens de la métaphore : « Une vie individuelle est comme une vague émergeant sur ce grand océan qu'est la vie de l'univers. L'apparition d'une vague est la vie et sa disparition la mort. C'est un rythme qui se répète éternellement. »

Pour finir, je réponds à Bussey : « Non, je ne le crois pas. »

Bussey semble soulagé, mais du coup, ma panique n'en est que plus grande. Car je n'avais jamais pensé que je pourrais rester seule. Dans mon esprit, quoi qu'il arrive, Danny et moi étions et resterions toujours ensemble.

*

Randall et les autres repartent à la recherche des meurtriers. Je cours derrière eux. Je saisis l'AK-47 d'un garde et dis à Randall :

« Je vais avec vous !

– Ce n'est pas possible, dit Randall. C'est trop dangereux.

– Foutez-moi la paix ! Je n'en ai rien à foutre du danger ! »

Les yeux de Randall se remplissent de nouveau de larmes : « Mariane, par pitié ! »

Je rends son arme au garde et retourne dans ma chambre.

Captain reste avec moi. Il me tient la main et me parle de sa fillette morte : « Ce sera très dur pour toi, dit-il. Ce sera une épreuve terrible. Mais tu la surmonteras parce que tu es courageuse, tu es une lutteuse. Tu peux y arriver.

« Il faut que je te dise quelque chose d'autre, ajoute-t-il. Je serai toujours là pour toi. »

Je ne sais ni quand ni comment je m'endors. Je m'écroule tout bonnement. Quand vient l'aube le lendemain, je suis seule dans notre lit. Mon corps penche en avant, prêt à épouser le sien. Puis j'entends la pluie. Il n'a encore jamais plu depuis que je suis à Karachi. Mais il tombe des cordes maintenant, comme si les citernes du ciel avaient débordé. Et cela continuera toute la journée, même quand le soleil aura timidement montré le bout de son nez.

J'appelle mon frère aîné Satchi à Paris. Je lui dis : « C'est fini. » La première réaction de Satchi est la même que la mienne : « Non, on ne peut pas abandonner, ce n'est pas vrai. Il faut seulement que le monde entier se mette à pratiquer avec nous. Envoie-leur un message, dis-le-leur. »

Dans le monde entier, des bouddhistes ont pratiqué pour nous. Ils appartiennent pour la plupart à l'organisation de bouddhistes laïques Soka Gakkai internationale. La SGI est un réseau de personnes à la fois ordinaires et remarquables, dirigé par Daisaku Ikeda, un homme qui a toute sa vie lutté pour la paix. Depuis plusieurs semaines, les membres se sont spontanément mis à prier pour nous et bientôt – comme dans une course où le relais passe de main en main – ils s'étaient organisés de telle manière que des gens pratiquaient pour nous 24 heures sur 24, dans tous les fuseaux horaires.

Pendant un instant, je vois le monde par les yeux de Satchi, et je tape un message : « Continuez, continuez à prier pour Danny. »

Mais je n'ai pas plus tôt cliqué sur « Envoyer » que je sais que c'est terminé. Il est temps d'annoncer au reste du monde que Danny est mort.

Ma mère chérie avait une peur terrible de mourir. Lorsque nous avons fini par comprendre que le cancer l'emporterait, j'ai su que je devais l'aider à surmonter cette peur. Mais je savais aussi, au moment où elle allait entreprendre cette traversée que l'on effectue toujours seul, que je ne pourrais pas dissiper sa peur sans avoir surmonté la mienne.

Elle est morte un mois exactement après mon mariage avec Danny. Nous étions à son chevet, Satchi, Danny et moi. Quand la vie a quitté son corps, elle a poussé un dernier petit soupir, presque de soulagement, et j'ai senti en moi une énergie qui partait avec elle vers le haut. Je l'ai regardée, surprise d'être moi-même encore en vie. J'ai levé les yeux vers le plafond, imaginant ma mère flottant quelque part au-dessus de nos têtes, grandement étonnée de nous trouver tous là, rassemblés autour de son corps vide. J'ai souri au plafond, sous les regards inquiets des infirmières accourues dans la chambre. Et j'ai embrassé les lèvres encore chaudes de ma mère.

Quelques semaines après le décès de Marita, j'ai découvert que ma mère ne laissait absolument rien derrière elle. Ni meubles, ni testament, ni biens, seulement un souhait. Je l'ai découvert dans un cahier d'écolier. Elle y avait écrit pourquoi elle avait décidé de détruire ses journaux intimes antérieurs : « J'ai assez monologué. » Le reste du cahier était vierge, à l'exception d'une page en espagnol, que je me suis empressée de traduire à Danny :

> « Je dois aller à Santiago [de Cuba]. Il faut que j'aille voir quelqu'un là-bas. Qui ? Je ne sais pas. Peut-être une femme ou un homme... Peut-être un enfant ou un paysage. Une rue ? Un arbre ? Une montagne ? Je l'ignore. Mais aujourd'hui, j'ai compris que c'est là-bas que se trouve ce qui manque à mon bonheur ici. Peut-être est-ce une chanson ? Ou peut-être seulement *La Casa de la Nueva Trova* où mes petits amis musiciens noirs éprouvent maintenant tant d'intérêt pour le dollar. »

Un mois plus tard, nous étions sur le point de partir pour l'aéroport – Danny, ma mère dans son urne et moi. Ma mère était dans une boîte métallique bleue ornée d'un couvercle élégant et scellée par une bague d'acier. Au début, Danny et moi avions tous d'eux peur d'elle, ne sachant pas quel rapport entretenir avec cette nouvelle version de Marita. Danny a rompu la glace. Il a posé la boîte sur mon bureau. Il a commencé à lui expliquer que nous arriverions bientôt tous les trois à Santiago de Cuba où nous disperserions ses cendres au matin du premier millénaire. Il lui parlait doucement, comme à un enfant, avec du sourire dans la voix. J'étais certaine qu'elle adorait ça. Comme je ne savais pas quoi faire d'autre, j'ai décidé de lui écrire une lettre :

> Mamie,
>
> Nous avons dû te changer en cendres. Satchi préférait ça. Tu connais son horreur des insectes, et de toutes ces petites créatures dégoûtantes qui n'attendent que le moment de se nourrir de vous. Mais je veux que tu saches qu'il n'est pas question que tu restes ici au cimetière du Père-Lachaise où ton âme errerait entre des tombes pesantes, dans une grisaille sinistre.
>
> Danny, mon ange de mari, et moi, nous te ramenons à Cuba, ton pays, celui de ton cœur. Je n'ai pas encore trouvé où exactement. J'aimerais que tu m'apparaisses dans mes

rêves pour me guider. Si tu veux, tu peux aussi me visiter pendant la journée. »

L'employée des douanes cubaine était une femme acariâtre qui exigeait avec véhémence un permis d'inhumer avant de nous laisser entrer dans le pays. Elle s'imaginait probablement que ma mère était une traîtresse à la patrie repentie, qui, après avoir abandonné Cuba, aspirait maintenant à y reposer pour toujours. Je n'avais pas l'énergie d'expliquer à quel point ma mère – au-delà de toute considération politique – faisait partie de ce pays. Avec son espagnol de bande dessinée, Danny a pris la situation en main. Il a expliqué, surtout par gestes, que sa belle-mère n'irait pas sous terre. Il a imité les cendres qui s'envolent en agitant les bras. La douanière a capitulé et nous a fait signe de passer.

Dans les deux jours qui ont suivi, nous avons emmené ma mère partout. Nous avons bu en son honneur un cocktail à *La Casa de la Trova*, et nous y avons bien rencontré les musiciens mentionnés par Marita dans sa note. (Ils ont indéniablement manifesté de l'intérêt pour les quelques dollars que nous leur avons laissés.) Nous avons fêté le réveillon du nouvel an avec d'autres de ses amis musiciens. A chaque fois qu'ils nous disaient à quel point Marita leur manquait, Danny précisait, en désignant la boîte : « En fait, nous avons… enfin, elle est là. »

Le 1er janvier 2000, Danny a mis son short préféré, et un de ses T-shirts absurdes représentant Mr Bubble. J'ai mis une robe de plage mauve. Nous étions maintenant tellement habitués à emmener notre boîte partout, que nous n'avons même pas pensé à nous habiller pour le grand jour. Dans notre voiture de location, nous avons parcouru les alentours de Santiago pour arrêter finalement notre choix sur un arbre immense, au sommet d'une colline. Un caroubier, seul de son espèce au milieu de palmiers royaux, qui dominait toute la vallée.

Danny a essayé de sortir Marita de l'urne, mais la boîte était bien scellée. Il bataillait pour libérer ma mère de sa prison métallique lorsque la Providence, dans cet environnement magnifique et désert, a croisé notre chemin sous la forme d'un paysan qui passait par là. Il était là, pieds nus, avec un chapeau, un grand sourire et un *machete*. Cette lame en forme de serpe qui lui servait à couper la cane a eu finalement raison du couvercle de l'urne.

Danny a sorti son violon de l'étui et s'est mis à jouer le morceau favori de ma mère, *Chan-Chan*, une chanson paysanne traditionnelle, pendant que je dispersais son corps aux quatre vents. Sa chair était devenue cendre et ses os s'étaient calcifiés en petites pierres, légères comme du gravier. Une fois l'urne vide, et quand Danny a eu fini de jouer, je me suis assise près de l'arbre pour pleurer.

Mon frère Satchi arrive à Karachi, encadré par deux consuls, l'un français, l'autre américain, qui ont eu tous deux la gentillesse d'aller le chercher à l'aéroport au milieu de la nuit. Il pose sa valise, me serre dans ses bras. Et nous pleurons et nous dormons ensemble pour la première fois depuis notre petite enfance.

Quand nous nous réveillons le lendemain, Zamzama Street n'est plus qu'un ahurissant concert de bêlements. C'est Eid-ul-Adha, la fête qui commémore l'obéissance du prophète Abraham, prêt à tout sacrifier à Dieu, même son fils Ismaël. Parce que Dieu a épargné Ismaël et s'est contenté d'un mouton à sa place, ceux qui célèbrent l'Eid font de même. Bien que je sois pour toutes les fêtes et même si, je l'avoue, j'aime beaucoup le mouton, je trouve ces cris épouvantables. Et c'est avec une certaine stupeur que nous découvrons que Nasrin et Shabir ont attaché leur futur dîner dans la cour derrière la maison.

Satchi reçoit un cours intensif sur la vie à Karachi. Après avoir visité le cagibi qui leur sert de maison, il a fallu le convaincre de ne pas installer Kashva, ses parents et le mouton dans la maison.

Satchi est un concentré de chaleur humaine. Même s'il est encore épuisé, à peine capable de distinguer la réalité du cauchemar, il n'oublie pas de donner l'accolade à Bussey, Captain, Dost et à « tous ceux qui ont si bien pris soin de ma sœur ».

Ah ! les moutons. De la véranda où nous déjeunons, nous entendons les bêlements se faire de plus en plus rares. Shabir en conclut, radieux : « Nos voisins sont déjà en train de découper les oreilles de l'animal ! » Bussey tente une définition personnelle de la tradition : « Fête musulmane qui consiste à acheter un mouton, l'apprivoiser et lui montrer qu'on l'aime, avant de le sacrifier. »

Lorsque je descends chercher du café, Bussey attrape Satchi par le bras : « Il faut absolument que tu lui parles ! » Bussey a peur que je m'immole en sacrifice.

Mon frère et moi avons une conversation d'une profondeur bien au-delà de ce que j'aurais cru possible de communiquer par les mots. Je n'ai toujours pas touché aux affaires de Danny dans la chambre. Et c'est là, entourés de toutes ces petites choses qui rendent Danny si douloureusement vivant, que Satchi et moi allons à l'essentiel. Nous définissons ce qui vaut la peine de vivre et ce qui mérite que l'on se batte pour l'obtenir. Nous parlons longuement de la mort, des batailles victorieuses et du prix à payer pour y parvenir. Nous parlons des missions et des peurs. Nous parlons de notre mère, de notre père, des deux enfants de Satchi, de mon fils.

Nous parlons de Danny. De ce qu'il a dit, après avoir joué du violon aux funérailles de notre mère : « La seule façon que j'aie de rendre Marita heureuse, c'est de rendre sa fille heureuse. »

Et du fait que la seule façon que j'aie de confirmer la victoire spirituelle de Danny, c'est de continuer à vivre et de m'efforcer d'être heureuse de nouveau.

« Quoi qu'il arrive, disait souvent Danny sur le ton de la plaisanterie, ne perds jamais ton sourire, okay ? Nous allons devenir chauves, et gros, et vieux, mais tu n'as pas le droit de perdre ce sourire. »

Cette phrase me revient sans cesse. Quel incroyable défi. Je ne sais pas si je pourrai être heureuse encore. Cela me semble une montagne trop haute pour être franchie. Abandonner serait tellement plus facile. C'est précisément pourquoi il faut continuer, je sais.

Je sais aussi que si les terroristes ont tué en moi le désir de vivre, alors Danny aura perdu. Et c'est inadmissible. A aucun moment, il n'a baissé la tête devant ces hommes. Ils ont disposé de son corps mais ils n'ont jamais asservi son esprit. Je ne peux pas les laisser détruire le mien. Dans ce défi, Danny et moi demeurerons à jamais ensemble.

Et notre fils est vivant.

« En te tuant, tu tuerais aussi ton fils », dit Bussey, comme si cette évidence était pour lui une grande révélation. Mais ses mots m'aident à voir que je n'ai peut-être pas le choix, parce que si je vis, le bébé vit. Et si nous vivons tous les deux, Danny a la victoire.

Peut-être le choix n'est-il pas entre vivre ou mourir. La seule alternative est victoire ou défaite. Si l'on décide de poursuivre, de vivre, il n'y a pas de moyen terme. En parlant avec Satchi, c'est ce que je comprends. Grâce à mon frère, je me dresse de nouveau. Je fais mon premier pas dans cette bataille pour vaincre cette totale obscurité qui engendre les terroristes : j'appelle le bureau de Musharaff. Je dis à son assistant : « Le Président et moi devons nous rencontrer. »

Danny a essayé de s'échapper.

J'apprendrai au cours des mois suivants que les kidnappeurs l'ont emprisonné dans une cabane isolée sur un terrain à la lisière nord de Karachi, loin de la route, loin des gens qui pourraient passer par là. Une fois libéré des fers pour aller aux toilettes, il a essayé de s'échapper en se glissant dans une bouche d'aération. On l'a rattrapé et ramené, en l'enchaînant cette fois à un moteur de voiture, trop lourd pour être traîné. Une autre fois il a essayé de s'échapper alors qu'il traversait le terrain en compagnie de ses ravisseurs. Un jour, il a entendu un vendeur de légumes faisant du porte à porte, et il a crié au secours ; ils l'ont fait taire, soit en le menaçant d'une arme, soit en lui couvrant la bouche de leurs mains. Quand il eut le soupçon qu'il y avait de la drogue dans sa nourriture, il a refusé de manger pendant deux jours. Ce fut seulement après qu'un des gardes eut goûté un sandwich qui lui était apporté que Danny a accepté de le manger.

Quelquefois, quand je pense à la peur que Danny a dû ressentir, j'en deviens physiquement malade. Mais ils ne l'ont pas torturé. Ils ne l'ont pas roué de coups. Ils lui ont donné à manger, même si ce n'était pas grand-chose. Ses repas lui étaient apportés par Nahim Bukhari, l'intermédiaire entre les deux cellules – la cellule d'Omar et celle des hommes qui gardaient Danny en captivité. Nahim a exercé un grand pouvoir, à un moment donné, à Karachi. Leader de la branche locale de Lashkar-e-Jhangvi, il était recherché par la police même avant la capture de Danny. Il était recherché pour le meurtre de dizaines de musulmans chiites. Nahim était avec Omar à l'aéroport, le 21 janvier, et il était l'un des hommes qui l'ont rejoint sous le Baloch Bridge le lendemain. Le jour suivant, le 23, quand Danny est monté dans la voiture à l'hôtel Métropole, c'est Nahim, sur sa moto, qui a ouvert la route jusqu'à cet épouvantable lieu de détention.

Les hommes qui gardaient Danny ne parlaient que très peu d'anglais. Il ne pouvait pas communiquer avec eux, ni eux avec lui. Je suppose que c'est la raison pour laquelle ils n'ont pas remarqué ce qu'il faisait avec ses doigts lorsqu'ils ont pris des polaroïds de lui – faisant le signe de la victoire d'une main et un doigt d'honneur de l'autre. Et ils ne pouvaient pas contrôler l'expression de défi qui se lisait sur son visage.

Jusqu'à la fin, il a lutté. Dans la vidéo, mes amis me rapportent que Danny dit : « Mon père est juif, ma mère est juive, je suis juif. » Oui, je n'en doute pas, ce sont eux qui lui ont fait dire cela, tout comme ils lui ont fait critiquer la politique étrangère des États-Unis, y compris le fait, peut-être, que son père vient d'une famille sioniste. La famille a bel et bien émigré en Israël en 1924.

Mais il y a un détail qui me prouve que Danny est resté invaincu jusqu'à la fin. Il dit dans la vidéo : « Dans la ville de Benei Beraq, en Israël, il y a une rue appelée rue Chaïm Pearl, du nom de mon arrière-grand-père qui fut l'un des fondateurs de la ville. »

Ce n'était pas une information que ses ravisseurs auraient pu connaître, ou qu'ils auraient pu contraindre Danny à formuler devant la caméra pour les besoins de leur propagande. Le choix de ces mots et la décision de les prononcer était du pur Danny Pearl, un acte de défi personnel, signifiant essentiellement : « Si vous avez l'intention de me tuer pour qui je suis, alors faites-le, mais *vous ne m'aurez pas.* » Danny a dit cela pour moi, pour notre fils, et pour ses parents. Il l'a dit pour que nous sachions. Pour que nous soyons fiers et poursuivions. Ces mots évoquant le passé ont créé le futur.

Jusqu'à la fin il n'a pas su qu'il allait mourir. Vers le 31 janvier, ou le 1er février, un fabricant de tissu du nom de Saoud Memon, propriétaire du terrain, a amené trois nouveaux hommes en voiture – parlant arabe, probablement des Yéménites. J'ai appris par la suite ce qui s'était passé alors, dans un article que Steve a écrit pour le *Wall Street Journal :*

> D'après une personne très au courant de l'affaire, [Nahim] Bukhari a ordonné à tous les gardes, à l'exception d'un, de sortir et de laisser les hommes parlant arabe seuls avec M. Pearl. Le garde qui est resté, toujours selon la même personne, était un employé de M. Memon, du nom de Faisal Karim. M. Karim, qui connaissait un peu d'anglais, a dit ensuite à la police que l'un des visiteurs a communiqué avec Mr Pearl dans une langue que le garde ne connaissait pas. M. Pearl, qui connaissait le français et l'hébreu, a répondu par une explosion de colère, lors de cette conversation, la première d'une certaine longueur depuis sa capture.
>
> Une fois ce violent échange calmé, l'un des visiteurs a mis en marche une caméra vidéo, et un autre a posé à M. Pearl des questions sur sa religion d'origine. Au moins l'un des plus grands journaux pakistanais avait déjà à l'époque publié un article disant que M. Pearl était juif. Une fois la déclaration filmée – dans laquelle il décrivait où il a été élevé aux États-Unis, l'héritage religieux de sa famille et sa sympathie pour les individus capturés par les États-Unis en Afghanistan et détenus dans la baie de Guantánamo – on a mis un bandeau sur les yeux de M. Pearl et il a été tué.

Nous avions attendu en vain pendant trois semaines avant d'apprendre sa mort. C'était le temps qu'il leur avait fallu pour monter une vidéo de l'événement. Quiconque a vu les bandes vidéo d'Oussama Ben Laden – en particulier celle où on l'entend se réjouir du désastre et rendue publique peu de temps après le 11 septembre– ne peut qu'être frappé par la ressemblance du style. Derrière la personne qui parle – dans ce cas Danny – défile un montage d'images de différents conflits : photos d'enfants blessés, bruits d'explosions. A la différence de la vidéo d'Oussama, celle-ci se conclut par l'assassinat très spectaculaire et barbare de mon mari.

La première chose qu'ont faite ses ravisseurs a été de priver Danny de sa voix. Pas de téléphone, pas de stylo, pas d'ordinateur. Mais même alors, des centaines de milliers de personnes, dans le monde entier, non seulement l'ont accepté comme l'un des leurs mais ont compris précisément qui il était, ce qu'il faisait et pourquoi. Ses meurtriers ont essayé de le réduire à un symbole – un Juif, un Américain. Mais les gens ont perçu, d'une façon mystérieuse, aussi bien son côté gentiment dans la lune que son grand talent de journaliste. Ils lui ont été reconnaissants. Ils ont senti quel merveilleux ami, à l'esprit généreux, il pouvait être. Grâce à ce qu'elle a éveillé dans la vie et dans le cœur des gens, la vie de Danny brille avec encore plus d'éclat, tandis que la vie de ses meurtriers s'étiole dans l'obscurité.

Voilà encore une raison qui me permet de dire qu'il a gagné : bien que grièvement atteinte, j'ai été capable de me relever. Danny a perdu la vie, mais il a remporté la victoire, une victoire amère mais définitive.

Il n'y a plus aucune raison de rester à Karachi. En fait, c'est dangereux pour moi, mais l'idée de quitter le Pakistan sans Danny est une torture. Je n'ai aucun désir de rester, mais aucun désir de partir non plus.

Bussey essaie de faire pression sur Asra.

« Si elle accouche ici de son bébé, ce sera de ta faute.

– Où est le problème ? s'étonne Asra, c'est arrivé à 140 millions de personnes, de naître ici. »

Mais Bussey ne comprend pas ce qu'elle veut dire. Ils me font quitter le Pakistan, que je sois prête ou pas. Mais avant de partir, je veux m'adresser aux gens du pays. Je veux rendre bien clair que je ne les tiens pas pour responsables de ce qui s'est passé. Je veux partager ce que j'ai appris d'une menace qui nous concerne tous – le terrorisme sous sa forme la plus désespérée. Et je veux expliquer pourquoi je suis convaincue que l'esprit de Danny vit toujours.

Pour ma première apparition publique depuis que j'ai appris le meurtre de Danny, j'accepte qu'elle soit sur CNN, parce que je sais que leurs programmes sont vus à travers tout le Pakistan. C'est Chris Burns, qui a couvert le kidnapping pour la chaîne, qui doit m'interviewer. Je me suis préparée avec soin. Je sais quel message je dois faire passer. Plus tard, en se remémorant la scène, Satchi récrira :

> « [En écoutant ma sœur parler sur CNN], j'ai enfin compris ce qu'elle voulait dire par “ Danny n'est pas mort ”. Il était évident que Danny lui avait transmis sa force, son courage, son cœur et un fils. Dans cette immense douleur, dans ce refus absolu de se résigner, elle pouvait dire haut et fort à ses ravisseurs : “ Vous avez perdu ! Vous avez eu son corps, mais à aucun moment vous n'avez eu son âme car elle coule à travers moi. ”
>
> « Ma sœur est de ces personnes qui se consacrent, de tout le cœur et de toute leur âme, à changer le monde autant qu'elles le peuvent. »

Lorsque Bussey, Satchi et moi sortons de l'ascenseur au onzième étage de l'hôtel Sheraton, une autre journaliste de CNN me saute au cou – pour autant qu'elle y parvienne car mon ventre fait barrage. C'est Connie Chung, venue en avion des États-Unis pour me convaincre d'être sur son programme. Puis, se dégageant, elle me tend une lettre qu'elle m'a écrite, et demande si elle peut assister à mon interview avec Chris Burns.

Pendant que je me prépare, Chung pose des questions et se débrouille pour trouver le nom de Satchi. Elle a du mal à digérer le fait que mon frère, qui visuellement ferait plutôt penser à un Arabe, ait pour nom de famille Van Neyenhoff et soit citoyen hollandais.

Bussey ne sait plus où donner de la tête, entre Connie Chung et ce qui se passe sur le plateau.

Burns, CNN et moi sommes tombés d'accord sur le contenu de l'interview. J'ai bien prévenu que je refusais de discuter des modalités de la mort de Danny, et ils m'ont répondu qu'ils le comprenaient. Pourtant, à la fin de notre conversation, Burns se penche vers moi et me demande d'un air gourmand : « Vous avez vu la vidéo ? »

Quels mots pourraient exprimer ce que j'ai ressenti ? « Vous n'avez donc aucune décence ? lui ai-je répondu en français, parce que je savais qu'il le parlait. Après tout ce que je viens de vous expliquer, vous me posez encore ce genre de questions ? M'avez-vous seulement écoutée ? »

Chris Burns balbutie des excuses, mais c'est à mon tour maintenant de ne plus écouter.

Satchi commente tandis que nous quittons la pièce : « On dirait qu'il vient de se prendre un coup de poing de Mohammed Ali et de Mike Tyson en même temps. »

Connie Chung nous suit dans le couloir et attrape mon frère par le cou.

« *I'm so sorry*, dit-elle, *so sorry*... » Puis le serrant encore de plus près, elle lui murmure à l'oreille : « Vous avez un second prénom ? » Satchi se dégage de son étreinte. Il est stupéfait. Et il n'en croit pas ses yeux quand, au rez-de-chaussée, une fois ouvertes les portes de l'ascenseur, il aperçoit la horde de journalistes et de photographes qui nous attend.

Bussey referme aussitôt les portes et nous débarquons au premier étage où le gérant de l'hôtel, habillé de noir, nous guide à travers les cuisines vers un ascenseur de service qui se bloque. Une fois libérés, nous traversons la buanderie, un sous-sol à fonction indéterminée, enfin le parking où nous attend notre voiture.

« Okay, jeune homme ! dit Bussey au chauffeur. Déjà vu ces films à la télé, quand les flics poursuivent les méchants, et les pneus grincent, et ils vont vraiment très très vite ? Eh bien, c'est notre tour maintenant ! Vas-y, fonce ! »

Le chauffeur ne demande pas mieux et nous sommes littéralement collés à nos sièges par la vitesse à laquelle il

démarre, manquant de renverser les journalistes postés à la sortie du parking.
« *Yessssss !* » dit Satchi.

Nous avons nommé Steve notre ministre délégué aux courses et achats divers dans Karachi. Il a une liste longue comme le bras – prendre les billets d'avion, acheter des cadenas pour les valises, donner quelque argent aux gardes qui sont dehors – et dans sa hâte, il a commis une sérieuse erreur. Il a refusé de s'arrêter au McDonald's pour Asra.

« Pas le temps ! » a-t-il répondu quand elle lui a crié sa requête.

Il s'apprête à passer la porte quand Asra pousse un hurlement : « Vous voyeeeeez ! *Personne* ne m'aime ! »

Un cri aussi déchirant fendrait l'âme des hommes les plus endurcis. Asra monte les escaliers en trombe sous l'œil stupéfait des hommes incapables de comprendre ce qui se passe. Je leur dis : « Mais vous ne comprenez donc pas ? Elle est enceinte. »

Bussey se précipite dans la cuisine et dans un acte d'une bravoure sans précédent entre dans la pièce où Asra git sur le sol, en larmes. Il lui tend une banane à bout de bras. Asra sourit. Steve repasse la porte avec un Menu n° 1 de McDonald's au moment précis où le président Musharraf appelle sur la ligne fixe, celle qui était réservée à Danny. Musharraf est cordial et demande comment je vais, comment nous allons.

Je lui dis :

« Nous devrions nous rencontrer.

– Vous voulez venir me voir ? » me demande-t-il. Et je réponds oui. Le monde entier semble être devenu fou.

Asra a fait les bagages. Rien qu'à elle seule, elle a six énormes sacs de voyages du style tiers-monde. Elle a aussi mis dans une valise les affaires de Danny – les T-shirts idiots, les cravates flamboyantes, les bandes dessinées, une seule chaussure de tennis puisque Danny avait réussi à perdre l'autre, et la mandoline à l'étui recouvert d'étiquettes.

Pour notre dernière soirée ensemble, j'invite tous les hommes qui m'ont aidée à chercher Danny. Randall obtient, de l'intendance du consulat américain, quelques canettes de bière et bouteilles de vin à l'intention de ceux qui ne sont ni musulmans ni femmes enceintes. Youssouf-le-Cuisinier fait des petits fours que personne ne mange. Il y a Captain, naturellement, et Dost. Jamel Youssouf et Randall Bennett. Tariq Jamil et John Bauman. L'agent du FBI John M. et John Bussey, Asra et Steve. Zahour. Nous semblons tous avoir vieilli, le teint gris, les yeux cernés, la rage au cœur. Mais tout le monde s'est habillé, comme il sied pour une cérémonie.

Nous nous mettons en cercle, et pendant un instant, nous restons assis en silence. Cela ne gêne personne parce que nous partageons tous quelque chose d'inexprimable. Dost joint les mains, comme en prière, et nous avons en effet l'air de gens sur le point de prêter serment. Notre silence est lourd de chagrin, d'amour – et de défi.

Finalement, je trouve ma voix : « Vous êtes les hommes les plus courageux que j'aie jamais rencontrés. Vous êtes allés droit en enfer, là où l'obscurité est la plus profonde parce que vous haïssez l'injustice, le racisme et la tyrannie. Vous l'avez fait pour Danny et pour moi, et pour notre enfant. Mais vous l'avez fait aussi pour le reste du monde. Vous êtes aux premières lignes de la lutte contre le terrorisme, et pourtant, personne ne vous connaît, ni ne connaît votre courage. Personne ne voit comme votre détermination à lutter contre la plus sombre menace qui pèse actuellement sur l'humanité, fait briller l'individualité de chacun d'entre vous. »

Captain a cessé de me regarder. Je sais qu'il lutte pour ne pas montrer ses larmes. Je pense qu'il est fier de moi. Je veux qu'il sache – je veux qu'ils sachent tous – à quel point je suis fière d'eux. « Je vous ai réunis ici pour vous remercier d'avoir versé des larmes avec moi et aussi pour vous dire que je vais parler de vous au monde entier. D'abord, je le dirai au président, et ensuite à tous. »

Et j'ai poursuivi : « Les gens ont besoin de savoir la vérité. Si nous voulons mettre fin au terrorisme, les terroristes devront avoir en face d'eux des opposants aussi déterminés qu'ils le sont eux-mêmes. Vous l'êtes. Nous le sommes tous. »

Je fixe intensément leurs beaux visages, ridés et gonflés par la fatigue et par l'angoisse, et j'essaie de les graver dans ma mémoire pour le reste de ma vie. « Je vous ai réunis ici pour vous dire que sans des gens magnifiques comme vous auprès de moi, je n'aurais plus le moindre espoir. Et comment pourrait-on vivre sans espoir ? »

On entend tout d'un coup un fracas dans le couloir et notre cercle se fige. Puis nous en discernons l'origine : la petite Kashva – qui rentre et sort librement dans toutes les pièces de la maison – vient de laisser tomber l'un de ses trésors. Elle dévisage avec audace tous ces grands bonshommes, puis décampe. Captain sourit, d'abord à la petite fille, puis à nous autres, d'un sourire différent. Dans ses yeux, je peux lire cet étrange mélange de souffrance, de fierté et de dignité solennelle que nous partageons.

Chapitre 11

Comme des ombres se faufilant dans la nuit noire, nous allons quitter Karachi. Depuis le départ de Danny, Nasrin évitait soigneusement de ranger ses affaires dans notre chambre. Mais maintenant, tout ce qui était éparpillé – les bandes dessinées, les fils multiples, à brancher ici ou là, la chaussette solitaire... – a été respectueusement empaqueté. Nasrin a changé les draps de notre lit, comme si elle ne savait pas que personne n'y dormirait ce soir.

Le choc a tout fait exploser, il a engourdi ma capacité à voir les choses clairement. En faisant un effort de mise au point, je suis presque surprise de le voir encore là, le décor de ma tragédie. L'horloge absurde, le golfeur dont le club est devenu un marteau, enfonçant, à chaque seconde un peu plus, l'absence de Danny. La chaise sculptée dans laquelle je me suis balancée pendant une éternité, pour apaiser le bébé en attendant Danny. L'organigramme mural, qu'Asra a cérémonieusement roulé, comme on roule un drapeau pour un héros tombé. J'en appelle au poète Lamartine pour faire mes adieux à cette maison que je ne veux plus jamais revoir sans non plus vouloir la quitter.

Objets inanimés, avez-vous donc une âme
Qui s'attache à notre âme et la force d'aimer ?

Notre maison est la seule éclairée dans Zamzama Street. Toutes les valises, y compris celle de Danny, sont soigneusement regroupées dans l'entrée. Asra a finalement six valises à elle toute seule, mais à vrai dire, en plus de ses quelques pantalons Nike, elles contiennent surtout recherches et documents – soixante dossiers, une pile jusqu'à hauteur de ceinture de coupures de journaux, des cahiers et quelques livres essentiels.

Satchi a disparu, mais nous le retrouvons sur le trottoir, occupé à serrer la main à chacun des gardes. Il leur offre des *thank you* à profusion, avec une poignée de main franche, serrant parfois la main du policier entre les deux siennes comme pour les réchauffer. Bussey l'aperçoit et éclate de rire : « Regardez donc Satchi ! Il devrait se faire élire maire ! »

Quelques minutes plus tard, notre convoi s'ébranle, accompagné par la lumière rouge des gyrophares d'une escorte de police conséquente. John Bauman ouvre la marche dans son 4×4 diplomatique noir. Par un acte manqué bien surprenant de sa part, il n'était pas là à l'heure dite. Il ne s'était pas réveillé. Mais moins de dix minutes après notre appel, Bauman était à notre porte – un peu marqué par la fatigue mais fin prêt, dans un costume impeccable avec chemise blanche et cravate. Pour masquer l'angoisse qui nous étreint, notre équipe matinale plaisante et se demande si le consul a dormi ou non tout habillé.

Quand je regarde par la fenêtre de la voiture, je suis soulagée de constater qu'avant l'aube, les rues de Karachi, silencieuses et vides, n'ont plus rien de familier.

Premier arrêt : Islamabad.

Au palais présidentiel du général Musharraf, les gardes en costume de cérémonie portent des *kolas*, sortes de turbans très hauts. Et ils fixent le vide, droit devant eux, tandis qu'Asra, Steve, Satchi et moi montons les escaliers recouverts de velours rouge. Nous sommes introduits dans une vaste pièce au plafond haut et au mobilier victorien orné de dorures. Il y a des chaises couvertes de velours rouge pour s'asseoir, mais elles sont postées si loin les unes des autres qu'elles interdisent tout aparté entre nous. Il me faut donc étudier un énorme portrait de Quaid-e-Azam Mohammed Ali Jinnah, le fondateur de la nation pakistanaise, qui fut à un moment donné l'ambassadeur de l'unité entre hindouistes et musulmans. Au bout de quelques minutes, nous sommes conduits dans une salle de réception où le président Musharraf nous attend. Petit, mais dégageant un indéniable air d'autorité, Musharraf porte une *sherwani*, la chemise traditionnelle pakistanaise. Sur chaque chaise, un carton portant nos noms a été placé. Le prénom d'Asra est mal orthographié, ils ont mis un *Z* à la place du *S*.

Je l'imagine en train de murmurer : « Bravo pour les renseignements ! »

Enveloppée dans le châle de Danny, dans mon pantalon vert et mes chaussures de combat, j'ai l'impression d'être une guérillera enceinte en tournée diplomatique.

« Je crois savoir que vous avez rencontré des Pakistanais modérés pendant votre séjour ici », me dit le président Musharraf. Oui. Je le lui assure : je sais que tous les Pakistanais ne sont pas des ravisseurs meurtriers.

Le président nous offre des amandes grillées au miel, les meilleures que j'aie jamais mangées. Je l'observe plus que je ne l'écoute. Il est de toute évidence partagé : sincèrement désolé pour moi mais encore furieux contre Danny, choisissant de croire que mon mari est à l'origine de tout ce qui lui est arrivé. J'essaie d'interroger Musharaff sur l'ISI et la disparition d'Omar pendant la semaine du 5 au 12 février. Il élude mes questions, et préfère évoquer les problèmes auxquels est confronté le Pakistan : le Cachemire, l'Inde, les djihadis, l'Afghanistan, la pauvreté, l'illettrisme.

Lorsque Musharraf a terminé, je lui parle de Captain. Je lui dis : « Vous avez des hommes merveilleux. Il ne faut pas que leurs efforts soient gaspillés. » Tout en lui parlant, une pensée me revient sans cesse en tête : « Ils ont exécuté Danny, mais d'une certaine façon, c'est vous qu'ils voulaient tuer. »

Comme s'il lisait dans mon esprit, Musharraf dit tout à coup :

« Ils sont aussi après moi. »

Je hoche la tête.

« Nous trouverons les tueurs », dit-il, alors que nous nous levons pour partir.

Nous prenons l'avion pour Paris le soir même et je ne sais toujours pas où est Danny. Je suis une âme errante à la recherche de son propre corps.

Bussey a travaillé dur pour préparer notre voyage. Il veut en faire le voyage le plus sûr qu'aucun de nous ait jamais fait. Il n'y a qu'une fraction du parcours qui échappe à la planification de Bussey – entre Islamabad et Dubaï. Sur ce trajet, nous devons prendre Shaheen Air, la seule compagnie dont les horaires correspondent aux nôtres. Elle transporte principalement les travailleurs immigrés qui s'envolent par grappes vers les Émirats arabes unis où ils alimentent la demande constante de main-d'œuvre bon marché.

Un bus nous dépose au pied de l'avion. Lorsque nous embarquons, Bussey manque de s'étouffer à la vue du cockpit. Les pilotes, tous originaires de l'ancienne Union soviétique, ou bien n'ont pas dormi depuis une semaine, ou ont une gueule de bois si sévère qu'ils ont basculé dans une autre dimension. Nous prenons place quand même.

Nous sommes les seuls voyageurs de première classe, ce qui veut dire en fait que nous sommes au premier rang de l'avion, entièrement réservé pour nous. Bussey jette un coup d'œil en écartant le rideau qui nous sépare du reste des passagers. L'avion est entièrement rempli de barbus aux airs de djihadis, l'œil fixe et muets comme des tombes.

« Ah, fantastique ! » dit Bussey. Il se tourne vers Satchi : « Qu'est-ce que c'est que cette phrase que vous répétez, vous les bouddhistes ? *Nam Myo*... quoi ? »

A Montmartre, je me cache dans notre petit refuge parisien, à Danny et à moi. C'est un bon endroit pour entrer dans la clandestinité. Les voisins sont remarquablement indifférents à tout ce qui ne concerne pas les réductions d'impôts et la météo. J'attends de retrouver un semblant de sens des réalités. Mes bagages, comme ceux de Danny, restent au milieu de la pièce, sans que je les ouvre ni même les touche.

Je n'ai envie de parler à personne, sauf peut-être au président Jacques Chirac. J'ai bien des choses à lui dire. J'éprouve un besoin urgent de lui rappeler qu'il est temps que l'Europe cesse de considérer le terrorisme comme un problème qui ne concerne que l'Amérique et le monde musulman. De réaffirmer que le terrorisme est aussi enraciné en Europe qu'il l'est dans le reste du monde.

Nous prenons rendez-vous, le Président et moi.

Dans sa vieille guimbarde, Satchi nous conduit, Bussey, Asra, Steve et moi, au palais de l'Élysée. Nous sommes en retard, et lorsque nous arrivons, tout le personnel présidentiel est déjà parti pour la journée, à l'exception du porte-parole de Jacques Chirac et du Président lui-même.

Le président Chirac est suprêmement grand, beau et chaleureux. Il veut tout savoir : quelle sorte d'homme était Danny; ce que représentait Gilani; comment se sont comportés les services de renseignement pakistanais. Il s'inquiète pour moi – comment faites-vous face ? Avez-vous les moyens de faire vivre votre petit garçon ? Il fait promettre à Satchi d'alerter le Président si j'avais un jour besoin de quoi que ce soit.

Quand notre réunion touche à sa fin, Jacques Chirac décide qu'elle a besoin d'être éternisée par une photo. Mais il n'y a pas de photographe disponible. Qu'à cela ne tienne. Il sort rapidement de la pièce, va chercher son propre appareil, et chorégraphie pour nous avec adresse une série de portraits officiels : la veuve et le Président. La veuve, le frère, le Président. La bande du *Wall Street Journal* et le Président. Bussey, Asra et Steve ne parlent que peu ou pas du tout français, et aucun de nous n'a particulièrement envie d'être photographié, mais nous trouvons amusant l'enthousiasme avec lequel le Président nous fait poser.

*

Asra est au téléphone, expliquant le chemin au chef du protocole de la Première Dame d'Amérique, Laura Bush.

« Nous sommes dans le dix-huitième arrondissement de Paris, presque tout en haut de la butte Montmartre. Mais je dois vous prévenir, il est très difficile de se garer par là.

– Merci, nous en tiendrons compte », dit l'homme.

Nous avons appris hier que Laura Bush veut nous rendre visite. Je n'ai toujours pas grande envie de recevoir des visiteurs, mais il semblerait absurde de refuser de voir l'épouse du président des États-Unis. Nous nous demandons : « Qu'est-ce qu'on offre à manger à une femme de président ? Du pain et du fromage ? Des olives et du vin ? Une tarte aux pommes ? »

Nous décidons que notre réunion avec Laura Bush se tiendra dans le petit appartement, à deux rues de là, que j'ai loué pour qu'il nous serve de bureau. Asra y habite. C'est moins en désordre que ma maison.

Je demande à Asra : « Comment parle-t-on à une femme comme elle ? » Et immédiatement, je corrige mentalement : « Comment parle-t-on à une femme, n'importe laquelle ? » En dépit de nos grossesses (je suis approximativement de la taille d'un bébé éléphant maintenant), nous n'avons pas été en contact avec d'autres femmes depuis un temps qui nous paraît infiniment long. Il y a déjà deux mois que nous avons changé de continent, mais nous n'avons pas vraiment réussi à quitter le Pakistan. Notre monde demeure aussi insulaire et intense qu'auparavant. Omar Cheik et ses trois complices comparaissent devant un tribunal antiterroriste au Pakistan. Nos jours se passent à nous informer sur la façon dont évoluent la recherche des criminels qui courent toujours, et le procès. La défense a essayé toutes les ruses possibles et imaginables. Les avocats ont tenté de faire passer Asra pour l'organisatrice de l'enlèvement de Danny. Ils ont prétendu que j'étais une espionne voulant se faire passer pour la femme de Danny, sans l'être réellement. (Une journaliste indépendante, cela n'existe pas naturellement.) Et ils ont contraint la cour à visionner la vidéo pour décider si elle peut être utilisée comme preuve que Danny a bien été assassiné

Troublées, nous demandons conseil à Randall par e-mail. Il répond : « Hé, les gamines, je connais ces foutus avocats de la défense comme ma poche ! Ce qu'ils disent n'est que du babillage et n'a pas la moindre signification. Ils cherchent des directions stupides parce qu'ils n'en ont aucune autre. Ce sont strictement des tactiques de diversion. Personne ne les prend au sérieux ou ne s'en soucie. »

Mon sens du temps est totalement perturbé. Il me faut revenir en arrière pour envisager le futur. Le présent est trop morcelé pour que je puisse le saisir. Quand Asra et moi parlons de l'avenir qui nous attend, nous sommes incapables d'aller au-delà de la naissance de nos enfants.

Nous ne pouvons pas demander à la Première Dame des conseils pour mères seules, et nous n'allons pas nécessairement lui parler de la lutte qui se poursuit sur le front de Karachi, mais c'est comme si nous avions oublié tous les sujets intermédiaires. J'ai déjà rencontré son mari George W. Bush. J'ai visité la Maison Blanche à la mi-mars, quinze jours après avoir quitté le Pakistan, une semaine après avoir rencontré le président Chirac. Bush était mon troisième président en moins d'un mois.

Washington DC avait été une étape épuisante, une série ininterrompue d'interviews, commençant par le Président et se terminant par Larry King. Le phénomène Larry King, Danny m'y avait initiée un jour, dans un bar en Inde. Il m'avait montré du doigt une télévision suspendue au plafond : « Tu vois ce petit bonhomme avec ses lunettes, ses bretelles et sa voix rocailleuse ? Il peut t'apprendre quelque chose sur l'Amérique. »

Bussey, Asra, Steve et moi logions à l'hôtel Mayflower, dans les beaux quartiers de Washington. Un drapeau américain venait fouetter ma fenêtre. Une nuit, à trois heures du matin, l'alarme incendie s'est déclenchée. Il ne m'a pas fallu plus de trente secondes pour bondir hors du lit et sortir de la chambre, mais dans le couloir, toutes les issues semblaient bloquées. J'ai commencé à paniquer, puis j'ai vu un homme indien ouvrir une porte conduisant à l'escalier. Je l'ai suivi en lui disant : « Je suis désolée, vraiment, tellement désolée. »

L'homme m'a regardée d'un air perplexe, femme enceinte en chemise de nuit, mais il n'a rien dit jusqu'à ce que nous arrivions dans un lieu où nous pourrions attendre la fin de l'alarme en sécurité. Ce n'est que lorsque retentit le signal annonçant que tout était rentré dans l'ordre, et alors que nous retournions dans nos chambres, qu'il s'est retourné et m'a demandé : « S'il vous plaît, pourriez-vous me dire de quoi vous vous excusiez ? » J'ai compris que, jusqu'à cet instant précis, j'étais persuadée que c'était par ma faute que l'hôtel était en feu.

A George W. Bush, j'ai parlé des rues de Karachi. Je lui ai décrit – ainsi qu'à l'attorney general John Ashcroft, au Secrétaire d'État Colin Powell et à la conseillère nationale pour les questions de sécurité Condoleezza Rice – comment les hommes que j'avais rencontrés, et qui mènent la véritable guerre contre le terrorisme, n'ont pratiquement rien : pas de moyens de transport adéquats, pas d'imprimantes ni de téléphones portables. Je leur ai dit quelle image on avait de l'Amérique à l'étranger. Je les ai exhortés à utiliser leurs immenses ressources pour trouver les meurtriers de Danny et les traduire en justice, aussi difficile que cela soit. Je les ai avertis que cela poserait des difficultés politiques beaucoup plus grandes que les simples obstacles à une enquête criminelle ordinaire. Je soupçonne qu'ils savaient déjà tout cela. Et sans autre raison que l'envie de le leur dire, j'ai rappelé que ma mère était née à Cuba et ma belle-mère à Bagdad. J'ai eu le plaisir de voir que Bush semblait trouver cela drôle.

Ce qu'il voulait vraiment que je lui apprenne était : « Comment faîtes-vous pour ne pas être amère ? » Je lui ai expliqué que si je me laissais envahir par l'amertume, je perdrais mon âme, et qu'en perdant mon âme, je perdrais aussi celle de Danny. Je lui ai répondu : « C'est là ma plus grande bataille. »

Le 9 mai, un homme bardé d'explosifs dans une Toyota rouge se range près d'un autobus devant l'hôtel Sheraton et se fait exploser, tuant onze ingénieurs français et deux Pakistanais. Les ingénieurs français travaillaient avec la marine pakistanaise à un projet de sous-marin. Autant pour l'insistance de Bussey à prétendre que le Sheraton était le lieu le plus sûr de Karachi.

Le président Musharraf appelle cela un « acte de terrorisme international ». Le président Chirac qualifie le geste d'« attaque terroriste odieuse, lâche et meurtrière ».

*

Je n'ai toujours pas vidé la valise de Danny. Je suis seule, essayant de me consacrer aux deux hommes de ma vie, bien que l'un soit mort et l'autre pas encore né. Il devrait venir avant le mois de juin.

Les battements de cœur du bébé m'ont bercée hier et je me suis endormie pendant la dernière échographie avant le grand jour. Je voudrais le garder à l'intérieur encore un peu.

On vient juste de trouver le corps de Danny. Il a été découpé en dix morceaux. Personne ne me l'a dit. Je l'ai appris dans un e-mail attaché par accident à un autre qui m'était envoyé. Danny a été trouvé dans une fosse profonde d'environ un mètre, sur le terrain dans la banlieue de Karachi où il a été constamment détenu. Ce terrain est une pépinière entourée de murs, et les autorités y ont été conduites par trois hommes, membres de Lashkar-e-Jhangvi, arrêtés au cours d'une descente de police après l'explosion devant le Sheraton.

L'e-mail parle de « restes ». Pour moi, ce qui reste concrètement de Danny se trouve dans mon ventre.

Danny sera enterré à Los Angeles, près de l'endroit où il a grandi. Je ne veux pas participer à la cérémonie. J'en suis incapable, physiquement et émotionnellement. D'ailleurs, d'une façon difficilement explicable, je suis trop préoccupée par l'avenir de Danny pour m'attarder sur ce qui n'est plus. Ses parents se sont courageusement occupés des détails pénibles de son retour. Ils ont trouvé une belle colline sur laquelle enterrer leur fils. Danny aurait adoré ce qui est gravé sur la tombe voisine de la sienne : « Je vous l'avais bien dit que j'étais malade ! »

Ces derniers temps, chaque e-mail que j'ouvre, chaque appel téléphonique auquel je réponds, me donnent l'impression d'être un missile emportant un petit bout supplémentaire de ma vie. Des gens appellent pour avoir des spécimens d'ADN, ils veulent un peigne ou une brosse à dents, ils insistent pour me parler d'autopsie ou de preuves médico-légales. Un parfait inconnu appelle pour m'interroger sur les orteils de Danny : est-ce que l'un des deux se recourbe légèrement sur le doigt suivant ? J'ai l'impression de regarder un film d'horreur, à ceci près que je ne peux pas me cacher le visage pour éviter les scènes d'épouvante. Quand le téléphone sonne, je place instinctivement mes mains des deux côtés de mon ventre, comme pour couvrir les oreilles du bébé. Depuis le jour où je suis tombée sur la nouvelle du corps de Danny, Asra fait de son mieux pour filtrer tous les e-mails. Mais je peux quand même détecter quand elle en lit un qui est plus dérangeant que les autres parce que ses yeux s'écarquillent d'une façon particulière que j'ai pu remarquer très souvent au cours des derniers mois.

Nous passons nos journées à échanger des messages instantanés avec Captain qui a décidé que c'était pour nous la façon la plus sûre de communiquer. Nous appelons régulièrement Washington, Islamabad et Los Angeles. Nous sommes deux petites guerrières enceintes luttant pour ne pas laisser s'éteindre le désir de justice.

Les Pakistanais font pression sur moi pour que je retourne au Pakistan et témoigne au procès d'Omar Saïd Cheik et de ses trois complices. La procédure a déjà croulé sous les problèmes et les difficultés – le juge a été dessaisi, la date de jugement reportée, et puisque l'accusation a senti qu'il était dangereux de poursuivre à Islamabad, elle a été transférée à Hyderabad.

Deux des agents du FBI travaillant avec nous ont eu assez de courage pour témoigner. L'un d'eux est un homme qui nous est devenu particulièrement cher à Karachi : John M. Il est juste apparu un jour, assis sur le canapé de la salle à manger. Une montagne de muscles immobile et muette, enveloppée dans une chemise vert kaki. Randall nous l'a présenté comme on dévoile une carte maîtresse : « John M., du FBI : 19 kidnappings, 0 échec. »

Il s'est révélé aussi gentil qu'il était impressionnant. C'était sa première mission hors des États-Unis. Auparavant, il avait lutté contre les gangs de rue dans le New Jersey. Après avoir témoigné, il m'a appelée pour me décrire l'expérience. Le procès se déroule dans une cellule si petite que les témoins ne peuvent même pas s'asseoir ; John est resté debout pendant les six heures du contre-interrogatoire, à quelques centimètres des accusés hurlant et lui lançant leur venin, depuis les cages dans lesquelles ils étaient détenus. Après cette expérience, il est retourné batailler contre les gangs dans le New Jersey – du gâteau, selon lui, après son expédition au Pakistan.

Le *Wall Street Journal*, qui hait l'idée de me voir retourner au Pakistan, insiste pour que je n'aille pas témoigner. Je suis frustrée parce qu'ils n'envoient pas non plus un de leurs représentants, alors que selon moi, l'un d'eux devrait y être. Je voudrais que Danny soit représenté au tribunal. Je finis par parler à un des avocats du *Journal* qui me dit : « C'est votre procès, pas le nôtre. »

Un ami suggère que je prenne un avocat pour parler aux avocats.

« Vous devriez vous détendre », dit mon obstétricien.

« Pense au bébé », disent mes beaux-parents.

*

La vidéo du meurtre de Danny est sur internet, offerte à qui veut la voir. « Nous avons essayé de la faire interdire, avertit Bussey, mais concrètement, il n'y a rien à faire. » Je ne parviens pas à croire que ce soit le cas. J'appelle le ministre de la Justice Ashcroft en oubliant qu'il fait nuit aux États-Unis. « Appelez demain matin », dit le type à l'autre bout du fil.

Asra se plonge dans le problème, utilisant tout son savoir-faire en matière de résolution des crises. Le site hôte se trouve être Lycos.uk. Présumant qu'une vidéo de ce genre transgresse bon nombre de régulations aux États-Unis, nous appelons le FBI.

« Désolé, dit l'agent, malheureusement il n'existe aucune loi qui nous permette d'interdire cela. Le Premier Amendement... liberté d'expression... vous savez ?

– Mais c'est obscène, proteste Asra.

– Oui, dit-il, mais ce n'est pas techniquement une obscénité. »

Nous appelons Scotland Yard. C'est mieux. Au Royaume-Uni, diffuser une vidéo de ce genre est illégal.

« Violation des lois contre l'obscénité, vous savez... ? », disent-ils.

Avec l'aide de Scotland Yard, nous retrouvons la personne à Lycos responsable du contenu du Web. Son assistante est si gentille que les larmes nous en viendraient aux yeux. Elle est horrifiée par ce que nous lui apprenons, et téléphone immédiatement à son patron. Grâce à eux nous découvrons d'où vient la vidéo : d'Arabie Saoudite, envoyée de Riyad. Environ dix minutes plus tard, la vidéo est évacuée de l'internet.

Pour le moment.

Asra va avoir un garçon. Je prends des photos de son échographie et nous allons dans un café, partager une bière pour célébrer l'événement.

Mon bébé ne me donne pas de coups de pieds. Il bouge avec douceur, comme pour me dire : « Je suis là. Quand tu auras un moment, laisse-moi sortir. » Je continue de lui dire : « Attends encore un peu mon bébé. Ce n'est pas encore la bonne journée pour naître. »

Je lui écris une lettre :

> 16 mai 2002.
>
> Cher Adam,
>
> C'est la première fois que je t'écris. Jusqu'à présent, nous avons communiqué d'une manière différente et je t'ai seule-

ment demandé d'être là, avec nous. Et c'est précisément ce que tu as fait.

Dans quelques jours, vie et mort se rejoindront en moi.

Il y aura de la joie et de la souffrance au moment où tu viendras au monde. Mais n'oublie jamais ce que ta naissance nous aura donné : à moi un avenir et à ton papa l'éternité. Ensemble, nous allons faire à Danny le plus beau cadeau imaginable : toi, Adam, un fils, la promesse que son héritage sera transmis. Mais le fardeau de notre lutte ne devra pas reposer sur tes petites épaules.

Nous sommes des amoureux de la vie, et tu es le meilleur de nous.

Il y aura peut-être parfois des moments de tristesse, même en te regardant. Mais je ferai tout ce qui est en mon pouvoir, non seulement pour te rendre heureux mais aussi pour t'aider à grandir comme un homme de valeur. Un jour, nous serons tous ensemble. Je t'aime déjà.

Maman.

Bussey appelle de nouveau. Je lui demande, sur le ton de la plaisanterie :

« Encore des mauvaises nouvelles ?

– Oui », répond-il, et il ne plaisante pas.

Dans un quart d'heure, CBS va diffuser des extraits de la vidéo. Le *Wall Street Journal* dit qu'ils ont passé toute la journée à essayer d'empêcher CBS de le faire, mais en vain. Les parents de Danny ont demandé au Département d'État de stopper la chaîne, et le Département d'État a essayé, tout comme le ministère de la Justice : sans résultat. Dan Rather et Jim Murphy, producteur et producteur exécutif de CBS Evening News, ont l'intention de diffuser des extraits.

Mon corps est submergé par une vague de chaleur. Littéralement, je vois rouge. Je me transforme en un taureau soufflant du feu. J'appelle Andrew Hayward, le président de CBS News. Oh ! il semble plein de sympathie.

« Je suis désolé. Je sais ce que vous ressentez. »

Je lui réponds : « Vous n'avez pas la moindre idée de ce que je ressens, à moins d'être sur le point de donner naissance à un garçon dont le père a été assassiné, et en train de parler au monsieur prêt à diffuser le film de cet assassinat. »

Il marmonne quelque chose.

J'ajoute :

« Oublions mon point de vue personnel. Donnez-moi une seule bonne raison journalistique pour une telle diffusion.

– La valeur d'actualité, dit-il d'un ton qui me fait penser qu'il cherche à s'en convaincre lui-même.

– Arrangez-vous avec votre conscience, lui dis-je finalement. Mais je vais vous dire ce qui me rend vraiment triste. C'est que ces salopards savaient depuis le début qu'il fallait faire une vidéo. Parce qu'ils savaient depuis le début que vous seriez assez avides d'audimat pour la diffuser. Ils ont fait appel à vos bas instincts et vous avez cédé. »

Asra et moi sommes en route vers mon bureau pour rencontrer Laura Bush. En marchant dans les rues de Montmartre, nous comprenons pourquoi le chef du protocole de la Première Dame ne semblait pas particulièrement préoccupé par la difficulté à se garer : les Américains ont investi tout le quartier. Les petites rues tortueuses et étroites de la butte sont barricadées, et tous les quinze mètres environ, se tient un géant habillé de noir et murmurant dans une oreillette. Les hommes forment un mur protecteur des deux côtés de la rue, et nous, deux femmes au ventre arrondi sommes les seules à dévaler la pente, comme des billes roulant dans un ruisseau. Des voisins curieux mettent le nez à la fenêtre et nous regardent passer. « C'est qui ? » demandent-ils.

Oui, en vérité, qui sommes-nous ?

Nous portons des boîtes de petits fours et des briques de jus de fruits, oubliant que la Première Dame n'aura sans doute pas le droit d'y toucher pour des raisons de sécurité.

« Souviens-toi, dit Asra, tandis que nous montons l'escalier, tous les soirs elle pose sa tête près de celle du Président. »

Quand Laura Bush arrive, sa beauté sereine, même si un peu froide, me surprend. Elle me tend un bouquet parfumé de roses, roses et blanches, puis elle s'assied à côté de moi sur le rebord de mon canapé déglingué, le dos droit, un peu timide et très digne. Elle n'est pas là pour papoter ou pour marteler des slogans politiques. La presse n'a pas été avertie de sa visite. Elle est ici parce qu'elle a des choses à me dire. Elle sait que la vidéo du meurtre de Danny a été mise sur l'internet, et que CBS en a diffusé des extraits. Pour moi, cela ressemble au viol d'un homme assassiné, et Laura Bush en est comme moi, indignée.

Elle n'hésite pas à reconnaître des défauts chez ses compatriotes. Elle dit à quel point l'Amérique est peu préparée pour la sorte de guerre à laquelle elle est confrontée : « Parfois, dans notre culture, il semble que nous ayons déjà assimilé tant de choses que nous n'avons plus la capacité d'absorber quelque chose de complexe. »

Je lui parle de mon impression concernant les terroristes, qui en savent beaucoup plus sur l'Amérique que l'Amérique n'en sait sur eux, et que, pour cette raison, l'Occident a besoin de s'ouvrir beaucoup plus largement au reste du monde. Nous parlons de l'ignorance et de la pauvreté, les deux piliers de la misère planétaire. Nous sommes toutes deux d'origines sociales totalement différentes, mais assises là, nous sommes simplement deux femmes partageant une lutte.

Elle me dit que la voie qui m'attend sera difficile. Que mon fils a de la chance de m'avoir pour mère. Elle ajoute :

« Vous avez une mission. Il est crucial que vous parliez et partagiez ce que vous savez avec les gens en Amérique. »

A ce moment, la porte s'ouvre brusquement et une jolie jeune fille blonde, d'une vingtaine d'années, nous rejoint. C'est Jenna, l'une des deux filles jumelles des Bush. Elle attrape une chaise et s'assied à côté de nous, et la conversation s'oriente vers l'apathie politique de la jeunesse américaine et les bombardements en Afghanistan. « J'ai toujours été contre les bombardements », dit Jenna. Laura Bush jette un coup d'œil rapide, maternel, sur sa fille, attentif autant que protecteur.

En acceptant de rencontrer la Première Dame, je ne m'attendais pas à être émue par sa visite. Mais Laura Bush me frappe comme une personne intense et bienveillante, et je sens que son sérieux et sa détermination ont un réel impact sur moi. Quand elle part, je suis surprise de me sentir plus forte que je ne l'ai été depuis longtemps.

Pendant la visite, une foule s'est amassée au rez-de-chaussée, et quand la Première Dame et Jenna montent en voiture, les spectateurs applaudissent chaleureusement. Laura Bush leur fait signe de la main, comme savent le faire les Premières Dames. Je pose mon front contre la vitre et avec la foule, j'agite la main en la regardant s'éloigner.

J'ai presque totalement cessé de parler. Pendant les dernières vingt-quatre heures, je n'ai pas prononcé un seul mot. Je me souviens de mon grand-père maternel à Cuba qui prit un jour la décision de devenir muet parce qu'il ne pouvait plus supporter les constantes querelles qu'il avait avec sa femme. Mon grand-père était un bel homme de grande taille, avec des mains très fines. A l'âge de neuf ans, je suis allée lui rendre visite. Un matin, je me suis réveillée à l'aube, comme lui, et je lui ai demandé de me parler. Il m'a emmenée faire une promenade le long d'une ligne de chemin de fer désaffectée, et m'a parlé pendant trois heures sans discontinuer. Il m'a fait manger des mangues et il a parlé encore. Il m'a raconté comment il avait conduit des bus à La Havane toute sa vie ; comment il avait aimé les femmes ; comment il avait joué aux cartes pour de l'argent. Il m'a dit aussi que je savais comment m'y prendre pour faire parler les gens et que je devrais devenir journaliste.

De retour à la maison, mon *abuelito* et moi, nous avons découvert que ma grand-mère avait vendu la moustiquaire que nous lui avions apportée de Paris. Elle l'avait vendue à une jeune femme du voisinage qui voulait la changer en voile de mariée. Mon grand-père n'a pas protesté. Mais il a de nouveau arrêté de parler. Il est resté silencieux jusqu'au jour de sa mort. Et je suis devenue journaliste.

Je dois faire quelque chose avant la naissance du bébé. Il faut que j'affronte ce que Danny a affronté. Je dois regarder la vérité en face. C'est comme un ennemi qui, si vous lui tournez le dos, vous écrase.

Le 25 mai, deux jours avant la date prévue de l'accouchement, j'ai décroché la prise du téléphone, je me suis allongée, et j'ai imaginé tout ce qui était arrivé à Danny. Cela ne demandait pas grande imagination. Désormais je connaissais quantité de détails – comment ils lui ont mis un bandeau sur les yeux, le moment où ils ont sorti le couteau, le temps qu'ont duré les questions, le moment où ils l'ont tué. Et je me force à penser ce que Danny pensait, je veux savoir à quel moment il a eu le plus peur.

Pendant deux jours, je traverse cela, je ne vis que cela. Ce sont les journées les plus folles de ma vie, mais c'est quelque chose que je dois faire et qu'il faut que je fasse seule. Quand ce sera fini, je sais que rien ne pourra jamais plus m'arriver que je n'aie la force intérieure de surmonter.

Vers 20 heures, j'appelle Asra. Je sais qu'elle s'est inquiétée. Je lui dis que je vais bien, mais pas que le travail a commencé, parce que je ne veux pas trop y penser. Je veux garder mes forces pour plus tard, j'en aurai bientôt besoin. Si bien que je m'assieds devant la télévision toute la nuit et regarde cinq films sur HBO. Je dois avoir l'air d'une folle, étendue sur ma chaise longue à regarder fixement l'écran, mais je suppose que cela n'a aucune importance. Pendant tout ce temps, je parle dans ma tête à Danny et à notre fils. Je leur dis : « Nous allons nous en sortir. Tout va bien se passer. »

Vers 10 heures du matin, les contractions commencent à devenir sérieuses. J'appelle donc mon cher ami d'enfance Ben, pour qu'il me conduise à la Maternité des Lilas, un hôpital privé joyeusement cosmopolite. Ben m'aide à m'étendre sur le siège arrière de sa voiture, sans poser de questions, respectant mon besoin intense de mutisme. Il allume la radio et une joyeuse chanson brésilienne en sort, ce qui me fait sourire et me rappelle la première fois où Danny et moi sommes allés à cette maternité. C'était pour une soirée. La mère de ma belle-sœur, la femme de Satchi, y travaillait, et une fête était donnée en l'honneur d'une personne qui prenait sa retraite. Des enfants couraient dans tous les sens et Danny courait derrière eux. Quand on a joué une salsa, j'ai dansé avec le Dr Strouk qui allait devenir mon obstétricien. Un médecin vraiment excellent qui, au fil des mois, allait en savoir beaucoup plus sur moi que ma façon de danser la salsa.

Tout au long de ma grossesse – j'étais revenue en avion à Paris pour les examens prénataux à dates fixes, quel que soit le lieu où je me trouvais : Inde, Qatar, Bangladesh, Canada, Pakistan. J'étais enceinte d'à peu près quatre mois quand, pendant une échographie, j'ai finalement pu distinguer les traits du bébé. J'étais si excitée que j'ai appelé Danny sur son portable. Il était au Yémen. Je lui ai dit :

« Je vois son visage. Je peux voir ses yeux, son nez...

– Son nez ? a demandé Danny. Est-ce qu'il a un nez juif ? »

Je me suis mise à rire si fort que le Dr Strouk m'a demandé d'éteindre le portable.

Ce qui m'est le plus pénible, c'est de savoir à quel point Danny aurait été heureux d'être ici avec moi. Qu'il aurait mis tout son génie à préparer la naissance de notre enfant. Il aurait pleuré en me voyant avoir mal et aurait apporté tous mes animaux en peluche dans ma chambre à la maternité.

Quand ma mère était malade, à un moment où je passais toutes mes journées à son chevet, un soir, en rentrant à la maison, j'ai trouvé un bain, que Danny avait fait couler pour moi, plein de pétales de roses. Dans les moments difficiles, il me chantait ma ballade américaine préférée, avec des paroles un peu stupides sur la misère en Arkansas. Il me faisait, comme il l'avait fait pour ma mère, de la soupe au potiron et me massait les pieds. Il aurait appelé la planète entière pour annoncer la naissance d'Adam, un nom qu'il avait choisi comme s'il avait créé le premier homme.

J'ai décidé d'accoucher seule. Sans ma mère et sans Danny, ce sera seulement moi et une sage-femme. Mais quand ils me roulent dans l'ascenseur, en route pour la chambre d'accouchement, je suis terrifiée. Je pense : « C'est bien vrai, il n'est pas là ! » Je porte une longue chemise blanche que Danny et moi avons achetée à Dacca au Bangladesh. Une femme africaine m'accueille avec un signe de complicité silencieuse. Un bref instant, je voudrais lui demander de venir me tenir la main.

Je me mets à pratiquer. Je me calme. Je suis prête.

Mais la douleur aussi, est terrible. Les contractions viennent par vagues, et quand la vague la plus violente me déchire de l'intérieur, je pousse un cri d'animal pour la deuxième fois en quatre mois. Je suis comme une louve hurlant à la lune.

Quand enfin la péridurale supprime la douleur, je sens le goût de la victoire. Une joie étrange m'emplit, tandis que je continue mon monologue, ou plutôt je m'adresse au père de mon enfant pour partager avec lui mon euphorie, mon impression de triomphe absolu. Je lui dis : « Me voilà, allongée sur ce lit d'accouchement, confrontée à la réalité de ton absence, acceptant la douleur qu'elle provoque et, pour finir, je donne naissance à notre enfant. » Je me sens comme une main ouvrant la cage pour que l'oiseau puisse de nouveau prendre son vol. Nous ne serons pas prisonniers de notre destinée. Et d'une certaine façon, au-delà de la vie et de la mort, Danny est avec moi.

Cela dure pendant sept heures. Puis, brusquement, la sage-femme peste, et une infirmière apparaît. « Nous allons devoir faire une césarienne. Le cœur du bébé faiblit », dit la sage-femme. Je peux entendre le cœur d'Adam sur le moniteur. Les battements sont de plus en plus lents et les mouvements des femmes autour de moi de plus en plus rapides. Je me mets à pratiquer comme je ne l'ai encore jamais fait de toute ma vie. La sage-femme doit penser que je perds la tête, mais je pratique à haute voix, avec toute la détermination et la concentration dont je suis capable. Je mets toute ma vie dans cette prière. Au fur et à mesure que je récite le mantra, j'entends les battements du cœur du bébé qui s'accélèrent, vont plus vite, de plus en plus vite.

Vingt minutes plus tard, la tête d'Adam émerge de mon corps, et je parviens à me pencher et à saisir le minuscule petit homme pas encore tout à fait sorti de moi. Je l'attire et le pose sur ma poitrine. C'est seulement quand je vois ses yeux grands ouverts et cherchant mon visage que je me mets à pleurer.

Pas un instant auparavant je n'avais pensé à cette éventualité – que le bébé puisse ne pas survivre. Mais nous avons gagné et je peux sentir le soulagement de Danny m'envelopper tout entière. Je voudrais claironner ma victoire à tous les vents, mais je m'endors, épuisée.

Son nom complet est Adam D. Pearl. Danny a choisi ce nom en l'honneur de tous les sangs différents qui coulent dans ses veines. Il l'appelait « le bébé universel ». Dès ses premiers instants, Adam m'a regardée avec l'expression de son père. Il y a une rare pureté dans ce regard. Elle me fait penser que la vie est comme un livre qui n'est jamais fini. Et cela me rappelle un vœu que son père et moi avons fait plus tôt : que du vivant de notre fils, il y ait plus de gens prêts à donner leur vie pour la paix que pour la haine qui se trouve dans leur cœur.

J'ai demandé aux médecins de me garder une semaine à la maternité, même si ce n'est plus vraiment nécessaire sur le plan de la santé. Je ne veux parler à personne. Ou plus précisément à personne qui appartienne encore au monde des vivants. J'ai besoin de pleurer. Je pleure énormément.

La femme au standard de la maternité a pour mission de filtrer tous les appels. Mais elle pointe la tête dans ma chambre le lendemain de la naissance d'Adam :

« C'est George Double V Bouche », m'annonce-t-elle, avec un brin de frayeur dans la voix.

Quand le président des États-Unis me demande comment je me sens, je tais courageusement mes ennuis de montée de lait ou d'agrafes douloureuses, et lui épargne les descriptions trop graphiquement gynécologiques. Il semble heureux de la naissance d'Adam. Nous avons échangé plusieurs lettres depuis notre rencontre en mars, et je crois à la sincérité de son intérêt pour mon fils et pour moi.

Un peu plus tard, la dame de la réception apparaît de nouveau, essoufflée, légèrement incrédule : « C'est Jacques Chirac ! »

Adam, ma merveille, tête tranquillement mon sein droit. C'est un petit concentré de vie triomphante.

Asra m'apporte un message instantané de Captain.

> captain1pk (21 :40 :47 PM) : il y a cinq minutes j'ai eu la nouvelle longtemps attendue de l'arrivée d'ADAM. FÉLICITATIONS – j'espère que Mariane va bien. Je suis si enthousiasmé. C'est un moment très triste aussi. Dis-lui que je serai toujours là pour elle et pour son fils. beaucoup d'amour à vous trois... capt. »

Quand Danny a appris que j'étais enceinte, il a dit : « Notre enfant va changer le monde ! »

J'ai objecté :

« Et s'il ne le veut pas ? Et s'il préfère garder les moutons ou fabriquer des flûtes ?

– Non, a insisté Danny, il fera quelque chose de grand... Je ne sais pas quoi, mais je le sens ! »

Nous en sommes restés là, à l'époque. Mais la nuit dernière, la première nuit d'Adam, je me suis faufilée dans la nursery où ils avaient mis le bébé pour que je puisse dormir un peu. Je me suis penchée au-dessus du berceau et j'ai regardé la poitrine d'Adam se soulever et s'abaisser, j'ai caressé ses petites bajoues.

Et je lui ai dit à voix basse : « Si tu veux changer le monde, mon amour, je n'y vois pas d'inconvénient. »

Épilogue

20 mai 2002
asra (08 :17 : 46 P.M.) je suis ici êtes-vous là ?
captain1 pk (08 :18 :01 P.M.) : oui tout à fait
asra (08 :22 :09 P.M.) : comment allez-vous ?
captain1 pk (08 :30 :55 P.M.) : BONNES NOUVELLES je sais exactement qui sont les tueurs je vous dirai dans un jour ou deux, ne dis rien encore à mariane nous lui donnerons ça comme une surprise

Certains jours, c'était bien comme si Asra et moi n'avions jamais quitté le Pakistan, comme si Captain allait passer la porte à tout moment. Nous échangions des informations par un flot ininterrompu de messages instantanés, et nous avions parfois l'impression que nos amis de Karachi avaient autant besoin de nous parler que nous avions besoin nous-mêmes d'avoir de leurs nouvelles. Aucun des enquêteurs ne s'était jusqu'alors à ce point émotionnellement impliqué dans une affaire. Ils s'étaient employés à sauver la vie d'un innocent, et, ayant échoué, cet échec avait attisé leur désir de plonger encore plus profond en enfer pour venger Danny.

A ce jour encore, la police du Pakistan et le FBI continuent à pourchasser ses ravisseurs et ses meurtriers. Mais le prix payé par tous ceux qui se sont impliqués dans l'« Affaire Pearl » a été très lourd. Voici un résumé de ce qui s'est passé depuis que nous avons quitté Karachi, le 27 février 2002.

Randall Bennett

A quitté Karachi comme un homme recherché.

Après notre départ du Pakistan, Randall est devenu le principal enquêteur de l'explosion qui eut lieu au Sheraton le 9 mai ; il fut l'un des premiers sur les lieux. « J'ai trouvé une main », nous a-t-il écrit. Ils ont trouvé le poseur de bombes, « avec les types de Captain, naturellement, et le FBI ». Moins d'un mois plus tard, Al-Qaida a monté une autre attaque suicide, cette fois en lançant un véhicule bourré d'explosifs contre les murs de ciment entourant le consulat des États-Unis – juste sous les fenêtres du bureau de Randall. Il y a eu quatorze morts, tous pakistanais. Au moins cinquante personnes ont été blessées. « Nous les avons tous attrapés dans les semaines qui ont suivi, mais il a fallu un temps fou pour réparer le bâtiment, et depuis, rien n'est plus pareil là-bas. »

Randall avait prévu de quitter définitivement la ville en juillet 2002, mais en juin, les services secrets pakistanais l'ont averti qu'Al-Qaida prévoyait de le tuer dans une embuscade lorsqu'il partirait pour l'aéroport. « Les agents m'ont conseillé de partir immédiatement. J'ai obtempéré. Mes bagages étaient déjà faits, alors... adios. »

Ce n'était pas la première fois que Randall faisait l'objet de menaces. Il nous avait parlé d'autres menaces dans un e-mail quelques semaines avant la naissance d'Adam. Quand il avait appris la naissance de mon fils, il se cachait à Bangkok, en Thaïlande, appréciant des massages de réflexologie. Il s'était précipité dans le cyber-café le plus proche pour envoyer un message de félicitations :

> J'ai pris une semaine pour échapper à ce fléau qu'est Karachi. Je suis fatigué de toujours devoir regarder par-dessus mon épaule et j'ai besoin d'une petite coupure. Je suis à Bangkok pour huit jours, à apprécier une culture joyeuse et paisible où le terrorisme n'a pas frappé, pas encore. La Thaïlande est exactement ce dont j'avais besoin. Non seulement je bénéficie d'une semaine de repos et de

joie, mais les types de Lakshar-e-Jhangvi à ma poursuite sont probablement en train de tourner en rond en se demandant où je suis passé. Je leur enverrai une invitation à mon retour.

Bon, eh bien il est temps de redescendre tranquillement la rue comme une personne normale, sans avoir à trimballer revolver, radio ou téléphone portable.

Des tas de babillages pour Adam,
Oncle Randall.

Le jour du départ de Randall, trente de ses plus proches amis dans la police sont venus lui dire au revoir. Il a dit plus tard : « On pleurait, on s'est pris dans les bras, on s'est promis amitié et loyauté. Je n'ai jamais été si touché. Ma vie a été changée par la rencontre des meilleures personnes du monde, au cours de ces dernières années. »

Randall est maintenant officier de sécurité régionale à Madrid, « responsable de la sécurité de tous les Américains en Espagne ».

Jamel Youssouf

A vu sa carrière ruinée, bien qu'il soit difficile de déterminer si c'est un résultat direct de l'affaire Pearl, ou simplement un phénomène politique classique à Karachi.

Ce qui est indéniable, toutefois, c'est qu'après quatorze ans à la tête du Comité de liaison citoyens-police, le charismatique Youssouf a été remercié. Comme il le disait dans un e-mail envoyé à Asra et moi :

« L'ordre de me démettre de mes fonctions bénévoles et honorifiques d'aide aux victimes de crimes, indépendamment de leur caste, religion, position sociale ou richesse, a été donné dans la soirée du 22 mars 2003. »

Parce qu'il avait obtenu la confiance du FBI et travaillé en association étroite avec eux, il s'est trouvé lui-même prisonnier d'un réseau de jalousies et d'intrigues à l'intérieur de la police et des services de renseignement, et de vilaines rumeurs ont couru, faisant de lui un agent de la CIA. En avril 2002, quand Omar Cheik et ses trois complices ont été jugés, la plupart des témoins cités par l'accusation furent sollicités de manière discrète, et dans une certaine mesure protégés. Pas Youssouf. Désigné comme principal témoin à charge au tribunal, il a été exposé devant les accusés et contraint d'essuyer les menaces qu'ils hurlaient contre lui et sa famille.

En quatorze ans au CLCP, il avait appréhendé quatre à cinq cents criminels endurcis et/ou terroristes, mais il n'avait jamais ressenti le besoin de se protéger. Désormais, il était pris sous une avalanche de menaces, certaines émanant des avocats de la défense, d'autres véhiculées par la presse. Il a dû engager des gardes du corps pour se protéger 24 heures sur 24.

Youssouf reste un homme d'affaires de grande envergure et se consacre avec énergie à des causes humanitaires.

Dost Ali Baloch

A vu sa carrière ruinée.

Peu de temps après notre départ de Karachi, Dost a quitté la ville aussi. Dans ce style poétique qui n'appartient qu'à lui, Dost m'a écrit :

> « Après l'affaire, les patrons n'étaient contents de personne. L'esprit de déférence envers les supérieurs qui règne dans le sous-continent m'interdisait de me défendre. Il était inutile de dire quoi que ce soit. »

Dost a quitté les renseignements militaires, s'est installé à Islamabad, et a commencé un programme de formation pour la police. Ce changement d'orientation lui a fait perdre tous les avantages d'ancienneté qu'il avait acquis dans sa branche.

> « J'apprécie la vie discrète et le climat clément d'Islamabad, écrivait-il. Le monde n'est pas joli joli, mais il incombe à chacun d'inventer une façon d'y trouver son bonheur. »

Sa nouvelle affectation n'a pas eu un effet bénéfique sur la vie amoureuse de Dost. Il s'est retrouvé sans aucune de ses deux prétendantes, ni sa petite amie, ni la femme que sa mère souhaitait qu'il épouse.

> « Ma vie amoureuse a besoin d'un double clic. Quelque part dans le programme de ma vie, le document intitulé " vie amoureuse " s'est effacé. Et, comme un enquêteur de cybercrime, j'essaye de retrouver le document perdu dans le disque dur formaté de mon cœur. »

John Bussey

John Bussey est resté notre ministre de la Sécurité et de l'Hygiène aussi longtemps que nous avons voyagé ensemble. Il m'a accompagné à la Maternité des Lilas pour mon premier examen à notre retour de Karachi, et il a parlé avec le Dr Strouk de ses craintes concernant l'effet de l'air pressurisé sur les femmes enceintes. Le Dr Strouk était stupéfait.

Bussey a été promu *managing editor* du *Wall Street Journal* et il est parti vivre à Hong-Kong pour y assumer la direction des pages Asie. Quelques mois après son installation là-bas, l'épidémie de SRAS s'est déclarée.

Steve LeVine

Steve LeVine a bataillé sans succès avec ses rédacteurs en chef pour être renvoyé au Pakistan poursuivre l'investigation concernant l'affaire Pearl. En ce moment, il est en congé du *Wall Street Journal* pour écrire un livre. A l'université de Stanford, l'*alma mater* de Danny, Steve écrit un ouvrage sur la mer Caspienne dont le titre provisoire est *Players*. En juin 2002, il est devenu le père d'une petite fille, Alisha, née à Almaty, au Kazakhstan, et qui est à moitié musulmane kazakhe par sa mère.

Les Pearl et la Fondation Daniel Pearl

Peu après l'annonce publique de la mort de Danny, sa famille, ses amis et ses collègues ont créé la Fondation Daniel Pearl (www.danielpearl.com) qui encourage la compréhension interculturelle par le journalisme, la musique et l'innovation dans la communication. Le premier projet important de la fondation a été le Jour de la musique Daniel Pearl – un concert annuel le 10 octobre, date de naissance de Danny. Ce jour-là, des artistes musiciens incluent dans leur concert un appel à la tolérance dans l'esprit de Danny, de son amour de la musique et de son engagement pour le dialogue et l'humanité.

L'idée est née d'un concert prévu à Tel-Aviv le 22 février 2002, le lendemain du jour où le monde a appris la mort de Danny. Ce soir-là, George Pehlivanian, un ami et voisin de Danny à Paris, devait conduire l'Orchestre philarmonique d'Israël en tant que chef d'orchestre invité. Profondément affecté par la nouvelle, il était bien près d'annuler, mais à la dernière minute, il a décidé de défier les auteurs du crime en dédiant fièrement le concert à Danny.

« Tandis que l'orchestre jouait la Symphonie n° 5 de Tchaïkovski, dit Pehlivanian, j'ai finalement compris le triomphe de l'espoir sur le désespoir. » Ce fut un concert triomphal et émouvant, se terminant par quinze minutes d'applaudissements ininterrompus.

L'idée s'est répandue à la vitesse d'un feu de forêt. Apparemment, le fioul de la bonne volonté, dans le monde entier, n'attendait qu'une étincelle pour s'enflammer. De Moscou à Bangkok, de l'Australie à l'Angleterre, plus de cent concerts dans dix-huit pays, et des artistes comme Ravi Shankar, Elton John et Itzhak Perlman, ont participé à ce projet mondial. Junoon, le plus célèbre orchestre de rock du Pakistan, a dédié son concert à Danny en disant : « Danny, tu nous manqueras, à nous tous qui croyons encore que la bonté et le courage peuvent triompher de toutes les injustices. »

D'autres projets initiés par la Fondation Daniel Pearl incluent des bourses permettant à des journalistes pakistanais de travailler dans des organes de presse américains, des séries de conférences sur le journalisme et les relations internationales, un concours d'essais, proposant à des jeunes de relater un incident de haine, et une série de symposiums « Press Under Fire » (« La presse attaquée ») réfléchissant aux risques de la profession de journaliste.

Asra Q. Nomani

Le 16 octobre 2002, Asra a donné naissance à son fils, appelé Shibli, du nom de l'un de ses lointains ancêtres demeuré célèbre comme l'un des plus grands lettrés de l'Islam de tous les temps. En juin 2003, elle a publié le livre dont l'écriture l'avait conduite à Karachi – *Tantrika : Traveling the Road of Divine Love.*

La presse pakistanaise a poursuivi Asra de ses attaques incessantes. Non seulement elle y était montrée du doigt comme espionne, mais le dernier article paru sur elle au Pakistan, en plus de la liste de ses adresses et numéros de téléphone, publiait les coordonnées de ses parents également.

Asra a commencé à donner des conférences pour la défense des femmes musulmanes considérées comme des criminelles pour avoir eu des enfants hors mariage. Elle continue à trimballer ses peluches, Merve et Blink, avec elle.

Captain

Captain a écrit récemment : « Ce qui m'est arrivé personnellement ? Cette affaire m'a changé de l'intérieur. J'en ai perdu le sommeil pendant des jours et des jours. Même mes enfants sentaient que quelque chose de grave n'allait pas chez moi. C'était au moment où je me suis promis à moi-même, et où j'ai promis à Mariane que, coûte que coûte, je traînerais les responsables de la mort de Danny en justice.

« La mission n'est pas encore terminée. »

Non. Elle est loin de l'être. Voici les événements auxquels Captain et les forces de l'ordre ont eu à faire face dans les mois qui ont suivi le meurtre de Danny.

9 mai 2002 : l'explosion devant l'hôtel Sheraton tue deux Pakistanais et onze ingénieurs français travaillant avec la marine pakistanaise à un projet de sous-marin.

14 juin 2002 : la voiture bourrée d'explosifs devant le consulat américain fait douze morts et cinquante blessés. Al-Qaida a financé l'opération.

11 septembre 2002 : Ramzi ben Al-Shibh, l'un des chefs d'Al-Qaida, est arrêté, après une fusillade avec des policiers pakistanais.

21 septembre 2002 : dix exécutants d'Al-Qaida, parmi lesquels deux Algériens, sont arrêtés.

25 septembre 2002 : sept Pakistanais travaillant pour l'association à but non lucratif Institute for Peace and Justice sont retrouvés assassinés.

17 octobre 2002 : six colis piégés, livrés en mains propres à des policiers de haut rang, explosent dans divers quartiers de la ville. Huit sont blessés.

15 décembre 2002 : la police pakistanaise désamorce le complot visant à lancer une voiture chargée d'explosifs au passage de la voiture d'un diplomate américain. L'un des suspects arrêté était lié à l'attentat du Sheraton.

20 décembre 2002 : un hangar, servant de dépôt d'explosifs et de fabrique de bombes, explose par accident. Cinq terroristes sont tués, y compris l'un des membres de la deuxième cellule des ravisseurs de Danny, Asif Ramzi, également suspect dans les deux attaques, celle du consulat américain et celle des colis piégés.

3 février 2003 : une bombe, dissimulée dans une moto, explose près du siège de Pakistan State Oil. La cible, Farouk, bras droit de Captain, qui vit juste à côté. Farouk en réchappe.

22 février 2003 : des hommes armés ouvrent le feu à l'extérieur d'une mosquée shiite, tuant sept croyants.

3 mai 2003 : les autorités américaines découvrent le plan d'Al-Qaida de lancer un petit avion sur le consulat des États-Unis à Karachi.

En avril 2003, Captain a reçu, des mains du président Musharraf, un prix important pour services rendus au pays. Le texte accompagnant cette distinction dit notamment :

> Dans la nouvelle vague de terrorisme d'origine sectaire, [Captain] a pris sur lui la tâche hautement difficile de démanteler le réseau et d'arrêter les terroristes prenant Karachi pour cible…
>
> Grâce à une surveillance assidue, [il] a réussi à localiser les lieux de résidence et d'activités de terroristes connus pour être extrêmement difficiles à appréhender. Puis, travaillant selon un plan bien conçu, il est parvenu à arrêter l'un des terroristes les plus recherchés, impliqué dans soixante-huit cas connus de meurtres sectaires à Karachi et dans diverses villes du Penjab. Cette arrestation a empêché le meurtre de six personnalités éminentes sur leur liste…
>
> [Captain], dans l'accomplissement de son devoir, a fait preuve d'un engagement, d'une conscience et d'un courage extraordinaires, au-delà des devoirs requis par sa tâche et a réussi à arrêter certains des terroristes les plus recherchés grâce à une préparation méticuleuse, une exécution méthodique et une excellente direction de ses collaborateurs. En reconnaissance d'exceptionnels services rendus dans le domaine du service public, le président de la République islamique du Pakistan a eu le plaisir de conférer à [Captain] le prix Sitara-i-Imtiaz.

Cette distinction avait beaucoup d'importance pour Captain, mais elle a fait aussi de lui une cible encore plus exposée. Beaucoup de ses collègues se sont détournés de lui par jalousie professionnelle. Il n'a plus jamais été autorisé à entrer en contact avec des Américains, y compris Randall. Il a été suivi. Son téléphone et sa messagerie électronique ont été mis sur écoute et observés. « La vie est devenue “ misérable ” », a-t-il écrit – misère encore accrue par le fait qu'il était également visé par les djihadis – surtout après l'arrestation du chef de Lashkar-e-Jhangvi.

> « Ils savent qui je suis et quels dommages je leur ai faits. Alors ils veulent mon sang, et la vie de ma famille est aussi en danger. Ils ont fait quelques tentatives contre moi et mon équipe, qui ont échoué. Si bien que j'ai dû effectuer de nom-

breux changements dans ma vie – déménagé, mis fin à toute vie sociale. Je ne peux aller nulle part sans mesures de sécurité. Bref, j'ai perdu mon indépendance. »

Dans le pur esprit Captain, il a ajouté : « Mais laissez-moi vous le dire, je n'éprouve pas le moindre regret. »

Captain s'est proclamé parrain d'Adam pour la vie.

Ce que Captain a appris

Après l'explosion devant le Sheraton, la police a fait des descentes éclairs dans les groupes de djihadis radicaux et a arrêté, d'après certaines sources, jusqu'à trois cents suspects. Il s'est trouvé que plusieurs des hommes arrêtés en savaient beaucoup sur le meurtre de Danny. Grâce à eux, nous avons mieux compris le fonctionnement des trois cellules impliquées dans son enlèvement et son assasinat.

Nous connaissions déjà la première cellule, celle d'Omar Saïd Cheik et de ses trois complices. Ce que nous ne savions pas au début, nous l'avons appris au cours de leur procès.

Les États-Unis ont demandé qu'Omar soit extradé pour être jugé aux États-Unis, mais Musharraf a refusé, espérant se servir du procès comme d'un exemple de la répression du terrorisme au Pakistan.

Les détours et rebondissements du procès ont été innombrables. Des juges ont été remplacés, les lieux contestés. Omar demandait à être jugé par une cour musulmane, plutôt que par un tribunal anti-terroriste pakistanais. Son avocat a essayé d'accuser le procureur général de « blasphème » et de faire des déclarations insultantes pour l'Islam. Le juge a rejeté ces accusations. En définitive, il y a eu quatre condamnations. Adil, Suleiman et Fahad ont été jugés coupables et condamnés à la prison à vie. Omar Saïd Cheik, condamné à mort par pendaison. L'avocat de la défense d'Omar a immédiatement fait appel à sa condamnation à mort, tandis que le procureur général a immédiatement contesté la perpétuité donnée aux trois autres. Il avait demandé la peine de mort pour les quatre. La Cour suprême du Pakistan doit juger en appel. Le procès est en cours.

Le père d'Omar, Ahmed Saïd Cheik, qui continue à diriger une affaire prospère de tissus en gros dans l'East End de Londres, a déclaré qu'« un homme innocent a été puni ». Omar ne semble pas terriblement inquiet de la situation. Il a déjà fait de la prison, et s'est retrouvé libre – libre de reprendre l'enlèvement et le meurtre d'innocents.

D'autres procès sont en cours. On en sait maintenant beaucoup plus sur la deuxième cellule, responsable de la détention de Danny, et plus tard, de son enterrement. L'un de ceux qui ont été arrêtés s'appelle Nahim Bukhari, le chef de la branche de Lashkar-e-Jhangvi à Karachi. C'est lui qui a conduit les ravisseurs au terrain enclos, le 23 janvier.

Naeem, connu aussi sous les noms de Ahmed Bhai ou d'Attaur Rehman, a été présenté à Omar par un ami commun dans le monde militant – un homme du nom d'Amjat Farouki, appelé aussi Haider Farouki. Haider appartient à Harkat-ul-Djihad-i-Islami. Il dirigeait la cellule n° 2. Probablement tout juste âgé de trente ans, il a passé six ans avec Al-Qaida comme principal instructeur des camps d'entraînement d'Harkat-ul-Djihad-i-Islami en Afghanistan. Omar a téléphoné à Haider de Lahore et lui a demandé de trouver un lieu sûr pour un « travail important » à Karachi. Au moment où ce livre est écrit, il court toujours.

Un jeune homme d'environ vingt-quatre ans, Faisal Bhatti, est également tombé aux mains de la police. Lui aussi participait à la rencontre avec Omar sous le Baloch Bridge, et il a reconnu avoir pris des tours de garde auprès de Danny. Faisal a reçu son entraînement dans les camps de Lashkar-e-Jhangvi en Afghanistan.

Tous ces hommes étaient en contact avec un autre, qui échappe encore à la police : le riche industriel de Karachi, Saoud Memon, propriétaire du terrain sur lequel Danny a été détenu et enterré. C'est Memon qui a appelé les « trois Arabes » qui constituaient la cellule n° 3, et qui ont concrètement commis le meurtre.

Qui sont-ils exactement ? Cela n'est toujours pas clair. Depuis le début, Randall Bennett a toujours pensé qu'ils étaient saoudiens. Beaucoup d'autres pensent qu'il s'agissait de Yéménites. Un citoyen yéménite qui pourrait avoir joué un rôle clé dans la cellule n° 3 a été arrêté en avril 2003 à Karachi. Le jour de son arrestation, Walid Mohammed Ben Attash était en possession de six cents kilos d'explosifs. Ben Attash est aussi détenu par la CIA. L'agence n'a toujours pas donné d'informations sur son rôle dans l'affaire de Danny.

L'un des Pakistanais arrêtés de la cellule n° 2 a prétendu que Khalid Cheik Mohammed, le troisième chef d'Al-Qaida par ordre d'importance, était non seulement l'un de ces hommes parlant arabe, mais qu'il avait lui-même exécuté le crime. C'est une allégation prise très au sérieux. Mohammed a été arrêté le 1er mars 2003, à Rawalpindi. Et au moment où ces lignes sont écrites, il est l'« hôte » de la CIA, détenu en un lieu demeuré secret.

Voilà ce que nous savons de manière certaine : Memon a conduit en voiture les trois hommes parlant arabe au repaire enclos, le huitième ou neuvième jour de détention de Danny. Ils ont apporté le matériel vidéo. Nahim a ordonné à tous les gardes de sortir, à l'exception d'un seul, Faisal Karim, qui était dans la cabane depuis le premier jour de la captivité de Danny. Faisal a été arrêté et il est la source de beaucoup de nos informations.

Il a décrit à la police comment les hommes parlant arabe ont filmé Danny en vidéo. Comment Danny (parlant dans une langue que Faisal, qui parle ourdou, n'a pas reconnue, probablement hébreu ou français) s'est mis en colère en parlant avec l'un de ces « Arabes ». Comment la tâche de tenir la caméra a été confiée à un homme présent sur les lieux – Tassadak Malik, un ami et assistant de Nahim. Comment Danny a eu les yeux bandés et comment, la caméra tournant toujours, il a été assassiné. Comment l'homme qui tenait la caméra, peut-être sous l'effet du choc, a en partie bousillé la vidéo. Comment l'un des hommes parlant arabe l'a engueulé. Comment ils ont remis la caméra en marche et recommencé à filmer.

Trois semaines plus tard, au rez-de chaussée de l'hôtel Sheraton, un homme du nom d'Abdul Khaliq, *alias*

Marshall, se faisant passer pour un reporter d'*Online Press*, a tendu une copie de cette vidéo à l'agent du FBI John Mulligan, se faisant passer pour un journaliste. La police a d'abord arrêté Marshall mais l'a ensuite laissé aller, sous la fausse impression qu'il était bien un journaliste. Il a disparu depuis.

D'autres procès sont en cours.

*

Au moment où j'écris ces lignes, le président général Musharraf s'efforce de garder le contrôle d'un pays difficile à contenir. Il y a quelques semaines un certain nombre d'activistes de Lashkar-e-Jhangvi ont été arrêtés. Ils ne semblent pas être impliqués dans la mort de Danny, mais représentent une sérieuse menace pour d'autres personnes citées dans ces pages.

Le 4 juillet 2003, à Quetta, trois hommes armés sont entrés dans une mosquée chiite, et ont tué ou mortellement blessé quarante-huit personnes en train de prier. David Rhode, du *New York Times*, a décrit l'événement ainsi : « Ne disant rien, paraissant " très relax ", allant " tantôt ici et tantôt là ", d'après les témoins, les trois meurtriers non identifiés ont tué, tué et tué encore, ici, vendredi après-midi. »

L'attentat a duré dix minutes.

Captain s'apprête maintenant à enquêter sur Quetta. Il dit que c'est un honneur.

Il m'a écrit : « Prie pour moi. »

Lettres à Adam et Mariane Pearl

Cher Adam,

J'écris au nom de ceux qui connaissaient ton père de réputation, comme un de ces journalistes prêts à partir aux confins les moins connus du monde pour faire un peu mieux comprendre des peuples et des lieux dont on n'offre trop souvent aux Américains qu'une caricature. Quand ton père choisissait un sujet, il en décrivait tous les aspects, ses récits étaient pleins d'humanité, de clairvoyance et d'esprit. Les stéréotypes et les idées reçues tombaient. On saisissait les gens dans leur totalité.

Dans ce monde où l'Amérique prend une telle place, à la fois comme influence et comme cible, ce que ton père a fait est la forme de journalisme la plus importante que je connaisse...

Le terrorisme qui afflige notre monde ne sera jamais vaincu uniquement par les fusils. Il faut d'abord qu'il soit compris. C'est dans cette bataille, la bataille pour comprendre, que ton père a perdu la vie. Je lui suis reconnaissant pour tout ce qu'il a fait, et pour l'exemple qu'il a donné.

Jon Sawyer
Chef de l'édition de Washington du
St. Louis Post-Dispatch

J'ai été touchée quand le président Bush a spontanément demandé aux membres du Gridiron Club, une association de journalistes dont le siège est à Washington, d'écrire à Adam pour lui parler de son père. Les lettres qu'il a reçues

– comme celle-ci, par Jon Sawyer – sont un cadeau infiniment précieux.

Sans même que quiconque le leur demande, des milliers et des milliers de personnes du monde entier m'ont écrit, ont écrit à notre fils, aux parents de Danny et à ses collègues. Il m'arrivait de pouvoir identifier la provenance d'une lettre, parfois j'en étais incapable. Les gens ont envoyé des e-mails au *Wall Street Journal* ou des lettres au consulat américain de leur pays, en demandant de faire suivre leurs messages. Ils ont écrit en ourdou, en caractères cyrilliques, en japonais. Certaines personnes ont réussi à se procurer mon adresse et m'ont envoyé des paquets par la poste – de magnifiques cadeaux, pour beaucoup faits à la main, des couvertures et des kilts, des bottines et des petits anges en peluche. Beaucoup de lettres offraient un soutien financier. Il y avait plus de lettres ou d'e-mails que j'aurais pu en compter ou auxquels j'aurais pu répondre seule, mais je les ai tous lus.

Après ce déchirant supplice, j'avais le plus grand besoin d'être rassurée sur la nature humaine. Je venais juste de faire l'expérience de la barbarie dont l'humanité est capable, et j'étais sur le point de mettre un enfant au monde. Vivre ce cauchemar était comme tomber au fond d'un puits. Ces lettres – vos lettres – ont été la corde qui, un mot après l'autre, m'a permis de remonter vers l'espoir et de voir enfin la lumière.

Quand Adam grandira, j'aurai à lui transmettre le terrible récit du meurtre de son père ; et également, la voix d'hommes, de femmes et d'enfants du monde entier exprimant le plein pouvoir de la solidarité humaine. En lisant chacune de ces lettres – dont je ne reproduis ici qu'une infime partie – je pouvais sentir que l'expéditeur s'efforçait de trouver les mots et les pensées qui m'apporteraient l'espoir. Je suis convaincue que, en définitive, si nous triomphons du terrorisme et de la contagion de la haine, ce sera parce qu'il existe encore des millions et des millions de personnes comme celles qui m'ont écrit.

On les appelle des personnes ordinaires. Pour moi, chacune d'elle est extraordinaire.

Mrs Pearl,

Je tenais à vous dire combien je suis touchée et attristée par la mort de votre mari. Je ne sais pas très bien pour quelle raison cela m'a touchée si profondément, mais dès l'instant où j'ai appris son enlèvement, j'ai été emplie d'inquiétude et d'espoir. Chaque jour j'ai passé les médias au peigne fin pour un mot le concernant – et j'éprouvais une telle angoisse pour vous également. Je ne peux même pas m'imaginer cette attente. J'ai souhaité, de tout mon cœur, qu'il puisse rentrer chez vous indemne.

Je voulais seulement que vous sachiez que beaucoup d'entre nous – les étrangers de tous les pays – avons le cœur brisé par la perte de votre mari. Je ne l'ai jamais rencontré, mais j'aurais aimé le connaître. Je partage ses (et vos) conceptions généreuses et humanistes. Et malgré cet affreux dénouement, je partage l'optimisme de Daniel sur la possibilité de rassembler un jour tous les peuples dans un monde en paix. Et mon admiration n'en est que plus grande pour quiconque est prêt à « prendre la route » pour apporter au reste d'entre nous la vérité sur ce qui se passe en ces lieux si lointains.

Merci de tant nous faire partager la vie de Daniel. Merci de votre encouragement à écrire même dans des régions dangereuses afin que nous puissions tous en apprendre un peu plus.

Mon cœur, ainsi que celui de mes trois filles et de mon mari, va vers vous et votre bébé. Nous vous souhaitons la paix dans les années à venir, et le soleil dans vos jours les plus sombres.

Si vous venez un jour à Chicago, nous serions heureux de vous recevoir à la maison.

Avec nos condoléances et notre amour,
Carole Schmidt
Bloomingdale, Illinois.

*

Je suis un journaliste italien, j'ai quarante ans, j'ai un gosse né en octobre. Ma femme est journaliste elle aussi. J'ai travaillé comme correspondant de guerre en Bosnie. Notre famille peut très bien comprendre – je crois – ce que Mariane a ressenti ces jours-là. Nous avons prié pour elle. Nous allons prier pour Daniel. Si nous pouvons faire quelque chose d'autre, s'il vous plaît, faites-le-nous savoir.

Un abbracio da Alberto Romagnoli.

*

Nous ne vous connaissons pas mais nous sommes profondément affectés par votre douleur et avons l'impression d'avoir perdu quelqu'un de notre propre famille.

Ayez du courage – car quelque chose de bon, si infime que ce soit – sortira nécessairement d'une telle tragédie – du moins c'est ce que je crois.

Avec mes profonds regrets pour la perte de votre mari et mes prières pour Danny,

Zarina Mehta
Bombay, Inde.

*

Chère Mrs Pearl et sa famille,

J'aimerais présenter mes condoléances pour la mort prématurée de Mr Pearl. Puisse-t-il reposer en paix. Je suis pakistanais, et aujourd'hui, j'ai honte de l'être. Son fils qui n'est pas encore né viendra au monde en nous haïssant, mais n'a-t-il pas de bonnes raisons de le faire ? Je n'ai pas de mots pour dire à quel point je regrette ce qui est arrivé à Danny. Mon cœur va vers votre famille. Danny est mort pour une grande cause et il est un martyr. J'ai conservé l'espoir pour lui jusqu'au bout et me console maintenant en sachant qu'il est heureux là-haut avec son créateur, regardant ici-bas, souriant et languissant de voir son bel enfant encore à naître. Il sera votre ange gardien. Des gens comme Danny font de ce monde un lieu dans lequel il vaut la peine de vivre. Qu'il repose en paix et que Dieu vous donne la force dont vous avez besoin.

Sultan, Sara, Ryaan et Raniya.

*

Je m'appelle Remy, j'ai seize ans et je vis en Hollande, j'ai entendu la nouvelle concernant Daniel Pearl aux informations ce matin, j'ai été vraiment choqué d'entendre cela, c'est vraiment triste et cela m'a mis en colère. J'ai vu l'adresse où on pouvait écrire donc je le fais maintenant, condoléances à la famille et aux amis de Mr Pearl, peut-être ce n'est pas beaucoup mais c'est mieux que rien je pense. Je vous souhaite à tous beaucoup de force,

Remy.

*

Chère Mrs Dan Pearl,

La nouvelle de la mort de votre mari m'a fait pleurer.

Quand j'ai entendu votre réaction à ce que ces criminels ont fait à votre Danny, j'ai pleuré encore plus. Je suis un vieil homme. Quatre-vingt-cinq ans. J'ai traversé quantité d'épreuves et n'ai aucune idée de ce qui m'a permis de rester en course si longtemps. J'essuie mes larmes et me demande : que puis-je dire à votre cœur qui souffre ? Peut-être la simple pensée qu'en entendant et en écoutant votre voix pleine de colère et de douleur, j'ai compris le courage et l'amour de votre mariage.

Je suis sûr que votre nouveau-né absorbera le courage de son père et de sa mère, et construira sa vie sur cette tragédie.

S'il vous plaît, pardonnez-moi. Il fallait que je fasse cela parce que, en ce moment, votre courage m'a aidé à raviver le mien. [...] Le chèque joint – double tchai pour que vous et votre enfant en fassiez ce que vous voulez – n'est qu'un petit symbole de mes larmes. Mais j'espère qu'il accomplira plus que la somme qu'il représente. Qu'il vous remontera le moral.

Ce n'est qu'un juste retour des choses, parce que votre voix m'a remonté le moral à moi.

Sincèrement,
Sam Fink
Great Neck, NY.

*

Chère Mrs Pearl,

Le mandat inclus résulte de dons faits par des amis, familles et clients du magasin vins et liqueurs Deegan, à Woodhaven, NY. Nous sommes touchés par vous et l'histoire de votre mari, et nous espérons que cette contribution relativement modeste pourra aider dans les dépenses pour le bébé.

Meilleurs vœux,
Elisabeth Deegan
Woodhaven, NY.

*

Mon cœur va vers vous. Dieu bénisse Daniel dans les cieux. Son meurtre a été un acte d'une barbarie insensée que personne n'approuve. En tant que Jordanien, né dans une famille musulmane, j'éprouve une grande honte du fait que les meurtriers de Daniel ont accompli leur acte haineux au nom de l'Islam. Et je suis attristé qu'un homme de son envergure et de sa qualité meure en essayant de décrire la misère et le désespoir de cette partie du monde.

Daniel est mort en faisant son devoir et en faisant les choses qu'il aime faire. Cela, je l'espère, est une grande consolation pour vous tous.

Avec ma sympathie et celle de ma famille,

Dr Burhan Gharaibeh
Rangos Research Center
Children's Hospital of Pittsburgh,
Pennsylvanie.

*

Chère Mariane,

Acceptez, je vous en prie, ce don d'un couvre-lit pour votre fils. J'ai été profondément touchée par votre tragédie et voulais faire quelque chose pour vous. Puisque nous sommes des étrangers, je ne peux pas vous consoler. Nous ne sommes pas amis, je ne peux donc pas être à vos côtés. Toutefois, je fabrique des couvre-lits en patchwork, et à mes yeux rien n'exprime mieux l'amour [...].

Je l'ai appelé « Pearl of Wisdom » (« Perle de sagesse ») en raison de votre force, votre courage et votre grâce. Ces qualités seront j'en suis sûre transmises à votre fils. D'après tout ce que j'ai lu et entendu dire de vous et de Daniel, ce petit homme, je veux dire Adam, a un merveilleux avenir devant lui. J'espère que le couvre-lit vous apportera à tous deux plaisir, sécurité et un peu de réconfort. C'est mon souhait [...]

Quand j'ai ouvert la revue où j'ai trouvé le patron de ce couvre-lit, j'ai su qu'il était pour vous et Adam. Pas de déclaration politique, pas de message patriotique, rien qu'un couvre-lit joyeusement coloré pour un bébé nouveau-né.

Enveloppez Adam et vous dedans et considérez-le comme l'embrassade d'une dame d'Austin, Texas, qui se soucie de vous et ne souhaite rien d'autre que le meilleur pour votre avenir à tous deux.

Meilleurs vœux, vraiment !
Kyra H. Loadman
Austin, Texas.

*

A la famille de Daniel, à ses amis et collègues,

En tant que lecteur du *Wall Street Journal*, je me sens personnellement touché par une telle tragédie. Dans les images de Daniel que j'ai découvertes sur le site de BBC News on line, il y a quelques semaines, au début de son enlèvement, j'ai vu dans ses yeux, malgré la situation terrible, de la gentillesse. J'ai senti qu'en d'autres circonstances, ç'aurait été un grand privilège pour moi de le connaître mieux.

Il fait désormais partie de la famille des reporters dévoués à leur métier qui ont payé le prix le plus élevé dans leur recherche d'informations importantes pour nous, lecteurs du monde libre...

Son souvenir ne disparaîtra pas.

Gardez la foi.

Jean-Marc Peyron
Paris, France.

*

Ruth et Yehuda, Tamara et Michelle, Mariane,

Chère famille,

Aucun mot ne peut consoler de l'abattage d'un jeune arbre, d'une vie qui avait tout l'avenir devant elle.

Aucun mot ne peut guérir la terrible douleur du meurtre de votre fils Daniel, ce fils que vous avez élevé et dont les impressionnantes réussites ont empli votre cœur de fierté. Daniel avait librement choisi sa mission, professionnelle et personnelle, et avec un courage indescriptible, il a plongé au cœur de l'obscurité en temps de guerre, dans sa quête pour comprendre, étudier et révéler à la communauté mondiale la nature de la terreur et la lutte contre elle.

Nous, en Israël, sentons que Daniel fait partie de notre chair, que l'amour de sa famille, de ses amis et de tous ceux qui aiment la paix et la liberté dans le monde garderont vivant son souvenir dans leur cœur.

Je suis avec vous, dans ces moments insupportablement difficiles, partageant votre douleur et versant des larmes à vos côtés.

Shimon Perez,
Vice-Premier ministre et ministre des Affaires étrangères.

*

Nous pensons à vous. « Les pensées chaleureuses sont des offrandes sincères venues du cœur. »

De la part des magasins associés de Wal-Mart • 2281 Nancy, Direction du Département électronique ; Ann S. ; Jack ; Cecilia ; Valerie ; Cheryl, aux Jouets ; Sally ; Cathy S. ; Joanice O'Brien ; Jean P. ; Nancy ; Rachael ; Rick ; Lisa Brady ; Gale ; Betty ; Hillary ; Jessica ; Arriana ; Tina ; Jim, du lab. photo, entre autres

Magasin Wal-Mart • 2281
West Mifflin, Pennsylvanie.

*

Je m'appelle Kukman Hidayar et je suis un musulman indonésien. Je ressens vraiment une très profonde tristesse en apprenant la mort de Mr Pearl. Ma sympathie va à sa famille et puisse Dieu le Tout-Puissant donner Sa bénédiction pour qu'ils puissent endurer cet événement douloureux à briser le cœur.

Meilleurs vœux,
Lukman Hidayat.

*

Cher Monsieur,

Le [chèque] joint est pour Mrs Pearl.

Je suis un ancien journaliste, à la retraite à Cape Cod ; j'aime à croire que les journalistes de partout seront désireux d'aider.

Si vous apprenez que Mrs Pearl connaît des problèmes financiers, j'apprécierais d'être sur la liste des personnes informées ; et je piocherai [dans mes poches] plus profond.

Sincèrement,
Thomas Turley.

*

Chère Mariane,

Je sais que ce n'est probablement pas une bien grande consolation pour vous en ces moments sombres, mais j'aimerais que vous sachiez que mon cœur et le cœur de mille bouddhas sont avec vous. Personne ne peut connaître le sentiment de perte que vous éprouvez en ce moment, mais nous vous donnons nos larmes [...]

Nam Myoho Renge Kyo,
Brenda Thomson
Houston, Texas.

*

Moi et ma classe sommes vraiment désolés de la mort de votre mari/père. C'est pourquoi nous avons fait une collecte [par une tombola] dans la galerie marchande du Millenium. Nous avons récolté à peu près deux mille dollars. Nous espérons que vous apprécierez cet argent. Votre mari était un véritable héros américain.

– Gregg Stevinski
dans l'une des vingt-six lettres écrites par les élèves de la classe de lecture de cinquième de Mrs Rudolph
East Hampton Middle School
East Hampton, NY.

*

Braves gens,

Mon fils, Philip, est en Afghanistan pour le *Christian Science Monitor* et *US News*. Nous avons le cœur brisé.

Love, un père et une mère,
Mr et Mrs John R. Smucker
Alexandria, Virginie.

*

Cher Monsieur,

Mon nom est CHRISTIAN EMEKA UCHE. Je suis Nigérian. Je fais partie de ceux qui ont appris le kidnap de Daniel Pearl sur le site de CNN.

Je vous écris pour vous faire savoir que vous n'êtes pas le seul à être affecté par sa mort. Je suis plus que touché en lisant des articles sur son meurtre.

S'il vous plaît, veuillez accepter mes condoléances et je prie Dieu qu'il vous aide en ce moment de deuil.

Aussi, à sa femme : je sais que vous traversez ce stress, tout ce que je peux dire c'est surmontez-le et laissez Dieu vous guider et vous protéger.

Je souhaite que vous tous surmontiez cette perte.

Dieu vous bénisse.

Christian Emeka Uche
Lagos, Nigeria.

*

Ces mots pour exprimer mon chagrin et présenter mes profondes condoléances à la famille de Daniel Pearl et à ses amis. On pense tout particulièrement à sa femme et à son enfant à naître, qui seront marqués par sa mort plus que quiconque.

Le travail de Mr Pearl révèle un homme qui essaie d'expliquer les complexités du monde à ses lecteurs. Il a essayé de faire progresser la compréhension des sujets qu'il couvrait, et grandement réussi à mon avis. C'était toujours un plaisir de lire ses articles et on pouvait y voir la marque d'un esprit bien éclairé, culturellement et intellectuellement.

Une façon d'honorer son héritage serait de continuer sur sa voie et d'offrir des articles instructifs et en profondeur, avec clairvoyance, humour, dans une perspective humaniste.

La tâche n'est pas mince.

Salutations,
Henning Gravlek
Oslo, Norvège.

*

A notre chère Mariane,

Ici en Israël, alors que nous célébrons la fête de Pourim, il est difficile de trouver la joie dans notre cœur tandis que nous vivons dans l'ombre de la terreur. Nous ne pouvons que prier pour des temps meilleurs et un monde meilleur.

En attendant, sachez que nous tous ici qui lisons des articles sur Daniel dans les journaux avons l'impression de le connaître un peu. Puissiez-vous rester en bonne santé pendant votre grossesse et avoir un accouchement facile. Nous penserons tous à vous à ce moment-là.

Puissent nos enfants vivre assez longtemps pour connaître une réalité très différente de celle du monde actuel.

Avec amour et respect,
Katie et Aryeh Green
Yonatan (14 ans)
Michal (12 ans)
Moriya (9 ans)
Bet Shemesh, Israël.

*

Chère Mrs Pearl,

Si cela peut vous faire du bien, ma mère est enceinte aussi et je sais ce que l'on ressent quand on perd quelqu'un, j'ai perdu deux personnes que je ne connaissais même pas, mais vous connaissiez votre mari alors au moins vous pouvez parler à votre gosse de votre mari. Mais je ne peux pas parler à mes enfants des personnes que j'ai perdues.

Sincèrement,
Katie Sorrels
Indiana.

*

Mariane Pearl & famille,

Je suis une femme de vingt-neuf ans de Belfast, Irlande du Nord, et j'ai fait ma scolarité au plus fort des troubles. Ma mère est juive/croate. C'est grâce à des gens comme Daniel que le monde entend la vérité...

Votre famille sera toujours dans mon cœur.

Avec mes meilleurs vœux,
Natalija Harbinson
Surbiton, Surrey, Angleterre.

*

Au nom du président de l'Association internationale des *Fire Fighters* [pompiers] le général Harold Schaitberger, et au nom de notre organisation tout entière, j'envoie nos plus sincères condoléances à Mrs Pearl et à l'équipe du *Journal*, pour la mort tragique du reporter du *Wall Street Journal* Daniel Pearl.

Qu'il s'agisse de la perte de 343 pompiers de la ville de New York morts en luttant contre le feu lors de l'attaque du World Trade Center, ou du meurtre d'un reporter du *Wall Street Journal* résultant d'un attentat terroriste, il s'agit toujours d'hommes faisant leur travail le mieux possible et s'efforçant de rendre le monde meilleur.

Notre cœur va vers vous tous, dans la famille du *Journal*, et particulièrement vers Mrs Pearl et son enfant qui n'est pas encore né.

Puisse Daniel Pearl reposer en paix.

George Burke
Washington DC.

*

Salutations ! Mes profondes excuses et sincères regrets pour la perte de votre mari et votre douleur. Je suis chiite, de Karachi, et j'ai grandi alors que mon père était en prison entre 1977 et 1988, parce qu'il appartenait au mouvement pour la démocratie. Votre détresse est sans doute trop profonde pour que je puisse la mesurer mais elle me touche, même si c'est de peu d'importance pour vous. Votre mari est du même sang que tous ceux qui ont essayé de dénoncer, de lutter contre l'oppression et de lui résister tout au long de l'histoire – comme les martyrs de Kerbala en sont le plus haut exemple – et cela n'aura pas été en vain.

Je suis architecte de profession, et c'est mon engagement envers vous de concevoir le mémorial de votre mari (si cela n'a pas déjà été fait), dans le style de l'héritage architectural de la région, comme un témoignage local en hommage à son sacrifice [...]. Puisse la bonté être avec vous et que la mémoire des martyrs et de ceux qui ont souffert vous donne force et fierté. *Khuda Nigehban* !

Tehmoor Nawaz.

*

Chère Mariane,

La question des comportements inhumains nous touche très personnellement. Il y a trois ans, nous avons adopté un enfant du Brésil. Luciano est un enfant qui vivait dans les rues d'une des plus grandes villes du Brésil. Il avait été agressé par un policier en retraite engagé par des commerçants pour assassiner les enfants des rues qu'ils considéraient comme indésirables. Sans la presse et Amnesty International, ces actes horribles se seraient perpétués. Mais, grâce à des journalistes courageux comme Daniel, Luciano a survécu et va bien. Nous n'utilisons pas souvent le mot de héros mais il convient indéniablement à Daniel. Il s'est placé en toute connaissance de cause sur le chemin du mal pour dénoncer des actes tyranniques.

Nous ne vous avons jamais rencontrés, ni vous ni Daniel, mais sachez que votre courage vivra dans notre cœur pour toujours...

Love,
Kathy, John et Luciano Vaden
Greenville, Tennessee.

*

Chère Mariane,

Je ne sais pas si vous le désiriez, mais j'ai quand même récité le Kaddish pour Danny.

Beaucoup beaucoup d'amour,
Anne-Marie Dogonowski
Smorum, Danemark.

*

J'AIMERAIS QUE CELA SUFFISE POUR EMPÊCHER LE MONDE DE DEVENIR FOU.

– note enveloppant un billet de cinq dollars
envoyée de Brooklyn, NY.

*

Beaucoup de ceux qui écrivent à cette adresse ne connaissaient probablement pas Danny Pearl. Je ne fais pas exception.

Toutefois, comme pour la liste de ceux qui ont péri en septembre [...], le portrait épitaphe publié aujourd'hui en l'honneur de Danny révélait ce petit reflet impérissable d'individualité dans un visage que je n'ai jamais eu l'occasion de voir – celui d'un esprit ouvert, décidé, unique, brillant et curieux. Ce sont ces éléments qui m'incitent à entreprendre des conversations fécondes avec de nouvelles connaissances. Et c'est la perte brutale de ces qualités qui me semble la plus douloureuse.

En fin de compte, peut-être est-ce là tout ce que nous possédons : un contact humain avec un autre individu. Quelqu'un qui nous touche, qui défie nos conventions et nous console quand le monde s'écroule autour de nous. Je devine que pour ses amis, ses collègues et sa famille, Danny n'était pas différent.

Juli Goins
Minneapolis, Minnesota.

*

Madame,

Je viens d'apprendre la nouvelle de la naissance de votre fils mardi dernier à Paris. Je m'en réjouis et voudrais vous présenter mes plus chaleureuses félicitations et mes souhaits de bonne santé pour vous et votre fils.

Comme tous mes compatriotes, j'ai admiré votre courage après la mort de votre mari dans des circonstances aussi révoltantes. J'espère très sincèrement que la naissance de votre enfant vous apportera un réconfort après cette terrible épreuve.

Soyez assurée que mon ministère sera à votre disposition pour tout problème que vous rencontreriez avec les autorités pakistanaises ou américaines.

Respectueusement vôtre,
Le ministère des Affaires étrangères
Dominique de Villepin,
France.

*

Je veux exprimer ma tristesse devant l'assassinat de ce jeune homme par des terroristes. Mes prières vont à sa femme, sa famille, ses amis et ses collègues et au *WSJ*.

Du ranch
Bobby Leezer,
Magnum Creek Ranch.

*

Cellule des condamnés à mort
Cercle 3
Prison centrale
Rawalpindi
Sujet : CONDOLÉANCES

Cher Honorable,
Ceci est pour exprimer mes regrets et ma tristesse devant la mort prématurée de Mr Daniel Pearl, le défunt citoyen américain et journaliste, victime du terrorisme religieux au Pakistan.

Puisse son âme reposer aux cieux.

Avec ma sympathie pour la famille endeuillée et pour le gvt des États-Unis Dr. Mohammed Younas Cheik.

(Moi-même victime du terrorisme religieux des mollahs par l'usage inique de la célèbre *Blasphemy Law 295/e PPC*, entrave au fonctionnement correct de la loi et de la justice.)

[Le Dr Mohammed Younas Cheik était professeur de médecine homéopathique dans un collège d'Islamadad. Il fait partie d'une douzaine de professeurs accusés par leurs élèves de « blasphème ». Son crime : dans un cours, en 2000, il a fait une remarque innocente sur les origines de l'Islam. Cheik a été condamné et attend son exécution, qui est obligatoire selon la *Blasphemy Law* – loi du blasphème.]

*

Chère Madame,

Je suis absolument bouleversée par ce qui vous arrive et je ne sais comment trouver les mots de consolation qui conviennent. Ceux que je cherche me semblent inadéquats...

La seule chose que je puisse faire est de vous inviter à vivre dans ma maison un certain temps si vous envisagez de venir en France.

Je suis médecin à la retraite et vis avec mon mari dans le sud de la France près de Montpellier, dans une grande ferme près de la mer.

Vous serez la bienvenue, nous vous changerons les idées, nous vous chouchouterons un peu, nous vous ferons des petits plats et vous entourerons de toute notre affection. (J'ai trois enfants et six petits-enfants.)

Bien que je ne vous connaisse pas, je prends la liberté de vous envoyer un baiser.

COURAGE !

Edmée Finet
France.

*

Chers tous,

Ma famille et moi tenons à vous envoyer toutes nos pensées et notre amour pour la perte de Daniel Pearl. Notre fils de vingt ans, Andrew, est à bord du navire de la marine US *Kitty Hawk*, en tant qu'aviateur dans l'US Navy. Nous prions chaque jour pour nos militaires, que Dieu les garde tous en sécurité. Daniel a été dans les prières de notre famille (y compris notre enfant de six ans) depuis le 23 janvier.

Daniel ne sera JAMAIS oublié dans notre cœur. Pourriez-vous, s'il vous plaît, faire savoir à l'épouse de Daniel et à ses parents, à quel point nous sommes attristés par ce meurtre absurde. Nous sommes aussi désolés pour VOTRE douleur.

Merci pour votre temps. Que Dieu vous bénisse

Avec nos meilleurs sentiments,

Sandy, Mike, Kristina, Kimberly Palumbo – Round Rock, Texas.

Andrew Yarnish – *USS Kitty Hawk* – Atsugi, Japon.

*

Chers Mr et Mrs Pearl,

[...] Je connais Danny depuis le lycée. Danny et moi sommes devenus bons amis au camp de vacances musicales de Wildwood, où nous écrivions ensemble des petits sketches stupides autour des feux de camp, et nous sommes restés amis à Stanford, et à Washington encore, où nos bureaux se trouvaient l'un en face de l'autre, dans la même rue, il y a six ou sept ans.

Je ne sais pas si vous vous souvenez de moi. Nous nous sommes rencontrés brièvement en quelques occasions, quand ma mère, mon père et moi passions chez vous un court instant pour prendre Danny et le conduire au camp de vacances. Danny parlait toujours de vous avec beaucoup d'amour et d'affection – même dans son adolescence à un âge où nous sommes tous un peu gênés par nos parents. [...]

Et mon cœur s'est brisé, tout particulièrement pour vous, quand j'ai appris la nouvelle de l'assassinat de Danny. Je suis maintenant parent moi-même, et tout ce que souhaiterais pour mes enfants, je l'ai vu en Danny et je ne parle pas un instant de réussite professionnelle. Je veux dire la capacité de pleinement vivre la vie ; celle d'éprouver une joie irrépressible ; celle de réfléchir sans être à ce point absorbé dans ses pensées qu'on en oublie les autres ; la capacité de voir les aspects humoristiques de la vie et de les renforcer, sans tomber dans le détachement facile des cyniques ; et la capacité d'être spontané et naturel dans ses relations avec les autres.

Ce sont les attributs d'un être rare : un homme pleinement développé, entier. Paradoxalement, ce sont des qualités que nous trouvons plus souvent chez les enfants que chez les adultes. Et les adultes qui ont conservé ces qualités ont tous sans exception été élevés par des parents qui les ont aimés, sans les écraser ou essayer de les utiliser pour assouvir leur propre égoïsme.

La dernière fois que j'ai vu Danny, lors d'une soirée donnée pour fêter son départ de Washington en 1996, j'ai été frappé par le fait qu'il avait gardé le meilleur de ce qu'il y avait déjà en l'adolescent qu'il était au camp de vacances. Et je dois admettre que je me suis senti un peu jaloux parce que j'ai réalisé que, comme beaucoup d'autres, j'avais au fil des ans construit une sorte de carapace invisible de plus en plus difficile à percer pour établir un contact avec les autres aussi direct qu'autrefois, et même pour entrer en contact avec mes propres aspirations. Avec Danny, il n'y avait pas de barrière de cette sorte entre lui et les autres, entre lui et lui-même. Rien d'étonnant à ce que les gens éprouvent pour lui une telle attirance [...].

Je suis convaincu, pour avoir connu Danny, et pour l'avoir entendu dire par d'autres qui ont eu le bonheur de le connaître, que des centaines et des centaines de gens, consciemment ou inconsciemment, ont tiré la même leçon de Danny, et ont été incités par lui à vivre une vie meilleure, plus pleine et plus généreuse. Parce qu'il m'a enrichi, moi et d'autres, de cette manière, je suis convaincu que ce n'est pas seulement Danny mais vous aussi que je dois remercier.

Mes pensées et mes prières continueront à vous accompagner.

Sincèrement,
Leon Dayan
Washington DC.

*

Chère Mariane,

Merveilleuse nouvelle – Adam est ici ! Nous nous réjouissons avec vous et sommes ravis d'apprendre que vous êtes en bonne santé tous les deux.

Je me souviens avec plaisir de notre rencontre à Paris et espère bien rencontrer Adam un jour.

Le président Bush et moi nous envoyons notre affection à tous deux et nous espérons que ces jours de commencement apporteront une nouvelle lumière dans votre vie.

Avec mes souhaits les plus chaleureux,
Laura Bush
La Maison Blanche.

*

Chers famille et amis de Daniel Pearl,

[...] Je me suis réveillée en pensant à Danny et à vous à 4 h 30 ce matin, et les larmes ont coulé sur mon oreiller et j'ai pensé à ce que je pourrais vous dire.

J'espère que vous sortirez un jour de votre douleur – je suis certaine que Mrs Pearl et le bébé qui doit naître recevront beaucoup de soutien et d'amour. Il ne fait aucun doute que le bébé sera un battant en ce monde.

Mon mari et moi jouons de la musique ancienne et des chansons irlandaises à la guitare et nous jouerons *Red-Haired Boy* (Le Petit Rouquin) pour Danny.

Avec nos meilleurs souhaits et notre amour,
Susan Coale
Highland Park, Illinois.

*

Mon mari James W. Barbella est mort le 11 septembre au World Trade Center. Je comprends l'horreur que traverse la femme de Danny. Cela ne mettra pas un terme à sa douleur mais j'espère qu'elle sait que beaucoup de gens se soucient d'elle.

Sincèrement,
Monica Barbella.

*

Chère Mariane,

Félicitations pour la naissance d'Adam. Je sais que votre joie est tempérée par le chagrin. Parce que ma mère est devenue veuve trois mois avant ma naissance, j'ai quelque idée de ce que vous devez ressentir et penser concernant l'avenir de votre garçon.

Ma mère a fait beaucoup d'efforts pour me donner l'impression que j'avais connu mon père, que je pouvais être fier d'être son fils, et que ma vie pourrait honorer sa mémoire. Son amour m'a donné la force de surmonter le vide créé par son absence. Je sais que votre amour aura également cet effet.

Mes pensées et prières, ainsi que celles d'Hillary, vont vers vous.

Sincèrement,
Bill Clinton.

*

Chère Mrs Pearl,

Vous trouverez ci-jointe une lettre de condoléances de Son Altesse Cheik Hamad Ben Khalifa al-Thani, émir de l'État du Qatar, pour la triste et douloureuse nouvelle du meurtre de votre défunt mari. J'aimerais aussi, en cette triste occasion, vous faire part de ma sympathie personnelle. En vérité, c'était un bon ami, et il me manquera beaucoup. [...]

Il y a quelques semaines, j'ai reçu les cahiers qu'il m'avait promis de m'envoyer. C'était un homme de parole.

Sincèrement vôtre,
Abdulrahman Ben Saud al-Thani
Sous-secrétaire de l'État du Qatar.

*

Chère Mrs Pearl,

J'ai été choqué d'apprendre le meurtre brutal et sauvage de votre mari tant aimé. En condamnant vigoureusement cet acte barbare et tous les actes de terrorisme semblables, j'aimerais vous exprimer mes sincères condoléances et ma sympathie. Je prie Dieu Tout-Puissant d'accorder le repos à son âme, et de donner, à vous et à votre famille endeuillée, force et consolation pour surmonter cette perte désolante et cette immense tristesse.

Hamad Ben Khalifa al-Thani,
Émir de l'État du Qatar.

*

Dix conseils utiles pour les bébés, parmi de nombreux autres offerts par la classe de cm1 de Mrs Brosius, de la Laurin Middle School, Vancouver, WA

Essayez de ne pas leur donner trop de petits aliments ronds. Ils se les mettent dans le nez.

Ne laissez pas le bébé seul dans la voiture. Il pourrait avoir disparu quand vous revenez.

Ne les battez jamais ou il se pourrait bien qu'ils battent les autres.

Ne les laissez pas manger de petits pois. Ils se les mettront dans le nez.

S'ils ne s'endorment pas, mettez-les sur un siège à bébé et emmenez-les faire un tour en voiture.

Ne faites jamais subir à votre bébé un trop grand changement de fuseau horaire. Par exemple de Washington au Texas.

Si vous l'emmenez à Disneyland, ne le laissez jamais monter dans le train-fantôme de la maison hantée, cela pourrait être trop effrayant.

Si vous achetez malgré tout un trampoline, ne le laissez pas aller dessus parce qu'il pourrait en tomber et se faire du mal.

Assurez-vous de poser votre argent en hauteur parce qu'il pourrait l'avaler.

Si c'est un garçon, quand vous changez ses couches, faites-le en oblique parce que, pour une raison inconnue, les bébés ont tendance à avoir envie de faire leurs besoins quand on leur a ôté leurs couches. Alors attention !

*

Vous ne me connaissez pas. Je suis seulement l'une des nombreuses personnes qui ont suivi l'histoire de l'enlèvement de Mr Pearl aux informations le mois dernier. J'ai été désolée d'apprendre sa mort ce matin, et voulais faire savoir à ses amis et sa famille que mes pensées sont avec eux. Je sais que c'est un moment très difficile.

Tatiana Schwartz
Administratrice, MITS,
Michigan.

*

Chère famille Pearl et amis,

[...] C'est peut-être une bien piètre consolation pour l'instant [...] mais je pense véritablement que Mr Pearl et tous les journalistes servent le plus grand bien. Ils méritent nos remerciements et notre gratitude pour nous aider à ce que le monde reste un lieu de liberté. Quand un journaliste meurt pour une raison professionnelle, il meurt en nous rendant service. Je remercie Mr Pearl et tous les journalistes pour le risque qu'ils prennent. Je ne peux même pas imaginer à quel point le monde serait différent s'ils ne prenaient pas ces risques.

Nathaniel Toll
Athens, Georgie.

*

Chère Madame,

Je ne connaissais pas votre mari. A vrai dire, je ne lis pas le *Wall Street Journal* très souvent. Qui plus est, je suis Turc – un musulman. Toutefois, je suis terriblement désolé pour cet acte haineux et criminel qui transgresse n'importe quelle forme de pensée religieuse [...]

J'espère que Dieu vous donnera, à vous et à votre fils, la force de traverser ces moments difficiles. J'aimerais moi aussi, en tant que citoyen du monde, que ceux qui ont perpétré cet acte barbare voient le sabre de la justice.

La seule chose que je puisse dire en ce moment est que votre mari est maintenant l'un de ces grands maîtres qui enseignent à l'humanité l'importance de la liberté de parole et l'importance de la tolérance entre les cultures.

Ozgur Altinyay
Istanbul, Turquie.

*

Chère Mrs Pearl,

Mon mari Keith et moi avons rencontré Danny par un après-midi d'été ensoleillé à Washington, quand le *Wall Street Journal* a affronté le *New York Times* au volley-ball. Après la partie, Danny, quelques-uns de ses collègues, mon mari et moi sommes allés boire un verre, et nous avons eu le plaisir de faire la connaissance de Danny, même très brièvement.

Il y a quantité de gens que vous rencontrez une fois et que vous oubliez. Danny n'était pas de ceux-là. Je me souviens de lui parce qu'il était si clairement, si profondément, une personne véritablement bonne. Je suis certaine que vous savez cela mieux que personne, et nous nous désolons avec vous de la perte de votre mari, ami, et père de votre enfant.

Avec nos meilleurs vœux pour vous et les vôtres,

Robyn Meredith
Keith Bradsher.

*

J'étais l'un des cinquante-deux Américains détenus en otage pendant quatre cent quarante-quatre jours en Iran, de 1979 à 1981. Recevez, je vous prie, l'expression de ma plus profonde sympathie. J'admire ce que faisait Daniel. Cela ne suffira pas, bien sûr, à vous consoler, mais je suis certain que son fils grandira en aimant un père dont il saura qu'il fut gentil, généreux et véritablement engagé.

Barry Rosen
New York City.

*

Sachant que nous faisons partie d'un monde où nous sommes en interaction avec notre environnement, où nous le contrôlons et le redéfinissons, je ressens comme une épouvantable honte personnelle le fait qu'une personne puisse être assassinée de façon brutale et inutile. Mes prières et mon angoisse sincères sont avec la famille de Mr Daniel Pearl.

Ben Bakshi
Mumbay, Inde.

*

Chère Mariane,

Je suis un étudiant d'Inde profondément troublé par le meurtre de votre mari. Je ne peux dire que ceci : s'il existe un DIEU quelque part, alors il PUNIRA ceux qui l'ont assassiné. [...] J'espère, où qu'il soit, que Danny est entre de bonnes mains. JE SAIS qu'il veillera sur vous et votre bébé. Donc, je vous en prie, ne vous sentez jamais seule. Si cela signifie quelque chose pour vous, je prierai pour vous, pour votre famille et pour tous ceux qui souffrent de l'avoir perdu. Je viens d'une famille d'officiers dans l'armée. J'ai été élevée comme Témoin de Jéhovah libéral, dans l'esprit de liberté, de tolérance et de pardon. JE NE PEUX PAS accepter ce qui est arrivé à votre mari. Je pense que les auteurs de ce crime répugnant ne devraient jamais au grand jamais être pardonnés.

Je vous en prie, soyez forte et ne laissez pas la haine vous emplir d'amertume. Je suis avec vous dans votre douleur. [...]

Avec tout mon amour et mes prières,
Vasundhara Sirnate
New Delhi.

*

Nous autres, à Batesville American Mfg Co, aimerions présenter nos condoléances à la famille Pearl pour la perte tragique de Daniel Pearl.

En regardant CNN hier soir quand ils ont annoncé la mort de Mr Pearl, j'ai pleuré. J'avais prié pour qu'il retrouve sa famille. Nous pourrons nous demander « pourquoi » jusqu'à la fin de nos jours et nous ne serons jamais capables de comprendre comment un être humain peut ôter la vie à un autre d'une manière aussi tragique.

Dieu bénisse la famille Pearl et qu'elle puisse traverser l'épreuve du temps en surmontant la perte d'une personne aussi merveilleuse.

Helen Williamson
Batesville American Mfg. Co,
Batesville, Massachusetts 38606.

*

Je suis une journaliste américaine vivant et travaillant à Berlin. Je ne connaissais pas Mr Pearl mais je suis indignée et triste. Je suis furieuse et muette de colère. Bien que souvent sans illusions sur mon métier et parfois submergée par l'envie de quitter cette profession, je ne peux pas permettre à une violence aussi insensée d'effacer les mots que nous écrivons, ou de faire taire nos voix. J'espère que famille, amis et collègues savent que nous partageons tous leur chagrin et sommes bien décidés à poursuivre. Nos voix se feront entendre, nos photos seront vues, la vérité sera dite.

Pilar Wolfsteller
Reuters Television,
Berlin, Allemagne.

*

Le Premier ministre du Grand-Duché de Luxembourg aimerait exprimer sa sympathie sincère pour la famille de Daniel Pearl. Les circonstances atroces de sa mort, aussi insupportables qu'elles puissent être pour sa famille et ses amis, resteront un rappel, pour l'humanité tout entière, que la liberté est avant toute chose la liberté de parole et d'expression. Daniel Pearl était une lumière dans un océan d'ombres. Puisse sa lumière continuer à éclairer, pour nous tous. A sa femme, nous aimerions exprimer notre sympathie la plus profonde pour la perte de son mari, père de leur enfant encore à naître. Nos pensées vont aussi à cet enfant. Puisse l'exemple de son père être un phare pour sa vie.

Jean-Claude Juncker
Premier ministre du Grand-Duché de Luxembourg.

*

C'est avec une grande tristesse que j'ai appris la mort de Daniel Pearl. Ici, en Irlande, les gens ont suivi l'histoire dans les journaux et à la télévision et espéraient, envers et contre tout, un heureux dénouement. Son âme et sa famille seront dans mes pensées et mes prières. Qu'il repose en paix.

Terry O'Connell.

*

Nous tous ici avons vécu un très triste moment, quand nous avons appris le meurtre de Mr Daniel. Nous avons le cœur brisé par sa mort, notre sympathie va vers sa femme, son enfant qui va naître, sa famille, ses amis et collègues.

Son meurtre est un acte démoniaque et nous condamnons ceux qui ont commis ce crime ; et ces actes de lâcheté seront sévèrement punis par leur propre religion. Il n'y a aucune justification, quelle qu'elle soit, pour leurs actes criminels.

Puisse Dieu vous donner à tous la volonté et la force de surmonter sa perte, et souvenez-vous seulement qu'il est parti en *héros* et qu'il est avec *Dieu.*

Puisse Dieu vous bénir tous, amen.

Sincèrement vôtre,
Abdurehman Jewaid Banihamed

et toute ma famille et mes amis
Ana Banihamed, Ismael Abdurehman,
Adam Abdurehman, Joseph Abdurehman
Salim Rawashdeh, Zaid Jebreel,
Basim Mustafa, Mohammed Salih,
Abdu Al-Salam, Mansour Jewaid,
Mohammed Ali Sulieman, Sameh Jewaid
Yousef Jewaid, Wasfi Jewaid, Falah Jewaid.

*

Au *Wall Street Journal*,

Mes plus sincères condoléances pour la mort prématurée de votre reporter Daniel Pearl. Son brutal kidnapping et son meurtre barbare m'ont profondément affligé. Comme Mr Pearl, mon beau-frère, Robert Stehem, a été lui aussi assassiné par des terroristes. Je vis encore avec l'absurdité de la mort de Robbie, et les pensées obsédantes de ce qui aurait pu l'empêcher.

Puissent les amis, les collègues, et ceux qui l'aimaient trouver un réconfort en sachant qu'il est mort en faisant ce qu'il aimait par-dessus tout – son travail de journaliste.

Que Dieu vous bénisse et vous apporte son réconfort en ce moment de besoin, et puisse Mr Pearl reposer en paix pour l'éternité.

Ray Sierralta.

*

En tant que citoyen pakistanais, j'aimerais exprimer mon chagrin et ma douleur devant la mort de Daniel Pearl. L'opinion publique, dans mon pays, est choquée et horrifiée par cette brutale mise à mort d'une âme innocente, et aimerait offrir ses condoléances à sa famille, ses amis et ses concitoyens. Notre cœur est avec vous dans cette guerre contre le terrorisme. Puisse Allah nous aider tous à vaincre cet ennemi qui parade sous le masque de défenseurs de la foi.

Zaki Haq
Karachi, Pakistan.

*

Chère Mrs Pearl,

Je vous prie d'accepter mes sincères condoléances à l'occasion de la mort tragique de votre mari.

Il est tombé, victime innocente de personnes et d'organisations qui font profession d'exercer la violence, de kidnapper, tuer et répandre la terreur. Le terrorisme international ne connaît ni frontières ni nationalités. Il existe au Pakistan et en Afghanistan, au Moyen-Orient et dans les Balkans, aussi bien que dans d'autres régions du monde. Malheureusement, nous, en Russie, avons aussi assisté aux actes de terroristes ayant décidé d'établir leur base dans une partie de notre pays, la Tchétchénie. Des milliers de personnes, citoyens russes et étrangers, ont été victimes de leurs pillages, de leurs actes brutaux de terrorisme et de leurs prises d'otages. C'est pourquoi nous comprenons votre chagrin et le partageons comme s'il était le nôtre.

C'est pour lutter contre ce défi planétaire à la sécurité et au bien-être des peuples que la Russie, les États-Unis et plusieurs autres pays ont allié leurs efforts. Nous ferons tout pour déraciner ce mal, éliminer la menace du terrorisme, trouver et neutraliser tous ceux qui conduisent à la mort et la destruction.

S'il vous plaît, transmettez ma sympathie aux parents de Daniel Pearl, à toute sa famille et à ses amis, ainsi qu'à ses collègues du *Wall Street Journal.*

Sincèrement,
Vladimir Poutine
Président de la Fédération de Russie.

*

Je sais que vous allez recevoir des milliers d'e-mails concernant la mort de Daniel Pearl mais je me sens poussée à vous dire que, pour ma part, j'ai suivi l'histoire de son enlèvement de très près. J'ai prié pour qu'il revienne sain et sauf et regardé les nouvelles avec autant d'attention qu'une mère regarde son nourrisson endormi. Comme sa famille, jusqu'à aujourd'hui, je gardais l'espoir qu'il retrouverait sa femme bien-aimée.

Mon cœur saigne pour sa famille, pour l'absurdité de tout cela, et quand je comprends que tant de choses en ce monde sont inexplicables, et échappent tout bonnement à notre contrôle. La mort de Mr Pearl est une tragédie nationale. Je vis dans le plus grand pays de la Terre, non pour sa force militaire mais pour sa compassion et sa tolérance. Voir ôter la vie d'un des nôtres pour une cause mal définie est d'une grande tristesse.

Après avoir tout dit et tout fait, nous réalisons une fois de plus à quel point la vie est véritablement fragile. Je prierai pour le rétablissement de Mrs Pearl. Elle aura des souvenirs à partager avec son nouveau-né et j'espère que son chagrin deviendra plus supportable avec la naissance de son enfant. Si je savais où envoyer des fleurs, j'enverrai un bouquet si gros qu'il ne pourrait pas passer par la porte de sa maison. S'il vous plaît, faites-lui savoir que beaucoup d'entre nous partageons son chagrin. Cela n'apaisera pas sa douleur, mais cela l'aidera de savoir que des millions de personnes sont avec elle en esprit.

Patricia DiSiena,
Houston, Texas.

*

Mrs Pearl,

[...]. En Inde, nous avons un proverbe : « Un être humain vient sur cette terre sans la moindre possession et il la quitte de même ; l'âme est le plus important et, de même que nous changeons de vêtements, l'âme change de corps. » Il a donc dû partir pour le lieu où résident les corps célestes. Dieu ne peut pas non plus rester sans les personnes qu'il aime, si bien qu'il les rappelle vite pour qu'elles restent auprès de lui.

Il devait être une personne magnifique, puisque maintenant le monde entier se rassemble pour porter son deuil.

Prenez bien soin de vous et en définitive tout ira pour le mieux.

Avec mes sentiments,
Ravi Dixit.

*

S'il vous plaît, acceptez l'expression de ma sympathie concernant le meurtre de Daniel Pearl. Cet acte d'une sauvagerie incroyable renforce les raisons pour lesquelles nous nous attaquons de front au terrorisme. Cela doit être un crève-cœur pour sa famille.

Avec mes meilleurs sentiments,
Alan Taylor
Ayrshire, Ecosse, UK.

*

Salut à vous tous,

Je m'appelle Jennifer et j'ai l'intention de devenir journaliste [...]. Pendant longtemps je n'ai pas très bien su ce que je voulais faire de ma vie. Je voulais une carrière gratifiante pour moi autant qu'utile à la communauté planétaire. Quand l'histoire de Daniel a commencé, j'ai réalisé quelle passion et quel courage possèdent des journalistes comme lui. J'éprouve un respect total, le plus grand respect pour les personnes comme Daniel. Les journalistes, à mon avis, sont le premier maillon dans la chaîne de la révolution et du changement. Je garde une photo de Daniel dans mon portefeuille pour ne pas oublier les raisons qui m'ont finalement fait choisir de devenir journaliste. J'espère que le fils de Daniel grandira en sachant que son père n'est pas mort en vain, car je sais que je ne suis pas la seule dont la vie a été touchée par Daniel. Mes meilleurs vœux à Mariane et à son nouveau-né.

Merci,
Jennifer Taylor
Minneapolis, Minnesota.

*

Je suis profondément touché par le destin de Mr Pearl et je ne comprends vraiment pas cet horrible crime contre lui et sa famille. En tant que journaliste et en tant qu'être humain je réprouve de toutes mes forces la barbarie d'un acte pareil. Jamais plus ! Mon cœur va vers la famille, les amis et les collègues de Mr Pearl.

Sincèrement,
Werner Pochinger
Autriche.

*

Je m'excuse, au nom de mes compatriotes, d'un acte aussi lâche et honteux que celui qui a été commis sur notre sol, prétendument par nos compatriotes, à l'encontre de votre mari.

Beaucoup de gens vous ont consolée en utilisant divers mots et en utilisant certaines formules. Personnellement, en tant qu'avocat et travailleur social, je suis bien conscient de ce que vous ressentez [...].

Je sais que vous êtes peut-être indécise concernant votre avenir. Je veux répondre à vos sentiments. Mais je ne peux offrir meilleur substitut à votre défunt mari, si vous jugez encore approprié de vivre au Pakistan, je suis prêt et désireux de vous soutenir et partager votre chagrin, y compris la respectueuse relation matrimoniale si tel est votre désir.

Avec mes meilleurs sentiments,
Mohammed Ahmed (avocat)
Karachi.

*

Chère Mrs Pearl,

Nous vous écrivons ainsi qu'à votre respectable famille pour vous exprimer notre plus profonde sympathie pour la triste disparition de Daniel Pearl. S'il vous plaît, permettez-moi de partager avec vous ces moments de tristesse puisque nous avons connu Daniel, l'homme noble et le grand reporter.

Nous avons été profondément attristés d'apprendre que Daniel avait perdu la vie, alors que nous partagions avec lui des liens de respect mutuel. Mon chagrin et ma peine sont encore plus forts lorsque je me souviens de la joyeuse et chaleureuse amitié qui fut la nôtre au cours de ces dernières années. J'ai toujours apprécié et trouvé du plaisir à la lecture de ses articles et de ses écrits [...]

Daniel a sacrifié sa vie pour ne se soumettre à aucune pression et, pour cela, la communauté journalistique du monde entier aura pour principe suprême de toujours laisser briller le phare de la vérité.

Nous vous présentons une fois encore nos sincères condoléances, ainsi qu'à la famille, les amis et les parents du défunt, et tous ceux qui ressentiront cruellement son absence.

Sincèrement,
Sultan Ben Zayed Al-Nahyan
Vice-Premier ministre
des Émirats arabes unis.

*

Nous étions assis hier avec mon plus jeune fils à regarder les informations confirmant la mort de Daniel. Mon fils, qui a neuf ans, est très affecté par la tragédie, et pose quantité de questions sur le genre de personne qu'était Daniel en dehors de son métier de journaliste. Nous sommes tous tristes qu'il ait perdu la vie et nous nous demandons quel démon pousse quelqu'un à faire ce qu'ils ont fait à Daniel, un homme dont la compassion semble évidente. Quand je vois mon fils, je me demande comment les générations futures considéreront les événements qu'ils ont eu à vivre depuis le 11 septembre, et comment ils façonneront le monde. Je prie pour qu'ils ne s'endurcissent pas, mais considèrent la bonté des gens dans leur ensemble. Je n'ai pas de réponse simple à sa [question] s'il me demande pourquoi Daniel est mort. Je n'ai pas de réponse simple à la question de savoir pourquoi le mal existe. Je prie pour vos familles et pour que vous puissiez trouver la paix.

Debra Leverton.

*

Chère Mariane Pearl,

En tant que mari et père, je me suis trouvé bien près des larmes en apprenant la mort de votre mari, Daniel. Je ne peux toujours pas y croire.

Comme tout être humain normal et décent, je n'ai pas besoin d'avoir connu votre mari pour être révolté par ce meurtre brutal et fou. Je ne peux concevoir aucune cause, politique ou autre, qui puisse justifier des actes de brutalité aussi inhumains. Ce n'est pas seulement un acte contre l'Amérique, c'est un acte contre les êtres humains ordinaires épris de paix et de liberté où que ce soit...

Puisse Dieu Tout-Puissant vous apporter le réconfort et la paix en ce moment si difficile et puissiez-vous donner naissance à l'enfant que vous portez en parfaite santé. Que Dieu vous garde en ces jours d'épreuves.

Amen.

James Monday
Banjul, Gambie.

*

A la famille, aux amis et collègues de Daniel Pearl je présente mes sincères condoléances.

Jamais encore je n'avais ressenti aussi profondément la justesse de ces mots de John Donne : « La mort de tout homme me diminue, parce que je fais partie de l'humanité ; par conséquent n'envoie jamais demander pour qui sonne le glas ; il sonne pour toi. »

La mort de Mr Pearl sonne le glas pour le monde. Je ne le connaissais pas, mais je ressens profondément sa perte. Toutefois, c'est ma croyance et ma conviction que son esprit de compassion, de gentillesse et de créativité sera instillé chez certains et renforcés chez d'autres, en raison des actes terribles perpétrés contre lui. S'il vous plaît, sachez que vous n'êtes pas seule dans votre chagrin.

Sincèrement,
Kim Mitchell.

*

Mes profondes condoléances pour la mort de Daniel Pearl. Il était tout ce que j'aspire à être moi-même en tant qu'étudiant en sciences politiques. J'espère que notre humanité commune nous rassemblera tous un jour, et mettra fin à l'injustice dans nos deux pays.

Firas Maksad
Beyrouth, Liban.

*

Chère Mariane,

Je suis une journaliste espagnole et mon compagnon a été correspondant de guerre en Afghanistan. La mort d'un journaliste est toujours une tragédie. Les circonstances dans lesquelles votre mari a été assassiné au Pakistan, alors qu'il accomplissait une tâche difficile et courageuse, rend ce crime particulièrement intolérable, et qui a eu un impact très lourd sur les journalistes ici en Espagne. J'aimerais vous envoyer mes condoléances et vous serrer bien fort dans mes bras.

Meilleurs vœux,
Cecilia Ballesteros.

*

Chère Mrs Pearl,

Nous tous, ici, au *New York Times*, avons été profondément attristés par la nouvelle tragique concernant votre mari. Lui et moi ne nous sommes jamais rencontrés, mais je ne pouvais pas laisser cette horreur passer sans vous écrire ni vous dire, à vous et à la famille Pearl, quel chagrin nous éprouvons pour Danny et pour votre douleur. Vous êtes tous dans nos cœurs et dans nos prières.

Chaleureusement,
Arthur O. Sulzberger, Jr.
New York.

*

Monsieur,

Au nom des membres de mon équipe et en mon nom propre, je vous fais part de notre choc et de notre chagrin sincère devant la mort subite et tragique de Mr Daniel Pearl. Nous présentons nos condoléances au *Wall Street Journal* et à la famille affligée de celui dont l'âme est partie.

Puisse son âme reposer en paix.

Avec notre considération,
Ramezanali Yousefi
Directeur régional
Agence de presse de la République islamique.

*

Cher Adam,

Je viens juste de voir la photo de ta belle maman, souriant tandis qu'elle te tient en sécurité et endormi dans ses bras. Cette photo de mère et de nouveau-né a fait en un éclair le tour du globe, et elle a mis des larmes dans beaucoup d'yeux, y compris les miens. Nous avons attendu ta naissance comme si nous faisions partie de ta famille.

Je suis reporter pour un journal de Washington. Je regrette de n'avoir jamais rencontré ton père, mais le monde entier le connaît comme un homme d'un courage héroïque. Il était un bon journaliste dans la meilleure tradition, un idéaliste qui projetait la lumière sur des régions obscures. Il voulait changer le monde. Et il l'a changé bel et bien. Il nous a laissé toi, le fils qui portera son nom.

Sa qualité de journaliste est la raison pour laquelle ton père n'est pas avec toi et ta mère en personne, mais ce n'est pas ce qui définit ce qu'il est ou ce qu'il était en tant que père. Je crois que ton père est maintenant avec toi, en esprit et de bien des façons, comme tu le réaliseras en grandissant.

Souviens-toi, en toutes circonstances, de la légion des journalistes, tes « tantes » et tes « oncles » qui seront là pour toi toute ta vie, si tu as besoin de nous pour des conseils ou un soutien.

Et quand tu penseras au mal qui a causé la mort de ton père, tu devras penser aussi aux lettres et aux bons souhaits venus du monde entier pour célébrer ta naissance. Ils sont un signe de la volonté de faire ce qui est bien et d'honorer ce qui est bon. Nous avons presque tous cela en nous.

Adam Pearl, tu seras comme un enfant dans un conte de fées avec une formule magique, le nom de ton père – qui ouvrira les portes et suscitera la bonne volonté tout au long de ta vie.

Sincèrement,
Marsha Mercer
Media General
Washington DC.

*

Cher Adam,

Bienvenue en ce monde ! Je suis vraiment heureux que tu sois en bonne santé. Ta maman est vraiment heureuse aussi. Elle t'aime beaucoup.

Je regrette beaucoup de n'avoir pas connu ton père. Tous ceux qui le connaissaient disent qu'il était vraiment un homme de qualité. Il t'aime en esprit.

J'ai l'espoir que le monde dans lequel tu entres soit en paix. Je travaillerai dur pour réaliser cette vision.

Je te souhaite ce qu'il y a de mieux, Adam. Dieu te bénisse.

Sincèrement,
George Bush.

PS. Donne un baiser à ta maman.

*

Chère Mariane,

Sache que nous tous, ici, à Littleton, Colorado, et dans toute la région sommes inspirés par ton exemple même au milieu de ton épouvantable chagrin. Aujourd'hui, dans mon *daimoku*, j'ai envoyé des prières sincères pour Danny et j'ai senti un énorme élan de gratitude surgir dans mon cœur pour son courage, pour l'énormité de sa mission, et pour avoir le privilège de partager cette planète avec lui. Non, je ne l'ai jamais connu personnellement, mais j'ai senti, et je ressens toujours, un lien avec sa vie, comme le sentent tant d'autres. Je crois véritablement que ce que tu as dit est vrai ; il y a un besoin urgent pour nous tous, en tant qu'individus et en tant que nations, de réfléchir à notre propre responsabilité pour avoir créé et soutenu un monde qui génère peur, injustice et discorde. Il est temps de nous unir dans la paix, comme des frères et sœurs en transcendant les frontières artificielles des nations. Merci, Danny, de nous propulser dans cette direction !...

Mariane, sache que ta douleur est en partie la nôtre ; nous avons le désir de la partager avec toi et nous espérons que ce faisant, un peu de ton propre chagrin en sera diminué. Il ne fait aucun doute que Danny et toi ne faites qu'un en esprit et vous serez immanquablement réunis pour travailler ensemble pour *kosen-rufu* [la paix mondiale], vie après vie.

Comme ton fils sera fier, lorsqu'il grandira, à la fois de son père et de toi ! Et avec autant de *daimoku* récités de ta voix et sortis de ton propre cœur, et tant de prières venues du monde entier pour te soutenir, comment la vie de ton enfant pourrait ne pas en être imprégnée ?

Les mots semblent incapables d'exprimer ce que je ressens en te voyant agir courageusement, comme un noble bodhisattva sorti de la Terre. Merci infiniment ! Nous continuerons à prier pour toi et pour Danny et pour la cause de la vérité et de la justice à laquelle Danny a si brillamment consacré sa vie.

Avec beaucoup d'amour et de respect,
Pam Nelson.

*

Chère Mariane,

Je suis une femme de quarante-sept ans – psychologue, mariée et mère de deux enfants – et je me sens poussée à vous écrire après avoir entendu ce matin la nouvelle de la mort de votre mari. J'ai pleuré et prié profondément pour vous. J'ai prié que D... vous donne la force de supporter cette perte, que D... apporte un réconfort à votre peine, j'ai prié pour le bien-être de votre enfant pas encore né.

Mes parents sont des survivants de l'Holocauste et pour moi, entendre que votre mari a été choisi, puis tué parce qu'il était juif me brise le cœur. C'est trop absurde.

Je n'ai encore jamais envoyé de carte à quelqu'un que je ne connaissais pas mais il fallait que je vous dise que je pense à vous avec une compassion sincère et que je continuerai à prier pour vous.

Sheri Noga
Royal Park, Missouri.

*

Chère Mariane,

Vous et votre mari avez eu un profond impact sur notre famille. Notre fils, David, est un photographe qui travaille dans le monde entier. Votre Daniel me fait beaucoup penser à notre David. Votre grâce et votre pure intelligence en des moments si sombres ont été une lumière d'espoir pour beaucoup de gens du monde entier. En tant que mère, je vous ai écrit des centaines de « lettres » dans mon esprit. S'il vous plaît, recevez notre sympathie la plus profonde pour votre douleur et notre plus joyeuse gratitude pour le don que vous nous avez fait à tous.

Avec respect,
Suzanne Mc Lain
Fredonia, NY.

*

Je resterai éternellement reconnaissante à Suzanne McLain, parce que, sur la carte qu'elle m'a envoyée, était aussi imprimé un poème de Diane Ackerman intitulé *Guardians* – un poème que j'ai essayé, et que j'essaie encore de concrétiser avec toute ma vie :

Je jure de ne pas laisser
la haine déshonorer mon âme,
mais je m'offre humblement
comme gardienne de la nature,
guérisseuse de la misère,
messagère des merveilles,
architecte de la paix.

Cet ouvrage a été composé et imprimé par la
SOCIÉTÉ NOUVELLE FIRMIN-DIDOT
Mesnil-sur-l'Estrée
pour le compte des Éditions Plon
76, rue Bonaparte
Paris 6[e]
en octobre 2003

Imprimé en France

Dépôt légal : octobre 2003
N° d'édition : 13691 – N° d'impression : 65445